**Gießener Schriften
zum Strafrecht und zur Kriminologie**

mitbegründet von Prof. Dr. Günter Heine (†)

herausgegegeben von

Prof. Dr. Britta Bannenberg
Prof. Dr. Walter Gropp
Prof. Dr. Bernd Hecker
Prof. Dr. Arthur Kreuzer
Prof. Dr. Thomas Rotsch
Prof. Dr. Gabriele Wolfslast

Band 44

Silke Rohnfelder

Probleme der Diskongruenz von Kausalverlauf und Vorsatz

Unter besonderer Berücksichtigung des „misslungenen Rücktritts"

Nomos

Die Deutsche Nationalbibliothek verzeichnet diese Publikation in
der Deutschen Nationalbibliografie; detaillierte bibliografische
Daten sind im Internet über http://dnb.d-nb.de abrufbar.

Zugl.: Gießen, Univ., Diss., 2011

ISBN 978-3-8329-7662-0

Die Bände 1 – 13 sind erschienen in der Reihe „Nomos Universitätsschriften Recht"

1. Auflage 2012
© Nomos Verlagsgesellschaft, Baden-Baden 2012. Printed in Germany. Alle Rechte,
auch die des Nachdrucks von Auszügen, der fotomechanischen Wiedergabe und der
Übersetzung, vorbehalten. Gedruckt auf alterungsbeständigem Papier.

Vorwort

Die vorliegende Arbeit wurde im Sommersemester 2010 vom Fachbereich Rechtswissenschaft der Justus-Liebig-Universität Gießen als Dissertation angenommen. Die Disputation fand am 23.03.2011 statt.

Herzlich bedanken möchte ich mich bei meinem Doktorvater Herrn Prof. Dr. Walter Gropp für seine Betreuung und seinen Einsatz für die Aufnahme der Arbeit in diese Schriftenreihe sowie Herrn Prof. Dr. Bernhard Kretschmer für die Erstellung des Zweitgutachtens. Für die Aufnahme in diese Schriftenreihe danke ich den Herausgebern.

Mein besonderer Dank gilt schließlich meinen Eltern, Marlies und Dr. Dieter Rohnfelder, sowie Torsten Pomplun für ihre Unterstützung in den letzten vier Jahren.

Bad Vilbel, im Juni 2012   Silke Rohnfelder

Inhaltsverzeichnis

Teil 1: Einführung	13
§ 1 Falldarstellung	13
§ 2 Problemaufriss	14
§ 3 Gang der Darstellung	19
Teil 2: Der misslungene Rücktritt	20
§ 4 Überblick über den Meinungsstand	20
§ 5 Rechtsprechung	21
A. Der „Abtreibungsfall"	21
B. Der Ausgangsfall	22
§ 6 Die Unterscheidung nach unbeendetem und beendetem Versuch	23
§ 7 Der misslungene Rücktritt vom unbeendeten Versuch	26
A. Rücktrittsebene	26
I. Der Rücktritt *von* der Vollendung	27
II. Der Rücktritt *neben* der Vollendung	28
III. Nichtvollendung als Voraussetzung des § 24 Abs. 1 StGB	29
IV. Stellungnahme	30
V. Zwischenergebnis zur Rücktrittsebene	33
B. Tatbestandsebene	34
I. Objektive Zurechenbarkeit	34
1. Zurechnungsunterbrechungen	36
a. Zurechnungsunterbrechung durch Eingreifen des Opfers	37
b. Zurechnungsunterbrechung durch Eingreifen Dritter	39
c. Zurechnungsunterbrechung durch höhere Gewalt/Zufall	41
2. Stellungnahme	42
3. Zwischenergebnis zur objektiven Zurechenbarkeit	45
II. Subjektive Zurechenbarkeit	46

		1. Die Freispruchslösung	46
		a. *v. Scheurl*	47
		b. Ergebnisorientierte Argumente	48
		c. Die *zeitliche* Dimension des Vorsatzes	50
		d. Die *inhaltliche* Dimension des Vorsatzes	51
		e. Stellungnahme	52
		2. Die Vollendungslösung	56
		a. Überblick	56
		b. Stellungnahme	58
		3. Die Versuchslösung	60
		a. Überblick	60
		b. Stellungnahme	61
		4. Der Ansatz von *Gropp* und *Eser*	63
		a. Überblick	63
		b. Stellungnahme	66
		5. Zwischenergebnis zur subjektiven Zurechenbarkeit	67
	III.	Zwischenergebnis zum Tatbestand	67
C.	Schuldebene		68
	I.	Lösungsansatz von *Klöterkes*	68
	II.	Stellungnahme	69
D.	Strafzumessungsebene		70
	I.	Analoge Anwendung der Vorschriften über die tätige Reue	70
	II.	Strafzumessung	71
	III.	Stellungnahme	72
E.	Ergebnis zum misslungenen Rücktritt vom unbeendeten Versuch		72

§ 8 Der misslungene Rücktritt vom beendeten Versuch — 73

A.	Rücktrittsebene		74
	I.	Der Rücktritt *von/neben* der Vollendung	74
	II.	Die Nichtvollendung als Voraussetzung des § 24 Abs. 1 S. 1 2. Alt bzw. S. 2 StGB	74
	III.	Zwischenergebnis zur Rücktrittsebene	75
B.	Tatbestandsebene		75
	I.	Objektive Zurechenbarkeit	75
		1. Zurechnungsunterbrechungen	75
		a. Vereitelung des Gelingens der Verhinderungshandlung durch Dritte	77
		b. Risikoverdrängung durch den Täter selbst	78

		c. Das Erfordernis einer hypothetischen Verhinderungstauglichkeit	79
		2. Zwischenergebnis	80
		3. Der Rücktritt bei unterbrochenem Zurechnungszusammenhang	80
		a. Problemstellung	80
		b. Stellungnahme	81
		4. Zwischenergebnis zur objektiven Zurechenbarkeit	82
	II.	Subjektive Zurechenbarkeit	82
		1. Die Versuchslösung	82
		2. Die Vollendungslösung	83
		a. Überwiegende Auffassung	83
		b. Der Ansatz von *Schliebitz*	84
		3. Stellungnahme	85
		a. Zu *Bottke* und *Munoz-Conde*	85
		b. Zur überwiegenden Auffassung	86
		c. Zu *Schliebitz*	87
		4. Zwischenergebnis zur subjektiven Zurechenbarkeit	87
C.	Schuldebene		87
	I.	Lösungsansatz von *Klöterkes*	88
	II.	Stellungnahme	88
D.	Strafzumessungsebene		89
	I.	Überblick	89
	II.	Stellungnahme	89
E.	Zwischenergebnis zum misslungenen Rücktritt vom beendeten Versuch		90

§ 9 Zwischenergebnis zum misslungenen Rücktritt — 91

Teil 3: Vergleichsgruppen — 93

§ 10 Die Irrtümer über das Objekt des Erfolgseintritts — 94

A.	Der error in persona vel obiecto		96
	I.	Die Gleichwertigkeitstheorie	98
	II.	Die Konkretisierungstheorie	99
	III.	Stellungnahme	100
	IV.	Ergebnis zum error in persona vel obiecto	102
B.	Die aberratio ictus		103
	I.	Rechtsprechung	105

	1. Der „Kellenwurffall"	106
	2. Der „Notwehrfall"	106
	3. Der „Fangbrieffall"	106
II.	Die Vollendungslösung	107
	1. Die klassische Gleichwertigkeitstheorie	108
	a. Überblick	108
	b. Die aberratio ictus als unbeachtlicher Motivirrtum	108
	c. Kritik an der Versuchslösung	109
	d. Rechtsfolge	112
	2. Der modifizierte Ansatz *Puppes*	112
III.	Die Versuchslösung	113
IV.	Die materielle Gleichwertigkeitstheorie	116
V.	Stellungnahme	118
	1. Zur Vollendungslösung	118
	2. Zur materiellen Gleichwertigkeitstheorie	120
	3. Zur Versuchslösung	121
VI.	Ergebnis zur aberratio ictus	123

C. Die Distanzdelikte 124
   I. Fallbeispiele 125
      1. Der „Fangbrieffall" 125
      2. Der „Autobombenfall" (auch „Sprengfalle") 125
      3 .Der „Enzianschnapsfall" 125
      4 .Der „Platztauschfall/Hotelzimmerfall" 126
      5 .Der „Heckscheibenfall" 126
      6. Der „Telefonbeleidigerfall/Briefbombenfall" 126
      7 .Der „Urkundenfall" 127
      8. Die „Einbrecher- oder Diebesfälle" 127
   II. Rechtsprechung und Literaturmeinungen 127
      1. Rechtsprechung 127
      2. Literatur 128
   III. Differenzierende Ansätze 130
      1. Das „Tatplankriterium" nach *Roxin* 130
      2. Die „geistige Identitätsvorstellung" nach *Herzberg* 132
      3. Der Ansatz von *Prittwitz* 134
      4. Das „Zufallskriterium" nach *Gropp* 135
      5. Der „Doppelindividualisierungsirrtum" nach *Hsu* 136
   IV. Stellungnahme 138
      1. Zur Rechtsprechung 138
      2. Zur modifizierenden Literaturansicht 138
      3. Zum „Tatplankriterium" *Roxins* 139
      4. Zur „geistigen Identitätsvorstellung" *Herzbergs* 140
      5. Zum Ansatz von *Prittwitz* 141
      6. Zum „Doppelindividualisierungsirrtum" von *Hsu* 141

		7. Zum „Zufallskriterium" von *Gropp*	142
		8. Eigener Ansatz	143
	V.	Ergebnis zu den Distanzdelikten	145
D.	Auswirkungen der Personenverwechslung des Haupttäters auf den Anstifter		146
	I.	Rechtsprechung	147
	II.	Die Vollendungslösung	148
	III.	Die Versuchslösung	149
	IV.	Differenzierende Einordnung	150
	V.	Stellungnahme	151
		1. Zur Vollendungslösung	151
		2. Zur Versuchslösung	153
		3. Zu den differenzierenden Ansätzen	154
	VI.	Ergebnis zur Auswirkung der Personenverwechslung des Haupttäters auf den Anstifter	156
E.	Ergebnis zu den Irrtümern über das Objekt des Erfolgseintritts		157

§ 11 Die Irrtümer über den Zeitpunkt des Erfolgseintritts 158

A.	Der dolus generalis		159
	I.	Rechtsprechungsfälle	160
		1. Der „Leuchtgasfall"	160
		2. Der „Jauchegrubenfall"	161
	II.	Rechtsprechung und Literaturansichten	161
		1. Die Vollendungslösung	161
		2. Die Versuchslösung	163
		3. Differenzierende Ansätze	164
		a. Das Tatplankriterium *Roxins*	165
		b. Die Ansätze von *Prittwitz* und *Hsu*	165
		c. Das Kriterium des Gefahrzusammenhangs	166
	III.	Stellungnahme	168
		1. Zur Versuchslösung	168
		2. Zur Vollendungslösung	168
		3. Zu *Roxin, Prittwitz und Hsu*	169
		4. Zum Gefahrzusammenhang	170
	IV.	Ergebnis zum dolus generalis	171
B.	Der vorzeitige Erfolgseintritt		172
	I.	Rechtsprechungsfälle	173
		1. Der „Zugsturzfall"	174
		2. Der „Scheinstandgerichtfall"	174
		3. Der „Luftinjektionsfall"	174
		4. Der „Kofferraumfall"	174

II. Der Erfolgseintritt im Versuchsstadium ... 175
1. Der vorzeitige Erfolgseintritt im Stadium des unbeendeten Versuchs ... 175
   a. Die Vollendungslösung ... 176
   b. Die Versuchslösung ... 177
2. Der vorzeitige Erfolgseintritt im Stadium des beendeten Versuchs ... 177
3. Differenzierende Lösungsansätze ... 178
4. Stellungnahme ... 179
5. Zwischenergebnis zum vorzeitigen Erfolgseintritt im Versuchsstadium ... 179

III. Der vorzeitige Erfolgseintritt im Vorbereitungsstadium ... 180
1. Fälle ... 181
2. Die herrschende Meinung ... 182
3. Der Ansatz von *Angerer* ... 182
4. Der Ansatz von *Schliebitz* ... 184
5. Stellungnahme ... 185
6. Zwischenergebnis zum vorzeitigen Erfolgseintritt im Vorbereitungsstadium ... 187

IV. Ergebnis zum vorzeitigen Erfolgseintritt ... 187

C. Ergebnis zu den Irrtümern über den Zeitpunkt des Erfolgseintritts ... 188

Teil 4: Vergleich der Fallgruppen ... 189

§ 12 Misslungener Rücktritt und error in persona vel obiecto ... 189

§ 13 Misslungener Rücktritt und aberratio ictus ... 190

§ 14 Misslungener Rücktritt und dolus generalis ... 191

§ 15 Misslungener Rücktritt und vorzeitiger Erfolgseintritt ... 192

Teil 5: Fazit ... 193

Literaturverzeichnis ... 197

Teil 1: Einführung

§ 1 Falldarstellung

Im Jahr 2004 hatte die Schwurgerichtskammer des Landgerichts einer deutschen Großstadt über folgenden Fall zu entscheiden:

Der Angeklagte und seine Ehefrau hatten in gegenseitigem Einvernehmen die Trennung beschlossen. Es war vereinbart, dass das gemeinsame Einfamilienhaus verkauft werden sollte, solange bewohnten die Eheleute dieses noch gemeinsam.

Am Tattag kam es zwischen den Eheleuten zu einer heftigen Auseinandersetzung, in deren Verlauf der Angeklagte gegenüber seiner Ehefrau massiv handgreiflich wurde. Er fasste nun spontan den Entschluss, das gemeinsame Haus mittels einer Gasexplosion zu zerstören und so sich selbst sowie seine Ehefrau zu töten. Diesen Entschluss teilte er seiner Ehefrau auch mit. Nachdem er die Ehefrau durch weitere Gewaltanwendung handlungsunfähig gemacht hatte, begab er sich in den Keller des Hauses, um seinen Plan in die Tat umzusetzen.

Im Gasanschlussraum öffnete der Angeklagte den Blindstopfen des Gaszuleitungsrohrs, sodass Gas in den Raum austreten konnte und sich ein explosionsfähiges Gas-Luft-Gemisch bildete. Dieses plante er sodann mittels bereitgehaltener Streichhölzer zu entzünden.

Nachdem einige Minuten lang Gas ausgeströmt war, nahm der Angeklagte jedoch von seinem ursprünglichen Plan, der Zerstörung des Hauses und der Tötung seiner Ehefrau, Abstand. Er drehte daher den Gasabsperrhahn wieder ab und begab sich in den Nebenraum, um dort suizidale Handlungen an sich vorzunehmen.

Bevor sich der Angeklagte jedoch letale Verletzungen zufügen konnte, wurde das sich noch immer im Kellerraum befindliche Gasgemisch durch nicht mehr aufklärbare Umstände – vermutlich jedoch durch einen elektrischen Impuls seitens der Türklingelanlage, welche durch den Bruder der Ehefrau, der durch seine Schwester während des Streits mit dem Angeklagten telefonisch um Hilfe gebeten worden war, betätigt wurde – entzündet, sodass es zu einer Gas-Explosion kam, durch welche das Haus zu großen Teilen zerstört und der Angeklagte, seine Ehefrau sowie der Bruder der Ehefrau schwer verletzt wurden.

Der Hauptverhandlung lag eine Anklage u. a. wegen versuchten Mordes und vorsätzlicher Herbeiführung einer Sprengstoffexplosion gemäß §§ 211, 308 Abs. 1 StGB zu Grunde. Das Gericht verurteilte wegen fahrlässiger Herbeiführung einer Sprengstoffexplosion nach § 308 Abs. 6 StGB sowie fahrlässiger

Körperverletzung nach § 229 StGB zum Nachteil der Ehefrau und ihres Bruders durch die Explosion.

Das Gericht war der Ansicht, durch das Zudrehen des Gashahns sei der Angeklagte sowohl vom Versuch des Mordes als auch vom Versuch der Herbeiführung einer Sprengstoffexplosion strafbefreiend zurückgetreten; dass es letztlich trotz der Bemühungen des Angeklagten zu einer Explosion gekommen war, ändere nichts an dieser Beurteilung.

§ 2 Problemaufriss

Dieses Ergebnis erscheint auf den ersten Blick befremdlich. Während der Mordversuch des Angeklagten erfolglos geblieben war, so dass hier der Annahme eines strafbefreienden Rücktritts nichts im Wege stand, ist bezüglich des § 308 StGB immerhin der konkrete tatbestandliche Erfolg eingetreten, nämlich die Gasexplosion. Kann hierbei tatsächlich, wie vom Gericht angenommen, (abgesehen von der Fahrlässigkeitsstrafbarkeit) unberücksichtigt bleiben, dass hier eine Tatvollendung eingetreten ist? Schließlich hat der Angeklagte genau das erreicht, was er ursprünglich wollte. Aber ist ihm der konkrete Erfolg, die Explosion, überhaupt noch objektiv und subjektiv zurechenbar? Spielt es eine Rolle für die Strafbarkeit, dass der Angeklagte den Erfolg bei dessen Eintritt nicht mehr wollte und versucht hat, diesen zu verhindern, und wenn ja, waren diese Bemühungen auch ausreichend? Gibt es einen „Rücktritt trotz Vollendung"? Oder ist nicht bei einer vollendeten Tat der Rücktritt schlechterdings ausgeschlossen, mit der Konsequenz, dass § 24 StGB unanwendbar ist?

Alle diese Fragen stellen sich zwangsläufig bei der Thematik des sogenannten *misslungenen Rücktritts*. Der Begriff bezeichnet Fälle des Erfolgseintritts trotz (oder manchmal auch wegen) des Rücktritts. Der ursprünglich geplante Tatererfolg wird trotz der Tataufgabe und des Rücktrittsbemühens des Täters verwirklicht.

Ebenso umstritten wie die Lösung dieser Fallkonstellation sind bereits ihre Benennung und systematische Einordnung. Die Terminologie *misslungener Rücktritt* wird als irreführend und ergebnisorientiert kritisiert[1]. Bereits in den 1970er Jahren wurde durch *Bach* angemerkt, der Begriff „misslungener Rücktritt" sei durch die vorherrschende Meinung geprägt, da er indiziere, dass dem Täter dieser Strafbefreiungsgrund abgeschnitten sei[2]. Als Alternativen wurden u. a. Bezeichnungen wie „Erfolgseintritt trotz Tataufgabe"[3], „Irrtum über die Wirk-

---

1 Vgl. *Bach*, S. 3 Fn. 6; *Knörzer*, S.187f.
2 Vgl. *Bach*, S. 3 Fn. 6.
3 SK-*Rudolphi*, § 24 Rn. 16.

samkeit des bereits Getanen"[4] oder auch „Irrtum über die Tauglichkeit der Rücktrittshandlung"[5] vorgeschlagen. Auch wenn diese Formulierungen mitunter weit treffender und wertungsneutral das Problem zu umschreiben vermögen, so erscheint es doch sinnvoll, den Terminus „misslungener Rücktritt" aufgrund seiner Kürze, Prägnanz und auch Verbreitung[6] weiterhin zu verwenden.

Auch die systematische Lokalisierung des Problems wirkt mitunter verwirrend. In systematisch aufgebauten Kommentaren und Lehrbüchern findet eine Auseinandersetzung mit dem Thema des *misslungenen Rücktritts* vornehmlich im Rahmen des § 24 StGB[7] bzw. unter dem Abschnitt „Rücktritt vom Versuch"[8] statt, obwohl die Lösungsvorschläge und Argumente zu diesem Problem fast ausschließlich auf der Tatbestandsebene, vorwiegend beim *subjektiven Tatbestand*, ansetzen[9]. Dass es sich beim *misslungenen Rücktritt* nicht um ein Rücktrittsproblem im eigentlichen Sinne, sondern vielmehr um ein Problem auf Tatbestandsebene handelt, hat schon *Ulsenheimer*[10] festgestellt. Dass das Problem trotzdem auf der Rücktrittsebene behandelt wird, mag zum einen an der Begriffsbezeichnung liegen, zum anderen daran, dass aufgrund der Vielgestalt der Lösungsansätze auch rücktrittsbezogene Argumentationsstränge in die Diskussion einfließen[11].

Aber nicht nur sein „Zwitterstatus" macht den *misslungenen Rücktritt* zum „Exoten", der, wie *Hans-Walter Mayer* zu Recht anmerkt, nicht nur in Juristenausbildung und Lehre, sondern zuweilen auch in der Literatur, recht „stiefmütterlich"[12] behandelt wird. Es ist vor allem wohl die mangelnde Aufmerksamkeit der Praxis, welche die Problematik zu einem zu vernachlässigten Randproblem macht. Tatsächlich ist bis dato lediglich ein einziger Fall[13] aus den 1950er Jahren bekannt, in welchem sich die höchstrichterliche Rechtsprechung mit der Thematik des *misslungenen Rücktritts* auseinandersetzen musste. Abgesehen vom soge-

---

4 S/S-*Eser*, § 24 Rn. 22; ebenso *Gropp*, § 9 Rn. 62.
5 *Jescheck/Weigend*, S. 545.
6 Verwendung u. a. bei NK-*Zaczyk*, § 24 Rn. 77; MK-*Herzberg*, § 24 Rn. 57; *Schmidhäuser*, § 11 Rn. 73; *Wessels/Beulke*, Rn. 627; *Krey*, Rn. 460.
7 Vgl. z. B. bei LK-*Lilie/Albrecht*, § 24 Rn. 51ff; *Lackner/Kühl*, § 24 Rn. 15ff; SK-*Rudolphi*, § 24 Rn. 16; S/S-*Eser*, § 24 Rn. 22ff; NK-*Zazcyk*, § 24 Rn. 77f; MK-*Herzberg*, § 24 Rn. 57.
8 Z. B. bei *Gropp*, § 9 Rn. 62ff; ebenso *Jakobs*, 26. Abschnitt Rn. 13f; *Roxin*, § 30 Rn. 113ff; *Wessels/Beulke*, Rn. 627.
9 Siehe unten Teil 2 § 7 B. II/§ 8 B. II.
10 Vgl. *Ulsenheimer*, S. 100; ebenso *Rau*, S. 161; im Ergebnis ebenso die „*Vollendungslösung*", welche von einer „unwesentlichen Kausalabweichung" ausgeht; siehe dazu ausführlich unten Teil 2 § 7 B. II. 2.a.
11 Siehe unten Teil 2 § 7 A.
12 So wörtlich *Mayer,* S. 75 Fn. 263.
13 BGH MDR 53, 721f.

nannten „Abtreibungsfall"[14] blieb den Autoren zur Verdeutlichung der Problematik nur der Rückgriff auf „Kathederfälle", wie das berühmte Giftbeispiel[15] oder der „verflixte Einkaufswagen"[16] von *Gropp*. Jedoch zeigt der vorgestellte Fall aus dem Jahre 2004, dass die Konstellation des *misslungenen Rücktritts* weder abwegig noch selten sein muss, vielmehr stellen sich die Entzündung eines Gasgemischs durch einen elektrischen Impuls ebenso wie die spontane Selbstentzündung von Benzin[17] oder die Entzündung brennbaren Materials durch eine Glasscherbe[18] als durchaus im Rahmen der allgemeinen Lebenserfahrung liegende Ereignisse dar. Eine Praxisrelevanz ist dem *misslungenen Rücktritt* somit nicht abzusprechen; mag zwar die Quantität der Fälle gering sein, so darf gerade im Hinblick auf die Vielgestalt der Lösungsansätze und deren Auswirkungen auf eine mögliche Strafbarkeit eine sorgfältige Auseinandersetzung mit dieser Thematik nicht fehlen.

Denn was die Beurteilung des *misslungenen Rücktritts* angeht, so gehen die Meinungen radikal auseinander, sie reichen von einer (bloßen) Verurteilung wegen Fahrlässigkeit[19] bis zu einer Vollendungsstrafbarkeit ohne Milderungsmöglichkeit[20]. Zwischen diesen beiden Extremen existieren freilich mehrere differenzierte Lösungsansätze, welche im Folgenden noch detailliert vorgestellt werden sollen[21], gerade aber die Darstellung dieser beiden diametralen Ansätze verdeutlicht jedoch, dass es sich um kein rein theoretisch-dogmatisches Problem handelt, da je nach Lösungsweg immense Unterschiede im Ergebnis entstehen.

Doch was macht den *misslungenen Rücktritt* zu einem höchst umstrittenen Thema in der Literatur, in welchem auch nach der Neufassung des § 23 StGB durch das 2. StrRG vom 04.07.1969 noch keine einheitliche Linie gefunden werden konnte? Sicher spielt es eine Rolle, dass Rechtsprechung zu dieser Thematik kaum existiert; höchstrichterliche Entscheidungen können einen Wegweiser darstellen, von welchem sowohl sämtliche vertretenen Meinungen profitieren können. Auch der „Zwittercharakter" der Problematik mag dazu beitragen. Achtet man nicht auf einen streng systematischen Prüfungsaufbau, so verstrickt man sich nur allzu schnell in Argumentationssträngen, welche Tatbestands- und

---

14 BGH MDR 53, 721f; Sachverhalt auch nachzulesen bei *Bach,* S. 145ff, *Schliebitz,* S. 29f; ausführlich siehe unten Teil 2 § 5 A.
15 Vgl. für alle *Gropp*, § 9 Rn. 62.
16 *Gropp*, Jura 88, 542ff.
17 Vgl. *Jakobs*, 26. Abschnitt Rn. 13.
18 So im „Einkaufswagenfall" von *Gropp*, in Jura 88, 542ff.
19 Siehe *v. Scheurl*, S. 47f; ebenso das Landgericht im *Ausgangsfall* siehe unten Teil 2 § 5 B.
20 Vgl. u.a. bei LK-*Lilie/Albrecht*, § 24 Rn. 57; *Lackner/Kühl*, § 24 Rn. 15; SK-*Rudolphi*, § 24 Rn. 16; NK-*Zaczyk*, § 24 Rn. 78; MK-*Herzberg*, § 24 Rn. 57; *Roxin*, § 29 Rn. 115ff; *Schmidhäuser*, § 11 Rn. 75; *Wessels/Beulke*, Rn. 627; *Ulsenheimer,* S. 101f.
21 Siehe unten Teil 2 § 7.

Rücktrittsebene, subjektive und objektive Zurechnung, Versuch und Vollendung vermengen. Für die Anhänger der *Vollendungslösung* stellt sich beispielsweise die Frage nach der Rücktrittsproblematik gar nicht, während für andere Lösungsansätze diese Prüfungsebene essentiell ist. Daher wurde insbesondere in neueren Publikationen auf eine detaillierte Gliederung geachtet[22]. Doch auch diese Detailfülle scheint zu keinem eindeutigen Ergebnis zu führen. Auch der Gesetzestext, die §§ 16 und 24 StGB, wurde mit unterschiedlichem Erfolg herangezogen.

Was jedoch besonders auffällt, ist, dass der *misslungene Rücktritt* auch in neueren Publikationen entweder als eines von mehreren Rücktrittsproblemen[23] oder isoliert als eigenständiges Problem[24] besprochen worden ist. Dass er in das Schema der Rücktrittsprobleme nicht so recht passen will, wurde oben bereits dargestellt[25]. Eher gelingt eine systematische Einordnung und Lösung des Problems, wenn man es in einem größeren Zusammenhang betrachtet. Denn das Kernproblem des *misslungenen Rücktritts* ist dieses: Der Täter hat einen Erfolg verursacht, den er bei dessen Eintritt gerade nicht mehr wollte. Er hat seinen Tatvorsatz aufgegeben oder sogar versucht, die Folgen seiner Tat ungeschehen zu machen. Mit anderen Worten: Zum Zeitpunkt des Erfolgseintritts fielen der Vorsatz des Täters und die konkrete Tatbestandsverwirklichung auseinander. Es handelt sich somit um einen Fall von *Diskongruenz von Tatbestandsverwirklichung und Vorsatz*.

Dies berücksichtigend muss man sich die Frage stellen, ob es sinnvoll ist, den *misslungenen Rücktritt* mit anderen Fallgruppen, in welchen zum Zeitpunkt des Erfolgseintritts der Vorsatz des Täters und die konkrete Tatbestandsverwirklichung auseinanderfielen, zu vergleichen. So könnte man nicht nur eruieren, ob sich Argumente und Lösungen der anderen Fallgruppen für die Thematik des *misslungenen Rücktritts* fruchtbar heranziehen lassen, sondern auch, ob eventuell die Fälle der Diskongruenz ein eigenständiges System bilden, unter welches der *misslungene Rücktritt* subsumiert werden kann. Daher sind andere Fälle der Diskongruenz, also Konstellationen, in welchen der Täter einen Erfolg erreicht, den er nicht (mehr) wollte, darzustellen und auf ihre Ähnlichkeit mit dem *misslungenen Rücktritt* zu untersuchen, um Erkenntnisse außerhalb der Rücktrittsdogmatik nutzbar machen zu können.

Die ebenfalls nicht unumstrittenen Fälle der Diskongruenz jenseits des *misslungenen Rücktritts* sind im Gegensatz zu diesem hinreichend bekannt und aufgearbeitet und lassen sich – sehr grob – in zwei Gruppen aufteilen: erstens Konstellationen, in welchen der Erfolg bei einem anderen Objekt als von Täter zum

---

22 Vgl. z. B. in den Arbeiten von *Rau, Schliebitz, Knörzer.*
23 Vgl. z. B. bei *Knörzer* und *Rau*.
24 Vgl. bei *Schliebitz*.
25 Siehe oben Teil 1 § 2.

Zeitpunkt der Tathandlung vorausgesehen und gewollt eintritt (in diese Gruppe gehören der *error in persona vel obiecto* und die *aberratio ictus* mit ihren Folgeproblemen) und zweitens Konstellationen, in welchen der Erfolg zu einem früheren oder späteren Zeitpunkt als vom Täter zum Zeitpunkt der Tathandlung vorausgesehen und gewollt eintritt, namentlich der *dolus generalis* und der *vorzeitige Erfolgseintritt*. Hier ist auch der *misslungene Rücktritt* zu lokalisieren.

Der Versuch, zumindest für einige dieser Fallgruppen eine einheitliche Lösung zu finden, wurde bereits mehrfach unternommen[26]. Diese Untersuchungen endeten meist in dem Ergebnis, bei diesen unter der Bezeichnung „Kausalitätsirrtum" zusammengefassten Fallgruppen sei ein verbindendes Element festzustellen. So wendet die Rechtsprechung beispielsweise ihr „Wesentlichkeitskriterium[27]" nicht nur auf den *misslungenen Rücktritt*[28] an, sondern auch auf die *aberratio ictus*[29], den *dolus generalis*[30] und den *vorzeitigen Erfolgseintritt*[31]. In der Literatur versuchen beispielsweise *Wolter*[32], *Herzberg*[33] und *Roxin*[34] einen Lösungsansatz für alle oder mehrere der vorbezeichneten Fallgruppen zu nennen.

Ziel des Vergleichs der Fallgruppen ist es daher, herauszuarbeiten, ob diese tatsächlich über ein einheitliches Kriterium zu lösen sind, d. h. ob es sich ebenfalls um Irrtumsproblematiken wie den *misslungenen Rücktritt* vom unbeendeten Versuch handelt, bei welchem – wie sich im Laufe der Untersuchung herausstellen wird – das kognitive Vorsatzelement defizitär ist, oder ob diesen Fallgruppen ganz andere, nach eigenen Regeln zu lösende Problematiken zu Grunde liegen.

Um eruieren zu können, ob eine solche Verbindung zwischen den einzelnen Fallgruppen tatsächlich besteht, so dass ein auf alle anwendbares Lösungskriterium entwickelt werden könnte, erscheint es unerlässlich, die einzelnen Rechtsfiguren zunächst gesondert darzustellen und ihre jeweilige Hauptproblematik herauszuarbeiten, bevor sie in einen Gesamtkontext gebracht werden können.

---

26 Vgl. u. a. *Wolter*, Leferenz-FS, S. 545, 547ff; *ders.* ZStW 89, 649, 652ff; ebenso *Herzberg*, ZStW 85, 867ff, f; *Roxin*, Würtenberger-FS, 109ff.
27 Z.B. BGHSt 9, 240, 242.
28 Siehe unten Teil 2 § 7 B II. 2. a.
29 Vgl. BGHSt 9, 240ff.
30 Vgl. BGHSt 14, 193, 194.
31 Vgl. BGH GA 55, 123; BGH NStZ 02, 475f.
32 Vgl. *Wolter*, Leferenz-FS, S. 545, 547; *ders.* ZStW 89, 652ff.
33 Vgl. *Herzberg*, ZStW 85, 882ff.
34 Vgl. *Roxin*, Würtenberger-FS, 109ff.

§ 3 Gang der Darstellung

Ich werde mich zunächst unter **Teil 2** der Fallgruppe des *misslungenen Rücktritts* widmen. Unter § 4 wird ein kurzer Überblick über die verschiedenen Lösungsansätze zu dieser Problematik erfolgen. Zudem wird unter § 5 die Argumentation der Gerichte im „Abtreibungsfall" und im *Ausgangsfall* vorgestellt. Innerhalb der Fallgruppe ist wiederum eine Unterscheidung zwischen dem *misslungenen Rücktritt* vom unbeendeten Versuch (§ 7) und dem *misslungenen Rücktritt* vom beendeten Versuch (§ 8) sinnvoll, die Notwendigkeit dieser Unterteilung wird vorher in § 6 erläutert.

Innerhalb des *misslungenen Rücktritts* vom unbeendeten Versuch werden bezüglich der Argumentation verschiedene Ebenen unterschieden, nämlich die Rücktrittsebene (§ 7 A.), die Tatbestandsebene (§ 7 B.) mit objektiver (§ 7 B. I.) und subjektiver Zurechnung (§ 7 B. II.) und die Strafzumessungs- und Schuldebene (§ 7 C und D.). In § 7 E. wird ein Zwischenresumee zur bisherigen Darstellung gezogen und es werden die Auswirkungen der verschiedenen Lösungsansätze im Ausgangsfall aufgezeigt. Sodann folgt unter § 8 der *misslungene Rücktritt* vom beendeten Versuch mit identischem Aufbau.

In **Teil 3** werden die Vergleichsgruppen dargestellt. Dabei werden unter § 10 die Irrtümer über das Erfolgsobjekt, der *error in persona vel obiecto* (§ 10 A.) und die *aberratio ictus* (§ 10 B.) behandelt. Im Anschluss daran folgen die in ihrer Einordnung umstrittenen sogenannten „Distanzdelikte" (§ 10 C.) und die Frage nach der Strafbarkeit des Tatbeteiligten oder Teilnehmers bei *error in persona* oder *aberratio ictus* (§ 10 D.). Dabei werden die einschlägige Rechtsprechung sowie in der Literatur vertretene Lösungsansätze präsentiert.

Der Gliederungspunkt § 11 umfasst die Irrtümer über den Zeitpunkt des Erfolgseintritts; es werden der *dolus generalis* (§ 11 A.) und der *vorzeitige Erfolgseintritt* (§ 11 B.) beschrieben.

Unter **Teil 4** schließlich erfolgt der Vergleich des *misslungenen Rücktritts* mit den anderen vorgestellten Fallgruppen.

Teil 5 präsentiert das Ergebnis der Arbeit.

Teil 2: Der misslungene Rücktritt

§ 4 Überblick über den Meinungsstand

Die Meinungen zum *misslungenen Rücktritt* lassen sich in vier Lösungswege einteilen:
Nach der sogenannten *Vollendungslösung*[35] soll eine Strafbarkeit wegen vollendeter Straftat vorliegen. Der Täter hat demnach durch die Ausführungshandlung die Ursache für den Erfolgseintritt gesetzt, welcher ihm nun unabhängig vom Rücktrittsbemühen zuzurechnen sei. Dass der Erfolg entgegen der Vorstellung des Täters eingetreten sei, stelle nur eine „unwesentliche Abweichung vom Kausalverlauf" dar, welche den Vorsatz nicht entfallen lasse. Auch der nachträgliche Wegfall des Vorsatzes ändere nichts an der Beurteilung, da lediglich maßgeblich sei, dass der Vorsatz zum Zeitpunkt der Tathandlung vorgelegen habe. Ein Rücktritt nach § 24 StGB soll aufgrund der Tatsache, dass die Vollendung eingetreten ist, ausgeschlossen sein. Teilweise wird dem Täter jedoch eine Strafmilderung nach § 46 Abs. 2 StGB (Rücktrittshandlung als Nachtatverhalten, Wiedergutmachung oder unbenannter Zumessungsgrund) oder nach den Regeln der tätigen Reue zugebilligt[36].

Die Gegenansicht, auch *Freispruchslösung*[37] genannt, will einen strafbefreienden Rücktritt zulassen[38]. Eine Vollendungsstrafbarkeit scheide aus, da der Täter zum Zeitpunkt des Erfolgseintritts den Vorsatz bereits aufgegeben habe, er verfüge daher nicht mehr über den maßgeblichen „Vollendungsvorsatz". Raum bleibe dann lediglich für eine Strafbarkeit wegen Fahrlässigkeit. Allerdings wird dieser Lösungsansatz zumeist auf den unbeendeten Versuch beschränkt, während beim beendeten Versuch eine Vollendungsstrafbarkeit möglich sein soll[39]. Zum selben Ergebnis, wenn auch auf anderem Wege, kommt auch das Landgericht im *Ausgangsfall* (s. u. § 7 B. II. 2.).

---

35 Vgl. u. a. LK-*Lilie/Albrecht*, § 24 Rn. 57; *Lackner/Kühl*, § 24 Rn. 15; SK-*Rudolphi*, § 24 Rn. 16; NK-*Zaczyk*, § 24 Rn. 78; MK-*Herzberg*, § 24 Rn. 57; *Roxin*, § 30 Rn. 113ff; *Schmidhäuser*, § 11 Rn. 75; *Wessels/Beulke*, Rn. 627; *Ulsenheimer*, S. 101f; *Mayer*, S. 76ff; *Rau*, S. 217; *Knörzer*, S. 249.
36 Vgl. z. B. *Mayer*, S. 92; *Römer*, S. 95f; *Rau*, S. 214; *Lenckner*, Gallas-FS, 281, 293; *Knörzer*, S. 249.
37 Vgl. z. B. *v. Scheurl*, S. 47ff; *Schröder*, JuS 62, 81.
38 Vgl. z. B. *Schliebitz*, S. 193; *Bach*, S. 143.
39 Vgl. die Differenzierung bei *Jakobs*, 26. Abschnitt Rn. 13, 20; *Bach*, S. 111ff; *Schliebitz*, S. 25ff, 91fff; *Sancinetti*, S. 93, 94; *Schröder*, JuS 62, 81f; *Bottke*, S. 552ff, 556ff.

Ebenso lehnt die *Versuchslösung*[40] eine Strafbarkeit wegen eines vollendeten Delikts ab. Allerdings soll nach dieser Ansicht die zurechenbare *Verursachung* des Erfolgs durch den Täter nicht unberücksichtigt bleiben: so soll § 24 StGB keine Anwendung finden mit der Konsequenz, dass der Täter wegen Versuchs ohne Rücktrittsmöglichkeit strafbar sei. Teilweise wird aber auch bei diesem Lösungsansatz eine Strafmilderungsmöglichkeit diskutiert[41].

Eine vierte Ansicht[42] schließlich differenziert nach dem Zeitpunkt der Tataufgabe. War der tatbestandsmäßige Erfolg bereits eingetreten, als der Täter die Rücktrittshandlung vornahm (beispielsweise bei Distanzdelikten, bei welchen der Täter den Erfolgseintritt nicht sinnlich wahrnimmt), so soll ihm dieses Abstandnehmen vom Vorsatz nicht mehr zum Vorteil gereichen dürfen, einer Vollendungsstrafbarkeit stehe dann nichts im Wege. Etwas anderes müsse jedoch gelten, wenn der Täter die Vornahme der Tat bereits vor Erfolgseintritt aufgegeben hatte, dann soll mangels Vollendungsvorsatzes ein Rücktritt möglich sein.

§ 5 Rechtsprechung

A. Der „Abtreibungsfall"

Im sogenannten „Abtreibungsfall"[43] aus dem Jahr 1953 ging es um einen Arzt, welcher eine illegale Abtreibung durchführen wollte, diese jedoch abbrach. Trotzdem war es durch den Abtreibungsversuch zu einer Verletzung der Gebärmutter gekommen, wodurch deren operative Entfernung erforderlich wurde, was zum Schwangerschaftsabbruch führte.

Nachdem der BGH die objektive Zurechnung bejaht hatte, musste er bezüglich des subjektiven Tatbestands in Ermangelung einer ausreichenden Tatsachenaufklärung durch die Vorinstanz von zwei Tatsachenalternativen ausgehen:

Falls der Arzt bei Abbruch der Ausführungshandlung geglaubt habe, bereits alles für den Fruchtabgang erforderliche getan zu haben, ihm also das Risiko des Erfolgseintritts bewusst gewesen sei (*beendeter* Versuch), so stehe einer Beurteilung der Tat als vollendete Abtreibung nichts entgegen. Seine vorsätzliche Handlung sei für den Tatererfolg ursächlich geworden, eine erhebliche Abweichung des Kausalverlaufs sei nicht anzunehmen, da es innerhalb der ärztlichen Lebenser-

---

40 Vgl. z. B. bei *Wolter*, Leferenz-FS, 545ff, 567; *Bottke*, S. 556ff; *Munoz-Conde,* GA 73, 33ff, 40.
41 So z. B. bei *Bottke*, S. 555.
42 Vgl. *Gropp*, § 9 Rn. 66; *ders.* Jura 88, 542, 546; S/S-*Eser*, § 24 Rn. 23ff.
43 BGH MDR 53, 721f; Sachverhalt auch nachzulesen bei *Bach*, S. 145ff, *Schliebitz,* S. 29f.

fahrung liege, dass auch eine abgebrochene Abtreibungshandlung letztlich zum Fruchtabgang führen könne.

Für den Fall jedoch, dass der Arzt im Augenblick des Abbruchs die Gefahr der Erfolgsherbeiführung noch nicht gesehen habe, sei von einem *unbeendeten* Versuch auszugehen. Für diese Alternative nimmt der BGH (leider) ohne ausführliche Begründung eine Rücktrittsmöglichkeit an, welche er dann aber im vorliegenden Fall an der mangelnden Freiwilligkeit scheitern lässt[44].

Aufgrund dieser verkürzten Begründung zum unbeendeten Versuch ist die zentrale Aussage dieser BGH-Entscheidung umstritten. Eine eindeutige Aussage besteht nur bezüglich des *beendeten* Versuchs: hier soll die Tat als vollendet gelten. Die Überlegungen bezüglich Vorsatz und Abweichung des Kausalverlaufs, welche der BGH zum beendeten Versuch anstellt, konnte er beim *unbeendeten* Versuch dahinstehen lassen, da sich die Rücktrittsproblematik aus anderen Gründen nicht stellte. Es ist dem BGH nicht zu verübeln, dass er ein solch komplexes Problem wie den *misslungenem Rücktritt* vom unbeendeten Versuch nur als obiter dictum angerissen hat, wenn es nicht entscheidungserheblich war. Die Entscheidung konnte daher – da sie eine klare Festlegung vermieden hat – von der Literatur unterschiedlich interpretiert werden. So sehen die einen darin die Bestätigung der Möglichkeit des „Rücktritts von der Vollendung"[45], während andere der Ansicht sind, der BGH habe wie beim beendeten Versuch die Abweichung vom Kausalverlauf zu Grunde gelegt und eine wesentliche Abweichung angenommen, wenn der Täter das Vollendungsrisiko nicht erkennt[46].

B. Der Ausgangsfall

Im Ausgangsfall war das Landgericht ebenfalls von einem *unbeendeten* Versuch ausgegangen. Es war der Ansicht, der Angeklagte habe das Gasgemisch noch mittels eines Streichholzes anzünden wollen; damit gerechnet, dass es auch ohne sein Zutun zu einer Explosion kommen könnte, habe er dagegen nicht. Der Angeklagte habe daher nach seiner Vorstellung noch nicht alles zur Erfolgsverwirklichung Erforderliche unternommen.

Da der Angeklagte zum Zeitpunkt der Explosion seinen Vorsatz bereits aufgegeben und nach seiner Vorstellung keine Gefahr der Vollendung mehr bestanden habe, sei der Eintritt der Explosion für den Angeklagten eine wesentliche Abweichung vom Kausalverlauf gewesen, welche nach § 16 StGB den Vorsatz ausschließe. Vom unbeendeten Versuch des § 308 Abs. 1 StGB sei der Ange-

---

44 BGH MDR 53, 722.
45 So die Interpretation von *Bach*, S. 28.
46 Diese Auslegung der Entscheidung favorisiert *Schliebitz*, S. 30.

klagte durch das Verschließen des Gashahns wirksam zurückgetreten. Die maßgebliche Rücktrittsnorm des § 24 Abs. 1 S. 1 1. Alt StGB habe von ihm keine weitere Rücktrittshandlung als die bloße Tataufgabe verlangt, weitere Maßnahmen wie die Entfernung des Gasgemischs oder die Benachrichtigung der Feuerwehr seien nicht erforderlich gewesen.

Dass das Urteil des Landgerichts – mangels Entscheidungserheblichkeit – keine Ausführungen zum beendeten Versuch enthält, kann dahinstehen, da diesbezüglich weitgehend Einigkeit über die Strafbarkeit besteht[47].

Hinsichtlich des *misslungenen Rücktritts* vom unbeendeten Versuch kann die Entscheidung dahingehend ausgelegt werden, dass das Gericht der Ansicht ist, bei einem unbeendeten Versuch stelle der Erfolgseintritt stets eine wesentliche Abweichung des Kausalverlaufs dar, da der Täter in diesem Versuchsstadium bei seiner Tatplanung von einem Kausalverlauf, welcher nicht zur Vollendung führt, ausgeht. Das Gericht kommt also zum selben Ergebnis wie die *Freispruchslösung*, allerdings mit anderer Begründung. Es misst dem nachträglichen Wegfall des Vorsatzes keine maßgebliche Bedeutung zu; Anknüpfungspunkt bildet wie bei der *Vollendungslösung* die subjektive Voraussehbarkeit des Kausalverlaufs. Diese fehle beim unbeendeten Versuch im Gegensatz zum beendeten Versuch, so dass bei ersterem jede Abweichung des vom Täter vorgestellten Kausalverlaufs als beachtlich angesehen werden müsse. Damit bedient sich das Landgericht letztendlich einer ähnlichen Argumentation wie *Schliebitz*[48].

§ 6 Die Unterscheidung nach unbeendetem und beendetem Versuch

Der BGH hat im „Abtreibungsfall"[49] hinsichtlich der Rechtsfolgen danach unterschieden, ob ein beendeter oder ein unbeendeter Versuch vorgelegen habe. Nur bei Vorliegen eines *beendeten* Versuchs sollte von einer Vollendungsstrafbarkeit auszugehen sein.

Der BGH grenzt in diesem Urteil die beiden Versuchsstadien dahingehend voneinander ab, welche Vorstellung der Täter bei der Tathandlung gehabt habe. Es sei darauf abzustellen, ob der Arzt bei Abbruch der Operation geglaubt habe, bereits alles für den Fruchtabgang Erforderliche getan zu haben, dann wäre der Versuch beendet. Hingegen hätte nur ein unbeendeter Versuch vorgelegen, wenn der Arzt die Erfolgseingnung seiner Tathandlung noch nicht erkannt hätte[50]. Diese subjektive Definition der Versuchsstadien entspricht inzwischen der fast ein-

---

47 Siehe dazu ausführlich unten Teil 2 § 8.
48 Vgl. *Schliebitz* S. 69ff, 193; ebenso u. a. *Sancinetti,* S. 65ff.
49 Siehe oben Teil 2 § 5 A.
50 BGH MDR 53, 721, 722.

helligen Meinung. Unbeendet ist ein Versuch demnach, wenn der Täter noch nicht alles getan zu haben glaubt, was *nach seiner Vorstellung von der Tat* zu ihrer Vollendung notwendig ist. Von einer Beendigung kann nur dann ausgegangen werden, wenn der Täter alles getan zu haben glaubt, was *nach seiner Vorstellung von der Tat* zur Herbeiführung des tatbestandlichen Erfolges notwendig oder möglicherweise ausreichend ist. Maßgeblicher Zeitpunkt für diese Vorstellung ist nach Abschluss der letzten Tathandlung – der sogenannte „Rücktrittshorizont"[51]. Diese *subjektive* Definition wird auch der vorliegenden Arbeit zu Grunde gelegt.

Die Differenzierung anhand der Versuchsstadien ist ein weiterer grundlegender Streitpunkt zwischen den verschiedenen Lösungsansätzen. Während die modernen Verfechter der *Freispruchslösung* und auch der *Versuchslösung* fast ausschließlich ihre Argumentation nur auf den Fall des unbeendeten Versuchs konzentrieren, beim beendeten Versuch hingegen der Vollendungsstrafbarkeit nicht widersprechen[52], lehnen die Anhänger der *Vollendungslösung* eine Unterscheidung im Ergebnis ab und wollen dieselbe Rechtsfolge für beide Versuchsstadien anwenden[53].

Als Grund für die Differenzierung wird von ihren Vertretern ein qualitativer Unterschied zwischen den verschiedenen Versuchsstadien angeführt. Beim *beendeten* Versuch glaube der Täter, bereits alles für den Erfolgseintritt Nötige getan zu haben, während er beim *unbeendeten* Versuch noch nicht mit einer Vollendung rechne. Der Täter wisse daher beim unbeendeten Versuch im Zeitpunkt der Tataufgabe noch nicht, dass er eine erfolgsrelevante Gefahr geschaffen habe. Da Vorsatz jedoch stets Wissen und Wollen der Tat erfordere, könne beim Fehlen des intellektuellen Elements nicht von einer vorsätzlichen Vollendung gesprochen werden. Beim unbeendeten Versuch fehle daher der sogenannte „Vollendungsvorsatz", welcher bei einer vollendeten Tat vorliegen müsse. Beim beendeten Versuch hingegen sei am Vorliegen des Wissenselements aufgrund der Kenntnis des Täters bezüglich der Möglichkeit des Erfolgseintritts nicht zu zweifeln[54].

Andere argumentieren mit dem unterschiedlichen Unwertgehalt der Versuchsstadien[55]. Beim beendeten Versuch seien das Risiko des Erfolgseintritts und

---

51 Vgl. nur *Wessels/Beulke,* Rn. 631ff; *Fischer,* § 24 Rn. 14S/S-*Eser,* § 24 Rn. 13ff; NK-*Zaczyk,* § 24 Rn. 37ff.
52 Ausführlich siehe unten Teil 2 § 8. B. II.
53 Vgl. nur LK-*Lilie/Albrecht,* § 24 Rn. 57; *Lackner/Kühl,* § 24 Rn. 15; NK-*Zaczyk,* § 24 Rn. 78; MK-*Herzberg,* § 24 Rn. 57; *Roxin,* § 30 Rn. 115f, 125ff; *Schmidhäuser,* § 11 Rn. 74, 75; *Wessels/Beulke,* Rn. 627; *Ulsenheimer,* S. 101ff; *Walter,* S. 147ff; *Knörzer,* S. 248f, 280, 281.
54 Vgl. z. B. *Schliebitz,* S. 54f.
55 A. A. aber z. B. *Walter,* S. 147; *Bach,* S. 94.

damit die Gefahr für das Opfer weit größer. Der Täter verwirkliche damit ein größeres Unrecht als beim unbeendeten Versuch. Somit liege im beendeten Versuch ein wesentlich höheres „Handlungsunrecht"[56]. Auch die unterschiedlichen Rücktrittsanforderungen seien ein Beweis für diesen Wertungsunterschied. Dass der Täter beim unbeendeten Versuch wesentlich weniger tun müsse, nämlich lediglich die Tat aufgeben, zeuge davon, dass er ein wesentlich geringeres Unrecht umzukehren habe als der Rücktrittswillige beim beendeten Versuch, welcher die Folgen seiner Handlung komplett beseitigen müsse. Nur durch die Regelung des § 24 Abs. 1 S. 1 2. Alt StGB für den beendeten Versuch werde dem Täter letztlich das „Erfolgsrisiko", also die Verantwortlichkeit für den Eintritt des Erfolges trotz seiner Bemühungen, aufgebürdet[57].

Doch kann man die Regelung des § 24 Abs. 1 StGB tatsächlich dahingehend auslegen? Über eine Privilegierung des unbeendeten Versuchs sagt der Gesetzestext nichts aus. Dass der Täter beim beendeten Versuch eine größere Rücktrittsleistung erbringen muss, ergibt sich zwar aus dem Gesetzestext; doch kann man daraus auch auf einen höheren Unwertgehalt schließen? Man könnte doch auch annehmen, dass die Norm des § 24 Abs. 1 S. 1 StGB nur den „klassischen" Rücktrittsfall ohne Erfolgseintritt regeln wolle und hinsichtlich der Erfolgszurechnung oder des Unwertgehalts keinerlei Aussage treffe[58]. Auch für eine Differenzierung im Hinblick auf den Inhalt des Vorsatzes finden sich im Gesetzestext keine Anhaltspunkte[59].

Obwohl die Kontroverse an dieser Stelle noch nicht entschieden werden soll, lässt sich doch anhand dieser Diskussion erkennen, dass die Frage, ob zwischen unbeendetem und beendetem Versuch zu unterscheiden ist, nicht vernachlässigt werden darf. Daher wird selbst von Autoren, welche die *Vollendungslösung* vertreten, aus Gründen der Vollständigkeit und Übersichtlichkeit die Problematik in den *misslungenen Rücktritt* vom unbeendeten Versuch und den *misslungenen Rücktritt* vom beendeten Versuch unterteilt[60], auch wenn sie für beide Fallgruppen schließlich zum selben Ergebnis kommen.

Eine solche Aufteilung ist auch unabhängig vom favorisierten Lösungsansatz notwendig, da sich der Meinungsstreit letztlich nur noch auf den *unbeendeten* Versuch konzentriert, während beim beendeten Versuch „die Fronten geklärt" sind. Eine detaillierte und vor allem übersichtliche Darstellung aller Meinungen und Argumente kann daher, entgegen der Meinung von *Rau*[61], nur erfolgen,

---

56 So z. B. *Wolter*, Leferenz-FS, 545, 564; *Bach*, S. 111.
57 Vgl. grundlegend *Schröder*, JuS 62, 81, 82; ebenso S/S-*Eser*, § 24 Rn. 25; *Bach*, S. 111.
58 Vgl. *Mayer*, S. 85.
59 Vgl. für alle: *Knörzer*, S. 237ff.
60 Vgl. z. B. *Knörzer*, S. 188ff, 249ff; *Roxin*, § 30 Rn. 115, 125; *Schmidhäuser*, § 11 Rn. 74, 75.
61 Vgl. *Rau*, S. 161.

wenn man unbeendeten und beendeten Versuch trennt, unabhängig davon, zu welchem Ergebnis man letztlich gelangt.

§ 7 Der misslungene Rücktritt vom unbeendeten Versuch

Zunächst soll der *misslungene Rücktritt* vom *unbeendeten* Versuch abgehandelt werden. Diese Konstellation ist im Gegensatz zum beendeten Versuch umstritten und führt, je nachdem welchem Lösungsansatz man folgt, zu unterschiedlichen Rechtsfolgen.

Auch im Ausgangsfall war das Gericht von einem unbeendeten Versuch ausgegangen.

A. Rücktrittsebene

Der Punkt, an welchem die Meinungen bezüglich des *misslungenen Rücktritts* vom *unbeendeten* Versuch auseinandergehen, ist bei den meisten Lösungsansätzen auf der Tatbestandsebene, genauer beim subjektiven Tatbestand, zu verorten. Es wird darum gestritten, ob der Täter einen „Vollendungsvorsatz" aufweisen müsse[62], also ob eine vollendete Tat vorliege oder nicht.

Doch bevor man sich auf die schwierige Diskussion um das Vorliegen bzw. die Zurechenbarkeit der Vollendung einlässt, ist es sinnvoll, zuerst zu überprüfen, ob die Frage nach der Vollendung des Tatbestands für die Problematik des *misslungenen Rücktritts* überhaupt relevant ist. Denn wenn § 24 StGB mit der Rechtsfolge der Strafbefreiung auch bei vollendeten Taten Anwendung fände, wäre die Tatsache, dass Vollendung eingetreten wäre oder auch nicht, irrelevant.

Es finden sich daher einige Argumentationsstränge, welche das Problem sogleich auf der Rücktrittsebene durch wörtliche und teleologische Auslegung des § 24 Abs. 1 S. 1 StGB zu lösen versuchen[63]. Obwohl nach klassischem Prüfungsaufbau die Rücktrittsebene erst dann zu untersuchen ist, wenn Tatbestand, Rechtswidrigkeit und Schuld festgestellt wurden, empfiehlt es sich doch aus den im vorherigen Absatz geschilderten praktischen Gründen, im Fall des *misslungenen Rücktritts* die Erörterung auf die Rücktrittsebene vorzuziehen[64].

Zur Illustration der Problematik werden im Folgenden drei Ansätze bezüglich der Anwendbarkeit des § 24 Abs. 1 S. 1 StGB auch bei vollendeter Tat dargestellt: der „Rücktritt *von* der Vollendung" (manchmal auch als „Rücktrittslö-

---

62 Siehe unten Teil 2 § 7 B. II. 1. d.
63 Vgl. *Bach*, S. 34ff; *Schliebitz*, S. 36f; *Herzberg*, JZ 89, 117.
64 Diesem Aufbau folgen auch z. B.: *Knörzer*, S. 191ff; *Angerer*, S. 40ff; *Schliebitz*, S. 30ff.

sung" bezeichnet) (I.), der „Rücktritt *neben* der Vollendung" (II.) und eine dritte Ansicht, welche die Anwendbarkeit der Rücktrittsvorschriften bei Vollendung ausschließen will (III.).

I. Der Rücktritt *von* der Vollendung

Der Ansatz, welcher einen Rücktritt trotz vollendeter Tat für möglich hält, wird von *Joachim Bach* vertreten[65].

Bach stützt sich dabei auf den Wortlaut des § 24 Abs. 1 S. 1 1. Alt StGB. Der Gesetzestext verlange als Rücktrittshandlung nur die Tataufgabe als solche, ein Aufgabeerfolg im Sinne der Vollendungsverhinderung werde hingegen gerade nicht verlangt. Darin bestehe ein fundamentaler Unterschied zum beendeten Versuch, welcher sich bereits in der Formulierung des Gesetzestextes niederschlage.

Wenn aber der Täter beim unbeendeten Versuch den Erfolgseintritt nicht verhindern müsse, um in den Genuss des Rücktrittsprivilegs zu gelangen, so könne auch die letztendliche Vollendung der Tat nichts an diesem Grundsatz ändern. Der Täter trage nun einmal beim unbeendeten Versuch nicht das Erfolgsrisiko[66].

Das Erfordernis, für die Anwendung des Rücktritts beim unbeendeten Versuch müsse die Vollendung ausgeblieben sein, könne in § 24 Abs. 1 S. 1 1.Alt StGB nicht „hineingelesen" werden. Schließlich würde eine solche Verpflichtung des Täters, den Erfolgseintritt auch beim unbeendeten Versuch verhindern zu müssen, zu einer ungerechtfertigten De-facto-Gleichstellung beider Versuchsalternativen führen, also eine unzulässige Analogie zu Lasten des Täters darstellen. Da somit der Erfolgseintritt der Anwendung des § 24 Abs. 1 S. 1 1.Alt StGB nicht entgegenstehe, sei beim unbeendeten Versuch auch der Rücktritt trotz Tatvollendung möglich.

Für den Ausgangsfall wäre es nach dieser Ansicht unmaßgeblich gewesen, ob der Angeklagte zum Zeitpunkt des Erfolgseintritts noch den notwendigen Vorsatz aufwies oder nicht; das Landgericht hätte allein aufgrund der ausreichenden Rücktrittsbemühungen ohne Prüfung der subjektiven Tatseite den strafbefreienden Rücktritt vom unbeendeten Versuch annehmen können.

Soweit die Annahme eines Rücktritts von der Vollendung im Übrigen auch auf die Ausführungen *Horst Schröders* und *Esers* gestützt wird[67], so geht dies, wie bereits von *Knörzer* festgestellt[68], auf eine Fehlinterpretation zurück. Denn *Eser* wendet § 24 Abs. 1 S. 1. 1. Alt StGB nicht *trotz* der Vollendung an, sondern

---

65 Vgl. *Bach,* S. 34ff.
66 Vgl. *Bach,* S. 34ff, 111, 143.
67 Vgl. z. B. *Schliebitz,* S. 31f.
68 Vgl. *Knörzer,* S. 191f.

stützt die Annahme eines strafbefreienden Rücktritts vom unbeendeten Versuch vielmehr auf den fehlenden Vollendungsvorsatz[69]. Auch *Schröders* Ausführungen lassen eher darauf schließen, dass durch das Rücktrittsverhalten die Vollendung gerade nicht eintreten solle; an anderer Stelle weist er nämlich ausdrücklich darauf hin, nach seiner Maßgabe könne „ebenso wenig [...] § 46 StGB [a.F.] schon seinem Wortlaut nach auf vollendete Delikte Anwendung finden[70]."

II. Der Rücktritt *neben* der Vollendung

Ebenfalls auf den Wortlaut des § 24 Abs. 1 S. 1 1. Alt StGB stützt sich die These eines Rücktritts *neben* der Vollendung, welche von *Herzberg* begründet[71] und von *Angerer*[72] und *Schliebitz*[73] aufgegriffen und weiterentwickelt wurde.

Wie die Anhänger des Rücktritts *vor* der Vollendung verweisen auch diese Autoren auf das Erfordernis der Nichtvollendung für die Anwendbarkeit des § 24 Abs. 1 S. 1 1.Alt StGB, da nach dem Wortlaut der Norm die bloße Tataufgabe ausreichend sei[74]. Das Risiko des Erfolgseintritts könne dem Täter durch § 24 Abs. 1 S. 1 1.Alt StGB nicht aufgebürdet werden. Der Täter komme trotz der Tatvollendung in den Genuss des Rücktrittsprivilegiums.

Konsequenz dieser Vorüberlegungen sei aber keinesfalls, dass der Täter nicht wegen vollendeter Tat, sondern nur wegen Fahrlässigkeit zu bestrafen sei. Denn § 24 StGB sage über das Vorliegen oder den Wegfall einer etwaigen Vollendungsstrafbarkeit überhaupt nichts aus, nur über die Versuchsstrafbarkeit. Demzufolge könne die Norm des § 24 StGB auch nur die Versuchsstrafbarkeit entfallen lassen, nicht aber die Vollendungsstrafbarkeit. Dass der Täter vom Versuch wirksam zurückgetreten sei, bedeute demnach lediglich, dass er auch nur wegen des Versuchs nicht mehr bestraft werden könne. Diesen Schluss impliziere schon der Wortlaut des § 24 Abs. 1 S. 1 1. Alt StGB „wegen Versuchs wird nicht bestraft"[75]. Die Vollendungsstrafbarkeit hingegen bleibe von dieser Strafbefreiung unberührt[76].

Diese Annahme sei auch nicht widersprüchlich, vielmehr stünden Versuchs- und Vollendungsstrafbarkeit nicht in einem Exklusivitäts-, sondern in einem Al-

---

69 Vgl. S/S-*Eser*, § 24 Rn. 23f.
70 *Schröder*, JuS 62, 81, 85.
71 *Herzberg*, JZ 89, S. 116, 117; MK-*Herzberg* § 24 Rn. 57.
72 *Angerer*, S. 50.
73 *Schliebitz*, S. 36ff.
74 Vgl. z. B. *Schliebitz*, S. 36ff; *Angerer*, S. 50.
75 Vgl. *Schliebitz* , S. 37; *Angerer*, S. 50; *Herzberg*, JZ 89, 117.
76 Vgl. *Schliebitz,* S. 37; *Angerer*, S. 50; *Herzberg*, JZ 89, 117; MK-*Herzberg*, § 24 Rn. 57.

ternativitätsverhältnis, beide könnten neben-, aber auch ohneeinander bestehen[77]. Ein Wegfall der Versuchsstrafbarkeit habe ebenso wenig den Ausschluss der Vollendungsstrafbarkeit zur Folge wie im umgekehrten Fall.

Dass die Annahme einer strafbaren Vollendung ohne vorherigen strafbaren Versuch kein Kuriosum sei, zeige sich anhand jener Tatbestände, welche den Versuch straflos stellten. Beim *misslungenen Rücktritt* vom unbeendeten Versuch könne und müsse mithin nichts anderes gelten[78].

Der Täter wäre somit zwar vom Versuch zurückgetreten, aber trotzdem wegen vollendeter Tatbegehung (so die Tat denn vollendet sei) strafbar, da die Vollendungsstrafbarkeit die Strafbefreiung „überlagere"[79]. Vom Erfordernis der Prüfung der Vollendungstrafbarkeit als solcher befreit dieser Lösungsansatz also nicht.

Im „Abtreibungsfall" hätte der BGH dieser Ansicht nach unabhängig von der Freiwilligkeit des Rücktritts des Arztes die Vollendung der Tat nach den vom Gericht zuvor zum beendeten Versuch entwickelten Grundsätzen prüfen müssen.

Im Ausgangsfall hätte die Annahme des Landgerichts, der Angeklagte habe eine ausreichende Rücktrittsleistung erbracht, einer Verurteilung nach § 308 Abs. 1 StGB nicht im Wege gestanden.

III. Nichtvollendung als Voraussetzung des § 24 Abs. 1 StGB

Überwiegend wird jedoch die Ansicht vertreten, die Nichtvollendung der Tat sei Voraussetzung für die Anwendbarkeit des § 24 Abs. 1 S. 1 1. Alt StGB[80].

Dafür werden wiederum Wortlaut und Systematik des § 24 Abs. 1 S. 1 1. Alt StGB herangezogen. Die Formulierung „wegen Versuchs" sei dahingehend auszulegen, dass die Vorschrift des § 24 StGB insgesamt nur auf Taten, welche sich noch im Versuchsstadium befänden, anzuwenden sei, nicht hingegen auf vollendete Taten[81]. Auch die Stellung der Norm im Gesetzestext impliziere eine inhaltliche Verknüpfung mit dem Versuch[82]. Zurücktreten könne man folglich nur vom Versuch, nicht von der Vollendung.

---

77 Vgl. z. B. *Schliebitz*, S. 38.
78 Vgl. z. B. *Schliebitz*, S. 378; *Angerer*, S. 50; *Herzberg*, JZ 89, 117; ders. MK-*Herzberg*, § 24 Rn. 57.
79 MK-*Herzberg*, § 24 Rn. 57.
80 Vgl. bereits *Schröder*, JuS 62, 81, 85; ebenso: *Otto*, Jura 01, 344; *Ulsenheimer*, S. 102; SK-*Rudolphi*, § 24 Rn. 16; *Römer*, S. 84f; *Mayer*, S. 86; *Rau*, S. 205f, 207ff; *Knörzer*, S. 202.
81 Vgl. u. a. *Schröder*, JuS 62, 81, 85; *Otto*, Jura 01, 344.
82 Vgl. *Mayer*, S. 85.

Auch wertungsmäßig sei ein Rücktritt von der Vollendung ausgeschlossen. Dem Versuch sei nämlich im Unterschied zur Vollendung zu eigen, dass nur ein Gefährdungserfolg geschaffen würde, welcher umgekehrt werden könne, während bei der Vollendung eine nicht mehr revidierbare Rechtsgutverletzung eintrete[83]. Der Täter, der eine solche Verletzung verursache, sei des Rücktrittsprivilegs aber nicht mehr würdig. Daher sei ein Rücktritt von der vollendeten Tat weder logisch möglich noch nach den Grundsätzen des Rücktritts angemessen[84].

Die Nichtvollendung, also das Ausbleiben eines zurechenbaren Erfolgseintritts, wird daher quasi als „essentialia negotii" des Rücktritts verstanden[85]. *Rau* geht sogar so weit, das Ausbleiben des Erfolgs als „objektive Bedingung der Straffreiheit"[86] bei § 24 StGB zu bezeichnen. Ein Rücktritt soll mithin ausgeschlossen sein, sofern die Tat vollendet wurde.

Demnach wäre in § 24 Abs. 1 S. 1 1. Alt StGB nicht die Lösung für den *misslungenen Rücktritt* vom unbeendeten Versuch zu finden. *Hans-Walter Mayer* bezweifelt beispielsweise ganz offen, ob diese Norm auf diese Problematik überhaupt anzuwenden sei[87]. Schließlich könne man in Anbetracht der Existenz expliziter Regelungen zur tätigen Reue wie etwa § 310 StGB zu dem Umkehrschluss kommen, dass außerhalb dieser Sondervorschriften der Täter eines vollendeten Delikts eben auch wegen vollendeter Tatbegehung zu bestrafen sei[88].

Auch dieser Ansatz hat zur Konsequenz, dass die Gerichte sowohl im „Abtreibungsfall" als auch im Ausgangsfall keine Erwägungen zu § 24 StGB hätten vornehmen müssen oder diesen allenfalls in einem obiter dictum hätten streifen können, wenn sie von einem vollendeten Delikt ausgegangen wären.

IV. Stellungnahme

Zusammenfassend bleibt festzustellen, dass allenfalls *Bachs* Lösungsansatz die Problematik des *misslungenen Rücktritts* tatsächlich auf der Rücktrittsebene zu lösen versucht. Die anderen beiden Meinungen verorten das Kernproblem letztendlich im Tatbestand, weil sie auf die Tatvollendung abstellen.

Der Wortlaut des § 24 Abs. 1 S. 1 1. Alt StGB selbst erweist sich als Ansatzpunkt für eine Lösung als unergiebig. Der Eingang „wegen Versuchs wird nicht bestraft" kann sowohl im Lichte von *Schliebitz'* Theorie als auch als Hinweis auf

---

83 Vgl. u. a. *Otto*, Jura 01, 344; *Römer*, S. 85.
84 Vgl. *Ulsenheimer*, S. 101.
85 Vgl. nur *Ulsenheimer*, S. 102; *Mayer*, S. 86; *Knörzer*, S. 202.
86 So wörtlich *Rau*, S. 207.
87 Vgl. *Mayer*, S. 85.
88 Vgl. *Mayer*, S. 85; ebenso: *Fischer*, § 24 Rn. 3.

eine Nichtanwendbarkeit im Falle der Vollendung ausgelegt werden. Die Formulierung „die Tat aufgibt" deutet weder auf das Erfordernis der Nichtvollendung hin, noch kann man den Verzicht darauf „hineinlesen". Die Vorschrift des § 24 StGB regelt eben nicht, *wann* der Täter zurücktreten kann, sondern nur *wie*. Insofern ist der „Rücktrittslösung" zuzugestehen, dass eine Verhinderungsverpflichtung durch § 24 Abs. 1 S. 1 1. Alt StGB nicht eigens geschaffen wird.

Trotzdem ist der Ansatz *Bachs* im Ergebnis abzulehnen. Aus der Systematik des Gesetzestextes ergibt sich eindeutig, dass sich § 24 StGB auf die §§ 22, 23 StGB bezieht und auch begrifflich stets von einem Rücktritt vom *Versuch* gesprochen wird[89]. Zutreffend erscheint auch der Vergleich mit den Vorschriften über die tätige Reue[90]. Diese Sondervorschriften für den Rücktritt von der vollendeten Tat haben Ausnahmecharakter. Das zeigt sich erstens daran, dass sie nur auf bestimmte Gefährdungsdelikte anwendbar sind, wie zum Beispiel § 306e StGB bei Brandstiftung, und zum anderen darin, dass sie sämtlich im Besonderen Teil des StGB bei den jeweiligen Delikten, auf welche sie sich beziehen, verortet sind. Wenn bereits § 24 StGB als generelle Vorschrift den Rücktritt von der Vollendung, im Allgemeinen Teil, also quasi „vor die Klammer gezogen", regeln würde, wären die spezielleren Vorschriften des Besonderen Teils obsolet.

Auch *Bachs* Einwand, die Nichtanwendung des Rücktritts auf vollendete Delikte auch beim unbeendeten Versuch würde diesen dem beendeten Versuch quasi gleichstellen, da nun dort wie hier eine Verhinderungsverpflichtung geschaffen würde, läuft im Hinblick auf das zuvor Gesagte leer. Eine Verpflichtung des Täters, den Erfolgseintritt auch beim unbeendeten Versuch zu verhindern, kann und muss in § 24 Abs. 1 S. 1 1. Alt StGB nicht „hineingelesen" werden. Vielmehr beschreibt der gegenständliche Paragraph nur die Qualität der Rücktrittsanforderungen, welche sich aufgrund der unterschiedlichen Gefahrverursachungen in den verschiedenen Versuchsstadien ergeben. So hat der Täter beim unbeendeten Versuch auch nach seiner Vorstellung *regelmäßig* nur eine geringe Gefahr geschaffen, welche durch bloße Tataufgabe aus der Welt zu schaffen ist, während beim beendeten Versuch der Erfolgseintritt *regelmäßig* so wahrscheinlich ist, dass weitere Maßnahmen zur Verhinderung erforderlich sind.

Insofern erscheint es überzeugend, mit *Hans-Walter Mayer*[91] zu dem Schluss zu kommen, dass § 24 Abs. 1 S. 1 StGB auch nur im Regelfall des Versuchs ohne Erfolgseintritt anwendbar sein soll, den *misslungenen Rücktritt* aber gerade nicht regelt.

---

89 Vgl. z. B. *Knörzer*, S. 199, *Schliebitz*, S. 37.
90 Vgl. *Mayer*, S. 85; *Fischer*, § 24 Rn. 3.
91 Vgl. *Mayer*, S. 85.

Einer ungerechtfertigten Gleichstellung von unbeendetem und beendetem Versuch, wie sie *Bach* befürchtet, sollte sinnvollerweise auf Tatbestandsebene entgegengetreten werden.

Dem Ansatz *Herzbergs, Schliebitz'* und *Angerers* ist insoweit zuzustimmen, als zutreffend erkannt wurde, dass § 24 Abs. 1 S. 1 StGB für die Frage nach der Vollendungsstrafbarkeit nicht fruchtbar herangezogen werden kann und dass die Lösung des Problems *misslungener Rücktritt* auf der Rücktrittsebene nicht zu finden ist. Im Übrigen überzeugt der Ansatz jedoch nicht. *Knörzer*[92] wendet zu Recht ein, dass die Annahme eines Alternativverhältnisses zwischen Versuch und Vollendung bereits logisch zweifelhaft ist. Denn dieses würde voraussetzen, dass Versuch und Vollendung nicht notwendigerweise aufeinander aufbauen, sondern unabhängig voneinander verwirklicht werden können. Eine Vollendung ohne Versuch wird aber außerhalb des Bereichs der *Distanzdelikte*, auf welchen die Überlegungen von *Schliebitz* und *Angerer* letztlich abzielen[93], mehrheitlich abgelehnt.

Der Versuch stellt schließlich auch dort, wo er nicht unter Strafe steht, regelmäßig ein notwendiges Durchgangsstadium, ein Minus, zur Vollendung dar. Und auch durch den Versuch wird bereits Unrecht verwirklicht, wenn auch vermindertes. Auch der Täter des unbeendeten Versuches hat den vollen subjektiven Tatbestand rechtswidrig und schuldhaft erfüllt.

Es wäre fraglich, was dann als spezifisches Unrecht der Vollendung noch übrig bliebe, wenn dieses bereits verwirklichte Versuchsunrecht negiert würde. Zwar bleibt das Erfolgsunrecht als solches noch bestehen; da mit dem Versuchstatbestand allerdings auch der Tatentschluss wegfallen würde, wäre dieses nicht mehr als vorsätzlich anzusehen.

Als Fazit ergibt sich daraus, dass eine vollendete Tat, deren Versuchsstrafbarkeit entfällt, keine vorsätzliche, sondern nur noch eine fahrlässige Tatvollendung wäre. Demnach geht die Gleichung von *Schliebitz, Herzberg* und *Angerer* „Vollendungsstrafbarkeit – Versuchsstrafbarkeit = Vorsatzstrafbarkeit" nicht auf.

Auch das Argument, das StGB kenne durchaus Tatbestände, bei welchen nur die Vollendung, nicht aber der darin enthaltene Versuch strafbar ist[94], trägt nicht. Wenn § 23 Abs. 1 StGB bestimmt, dass nur der Verbrechensversuch stets strafbar sein soll, so liegt darin eine gesetzgeberische Wertung[95]. Der Versuch bestimmter Vergehen, bei denen bereits das Erfolgsunrecht gering ist, z. B. §§ 123, 142, 185ff StGB, wird von vornherein für nicht strafwürdig befunden. Dass je-

---

92 Vgl. *Knörzer*, S. 200.
93 Dazu siehe ausführlich unten Teil 3 § 11 B. III. 3./4.
94 Vgl. *Schliebitz*, S. 37f; *Angerer*, S. 50; *Herzberg*, JZ 89, 117; ders. MK-*Herzberg*, § 24 Rn. 57.
95 Vgl. zutreffend *Knörzer*, S. 200.

doch ein Versuchsunrecht bei diesen Delikten nicht vorliege, kann daraus nicht geschlossen werden. Bei einer Vielzahl der Vergehen, wie den §§ 223ff oder §§ 242, 244, 246 StGB, war der Gesetzgeber dagegen der Ansicht, dass bereits das Versuchsunrecht dermaßen gravierend sei, dass es eine Strafbarkeit rechtfertige.

Bei der Konstruktion des Rücktritts *neben* der Vollendung ist die Situation jedoch eine völlig andere. Hierbei geht es um ein Versuchsunrecht, welches von vornherein strafwürdig war, nur soll diese Strafwürdigkeit rückwirkend durch den Rücktritt entfallen. Dazu müsste aber der Rücktritt in der Lage sein, das bereits verwirklichte Unrecht *vollständig* zu annullieren, nicht nur zu kompensieren, was aus heutiger Sicht nicht mehr vertreten wird[96]. Ein originär *straffreier* Vergehensversuch und ein nachträglich *strafbefreiter* (Verbrechens)versuch sind eben nicht vergleichbar.

Doch selbst die Verfechter des Rücktritts *neben* der Vollendung erkennen, dass ihre Argumentation im Prinzip nur auf ein „Glasperlenspiel"[97] hinausläuft, da sie im Ergebnis zum selben Schluss kommen wie die Anhänger der Gegenmeinung, nämlich dass § 24 StGB eine Vollendungsstrafbarkeit nicht ausschließe. Ob dies nun an der Nichtanwendbarkeit der Vorschrift auf vollendete Taten oder auf das Zurücktreten der Strafbefreiung hinter der Vollendungsstrafbarkeit liegen mag, ist nur aus dogmatischer Sicht interessant und kann daher letztlich dahinstehen.

Fest steht allein, dass ein Rücktritt von der vollendeten Tat nicht möglich ist und die Lösung des Problems nicht auf der Rücktrittsebene gefunden werden kann. Dies hat auch den Vorteil, dass nicht mehr auf den Rücktrittshorizont und die Rücktrittshandlung abgestellt werden muss, sondern nur noch auf die Frage, ob dem Täter ein Erfolgseintritt *objektiv und subjektiv* zuzurechnen ist. Streitfragen zum Beendetsein des Versuches und der Qualität der Rücktrittshandlung stellen sich nicht, da es nicht auf subjektive Sicht des Täters zum Zeitpunkt der Rücktrittshandlung ankommt, sondern allein zum Zeitpunkt des Beginns der Tathandlung.

V. Zwischenergebnis zur Rücktrittsebene

Der Wortlaut des § 24 Abs. 1 S. 1 StGB kann weder als Argument für noch gegen die Möglichkeit des Rücktritts *von* oder *neben* der Vollendung herangezogen werden. Diese Vorschrift regelt allein das *Wie* des Rücktritts, nicht aber das *Wann*[98].

---

96 Vgl. nur *Ulsenheimer*, S. 94; *Knörzer*, S. 201.
97 *Schliebitz*, S. 38.
98 Siehe oben Teil 2 § 7 A. IV.

Aus der Systematik der §§ 22ff StGB ergibt sich allerdings, dass Voraussetzung der Anwendbarkeit des § 24 StGB stets ist, dass sich die Tat noch im Versuchsstadium befunden hat[99].

Da somit die Nichtvollendung der Tat für die Frage nach der Strafbarkeit des Versuchs maßgeblich ist, müssen die Lösungsansätze Rücktritt *von* der Vollendung und Rücktritt *neben* der Vollendung auf der Rücktrittsebene scheitern.

Der Schwerpunkt der Problematik des *misslungenen Rücktritts* vom unbeendeten Versuch ist daher auf der Tatbestandsebene zu suchen.

B. Tatbestandsebene

Da, wie bereits oben festgestellt, ein überzeugender Lösungsansatz für den *misslungenen Rücktritt* auf der Rücktrittsebene nicht zu finden ist, erscheint es sinnvoll, sich der Problematik mit den gängigen Literaturmeinungen auf der Tatbestandsebene zu stellen.

Bevor jedoch auf den Kernpunkt der Diskussion, die subjektive Zurechenbarkeit, eingegangen werden kann, muss untersucht werden, ob der Erfolgseintritt trotz Rücktritts beim unbeendeten Versuch dem Täter überhaupt objektiv zugerechnet werden kann. Denn wenn es bereits an der objektiven Zurechenbarkeit fehlen würde, entfiele der objektive Tatbestand.

Damit läge von vornherein nur ein (rücktrittsfähiger?) Versuch vor und die *Vollendungslösung*[100] würde leerlaufen. Die *Freispruchslösung*[101] und die *Versuchslösung*[102] wiederum fänden sich zwar in ihrem Ergebnis, nicht aber in ihrer Argumentation bestätigt.

I. Objektive Zurechenbarkeit

Als unbestritten gilt insofern, dass auch der Erfolgseintritt trotz Rücktritts als kausal im Sinne der Conditio-sine-qua-non-Formel[103] anzusehen ist[104]. Der konkrete Erfolg, also die Gasexplosion im *Ausgangsfall* oder der Fruchtabgang im

---

99 Siehe bereits oben Teil 2 § 7 A. IV.
100 Vgl. u. a. LK-*Lilie/Albrecht*, § 24 Rn. 57; *Lackner/Kühl*, § 24 Rn. 15; SK-*Rudolphi*, § 24 Rn. 16; NK-*Zaczyk*, § 24 Rn. 78; MK-*Herzberg*, § 24 Rn. 57; *Roxin*, § 30 Rn. 113ff; *Schmidhäuser*, § 11 Rn. 74, 75; *Wessels/Beulke*, Rn. 627; *Ulsenheimer*, S. 101ff; *Rau*, S. 217; *Knörzer*, S. 281f.
101 Vgl. z. B. *v. Scheurl*, S. 47ff; *Schröder*, JuS 62, 81; *Backmann*, JuS 81, 336, 340.
102 Vgl. z. B. bei *Wolter*, Leferenz-FS, 545; *Bottke*, S. 556ff; *Munoz-Conde*, GA 73, 33, 39f.
103 Vgl. z. B. *Fischer*, vor § 13 Rn. 21.
104 Vgl. z. B. *Gropp*, Jura 88, 542, 546.

„Abtreibungsfall", wäre nicht eingetreten, wenn nicht der Angeklagte das Gas hätte entströmen lassen bzw. der Arzt den Eingriff vorgenommen hätte. Dass jeweils noch weitere Kausalfaktoren am Erfolgseintritt beteiligt waren, ist für die Kausalität irrelevant, da hier eine reine Bedingungskette gebildet wird.

Doch die Beantwortung der Frage, ob dem Täter das Ende einer Kausalkette, an deren Entstehen er in irgendeiner Form beteiligt gewesen war, auch als sein Werk zuzurechnen ist, bleibt der objektiven Zurechnung vorbehalten. Demnach kann dem Täter ein Erfolg zugerechnet werden, sofern dieser objektiv voraussehbar und vermeidbar ist und durch das Verhalten des Täters eine rechtlich missbilligte Gefahr geschaffen wurde, welche sich in dem konkreten Erfolg niederschlägt. Durch diese Kriterien wird festgelegt, wo die Grenzen des Zurechenbaren liegen und wodurch der Zurechnungszusammenhang unterbrochen wird. Als Leitlinie gilt dabei die allgemeine Lebenserfahrung; was für keinen Durchschnittsmenschen voraussehbar ist, gilt als atypischer Kausalverlauf und als unzurechenbar. Im *Ausgangsfall* hätte es jedem technischen Laien gewahr sein können, dass sich ein Gasgemisch durch jeden beliebigen elektrischen Impuls entzünden kann. Die Gasexplosion war dem Angeklagten daher als sein Werk objektiv zuzurechnen.

Nimmt man diese Formel als Maßstab für die objektive Zurechnung, so zeichnen sich als Ansatzpunkt für eine eventuelle Unzurechenbarkeit des *misslungenen Rücktritts* die *Zurechnungsunterbrechungen* ab.

Dieser Ansatz[105] will die objektive Zurechnung beim *misslungenen Rücktritt* nicht generell, sondern nur bei bestimmten Fallkonstellationen ausschließen. Dieser Ansatz ist daher nicht an eine bestimmte Meinung zum *misslungenen Rücktritt* gebunden, sondern wird von den Vertretern sämtlicher Literaturmeinungen[106] diskutiert. Es geht dabei um Konstellationen, in welchen der Erfolgseintritt nicht allein auf der Tathandlung des Täters beruht, sondern das Opfer selbst, Dritte oder gar der Zufall an der Kausalkette in welcher Form auch immer mitgewirkt haben. Im „Abtreibungsfall" war es zum Fruchtabgang schließlich erst durch die erneute, durch einen anderen Arzt ausgeführte, Operation gekommen. Und im *Ausgangsfall* wäre die Explosion vermutlich ohne die zufällige Entzündung des Gasgemischs durch einen Dritten unterblieben. Hier ist zu untersuchen, ob und inwieweit dem Täter der Erfolg noch als sein Werk zugerechnet werden kann.

---

105 Siehe unten Teil 2 § 7 B. I. 1.
106 Vgl. z. B. LK-*Lilie/Albrecht*, § 24 Rn. 58ff; *Roxin*, § 30 Rn. 128f, *Ulsenheimer*, S. 101f; S. 88ff; *Rau*, S. 165ff, *Schliebitz*, S. 96ff; *Angerer*, S. 53ff; *Knörzer*, S. 257ff; *Jakobs*, 26. Abschnitt Rn. 20.

1. Zurechnungsunterbrechungen

Wie bereits oben[107] dargestellt, ist dem Täter des *misslungenen Rücktritts* der Erfolgseintritt regelmäßig objektiv zuzurechnen, sofern kein atypischer Kausalverlauf vorliegt.

Aber es stellt sich die Frage, ob die Zurechnung in bestimmten Fällen nicht trotzdem unterbrochen wird, nämlich wenn das Opfer selbst, Dritte oder gar „höhere Gewalt" in den Kausalverlauf eingreifen.

Diese Frage wird hauptsächlich im Rahmen des beendeten Versuchs diskutiert für den Fall, dass der Täter in seinen Rettungsbemühungen von anderen gehindert wird[108]. Aber auch beim unbeendeten Versuch können sich Konstellationen ergeben, in welchen der Kausalverlauf durch außerhalb der Sphäre des Täters liegende Ereignisse beeinflusst wird, wie unsere Rechtsprechungsfälle zeigen. Im „Abtreibungsfall" wäre es nicht zum Fruchtabgang gekommen, wenn nicht die beim Abtreibungsversuch verletzte Gebärmutter letztendlich hätte entfernt werden müssen. Und auch im *Ausgangsfall* hatte erst ein nicht in der Sphäre des Angeklagten liegender Faktor den Erfolgseintritt ausgelöst. In beiden Fällen waren Umstände eingetreten, welche an die bereits durch den Täter geschaffenen Gefahrenlage angeknüpft und dadurch eine Erfolgsneigung hergestellt hatten.

Doch wie sind diese Fälle zu beurteilen? Muss der Täter wirklich für den Zufall haften? Handelt ein Opfer, welches den Erfolgseintritt bewusst fördert, nicht eigenverantwortlich? Und muss sich der Täter das Eingreifen Dritter, welche den Kausalverlauf beeinflussen, als sein Werk zurechnen lassen? Wird hier nicht der Täter letztlich zum Spielball anderer, welche über sein Schicksal, nämlich die Strafbarkeit seiner Handlungen, bestimmen[109]?

Diese Fragen werden nicht einheitlich beantwortet. Teilweise wird vertreten, bei Mitwirkung des Opfers läge eine *eigenverantwortliche Selbstgefährdung*[110] vor; andere nehmen eine *rechtfertigende Einwilligung* an[111]. Treten Dritte in den Kausalverlauf ein, so sollen diese für den Erfolg haften, sofern sie vorsätzlich handeln, da dem Täter die Steuerbarkeit des Geschehens quasi aus den Händen gerissen werde[112]. Wieder andere lehnen jede Zurechnungsunterbrechung ab und verweisen auf die Verantwortung des Täters als Initiator der Kausalkette[113].

---

107 Siehe bereits oben Teil 2 § 7 B. I.
108 Ausführlich siehe unten Teil 2 § 8 B. I. 1. a.
109 Vgl. *Römer*, S. 92.
110 Vgl. die Ansichten von *Rau*, S. 167; *Angerer*, S. 56.
111 So z. B. *Schliebitz*, S. 97.
112 Vgl. BGH NStZ 91, 537f, ebenso: *Otto*, Maurach-FS, 91, 98f; *Jäger*, S. 98.
113 Vgl. *Schmidhäuser*, § 11 Rn. 73.

a. Zurechnungsunterbrechung durch Eingreifen des Opfers

Für diese Konstellation wird beim beendeten Versuch oft der Fall herangezogen, dass das Opfer, welchem der Taterfolg aus welchen Gründen auch immer ganz recht ist, den Täter an der Erfolgsverhinderung hindert[114]. Für den unbeendeten Versuch wäre beispielsweise denkbar, dass das Opfer die abgebrochene Ausführungshandlung des Täters weiterführt und dadurch den Erfolgseintritt letztlich verursacht. So wäre es gewesen, wenn im „Abtreibungsfall" die Patientin nach der unterbrochenen Operation ihrerseits einen weiteren Abtreibungsversuch am vorgeschädigten Uterus unternommen hätte und es dadurch zum Fruchtabgang gekommen wäre. Oder das Opfer einer nicht tödlichen Verletzung könnte in Suizidabsicht den Blutverlust beschleunigen. Damit würde der Erfolg durch das Zusammenspiel der Handlungen von Opfer und Täter verursacht.

Daher bleibt zu klären, welchem der beiden Beteiligten das Risiko der Erfolgsverwirklichung letztendlich aufzuerlegen ist. Bereits nach den allgemeinen Zurechnungsregeln findet schließlich der Verantwortungsbereich jedes einzelnen dort ein Ende, wo der Verantwortungsbereich des Anderen beginnt. Grundsätzlich muss kein Täter für das eigenverantwortliche Handeln anderer haften[115]. Doch kann unter Umständen etwas anderes gelten, wenn der Täter selbst das Risiko erst in Gang gesetzt hat?

Beim beendeten Versuch wird teilweise eine Anwendung des Rechtsgedankens des § 24 Abs. 1 S. 2 StGB vertreten[116]. Die Norm zeige auf, dass der Täter auch bei Erfolgseintritt nicht unbeschränkt hafte. Dies müsse gerade bei vorsätzlichem Handeln des Opfers gelten. Da § 24 Abs. 1 S. 2 StGB jedoch explizit von Verhinderungsbemühen des Täters spricht, ist eine direkte Anwendung auf den unbeendeten Versuch fernliegend.

Überwiegend wird mit der Risikoabwägung argumentiert. Durch sein Eingreifen schaffe das Opfer ein neues, eigenständiges Risiko; der Erfolg verwirkliche sich mithin nicht mehr, wie für die objektive Zurechenbarkeit erforderlich, in dem vom Täter gesetzten Risiko. Dies soll auch dann gelten, wenn das Opfer keine neue Kausalkette anstößt, sondern die alte fortführt[117]. Dieses Argument ist aber bereits in sich nicht schlüssig, da sich bei Fortführung der durch den Täter initiierten Kausalkette kein eigenständiges Risiko aus der Sphäre des Opfers bildet, sondern vielmehr das Erstrisiko weiterwirkt. Etwas anderes kann nur gelten in Fällen von unterbrochener Kausalität[118].

---

114 Z. B. in Suizidabsicht; vgl. Beispiele bei *Knörzer*, S. 259f; *Schliebitz*, S. 96f.
115 Vgl. für alle *Fischer*, vor § 13 Rn. 27.
116 Vgl. z. B. *Arzt*, GA 64, 1, 6ff; *Lenckner*, Gallas-FS, 281ff; *Rau*, S. 200ff.
117 Vgl. z. B. *Roxin*, § 30 Rn. 128; *Römer*, 88ff.
118 Siehe ausführlich dazu unten Teil 2 § 8 B. I. 2.

Überzeugender erscheint die Auffassung, dem Täter sei der Erfolg bei Eingreifen des Opfers mangels Steuerbarkeit des Geschehens nicht zuzurechnen[119]. Wo andere Personen in den Kausalverlauf eingriffen, werde dem Täter die Kontrolle über selbigen entzogen. Der Täter könne aber nur für vorhersehbare Erfolge haften.

Ähnlich argumentieren diejenigen Stimmen in der Literatur, welche das Eingreifen des Opfers als eigenverantwortliche Selbstgefährdung oder als rechtfertigende Einwilligung qualifizieren wollen. *Rau*[120] und *Angerer*[121] beispielsweise grenzen anhand der *Tatherrschaft* ab, wann das Risiko noch in der Sphäre des Täters liegt. Zwar kontrolliere der Täter bei Schaffung des Erstrisikos zunächst das Geschehen, mit der Intervention des Opfers gehe die Tatherrschaft aber auf dieses über[122]. Das gelte insbesondere beim unbeendeten Versuch, bei welchem der Täter die Ausführung aufgibt und bereits deshalb keine Kontrolle über den weiteren Verlauf mehr hat, während der sich um Rettung bemühende Täter des beendeten Versuchs noch die Zentralfigur des Geschehens darstellen kann. Wenn das Opfer nun aber die Herrschaft über das Geschehen innehabe, so müsse sein Handeln forthin als eigenverantwortlich angesehen werden. Der Täter hafte eben nur bis zur freiwilligen Übernahme des Risikos durch das Opfer[123]. Diese Abwägung des Risikos sei auch sachgerecht. Beim *misslungenen Rücktritt* gehe es letztendlich um die Abwägung zwischen dem durch den Erfolgseintritt verwirklichten *Vollendungserfolg* und dem durch die Rücktrittshandlung angestrebten *Bewährungserfolg*. Grundsätzlich trete beim Erfolgseintritt trotz Rücktritt der Bewährungserfolg hinter der Vollendung zurück, weil der Rücktritt ja gerade gescheitert sei. Lägen die Gründe für dieses Scheitern der Bewährung aber nicht in der Sphäre des Täters selbst, sondern wären von anderen vorsätzlich herbeigeführt worden, so könne dem Täter der Bewährungserfolg nicht abgesprochen werden. Ein anderes Ergebnis wäre unbillig[124].

Teilweise wird auch noch gefordert, die Rücktrittshandlung müsse hypothetisch verhinderungstauglich gewesen sein[125]. Damit ist für den beendeten Versuch gemeint, dass die Rettungshandlungen, falls sie nicht unterbrochen worden wären, zum Ausbleiben des Erfolgs geführt hätten. Für den unbeendeten Versuch müsste man dann fordern, dass der Abbruch der Ausführungshandlung auch das Ausbleiben des Erfolgs zur Folge gehabt hätte. Es soll also sichergestellt werden, dass der *misslungene Rücktritt* ohne die Intervention des Opfers gerade nicht

---

119 Vgl. z. B. *Otto*, Maurach-FS, 91, 98; *Römer*, S. 88ff; *Jäger*, S. 98.
120 Vgl. *Rau*, S. 167.
121 Vgl. *Angerer*, S. 56.
122 Vgl. *Rau*, S. 167; *Angerer*, S. 56.
123 Vgl. *Römer*, S. 88ff; *Rau*, S. 167; *Angerer*, S. 56; *Knörzer*, S. 268.
124 Zur Billigkeitserwägung vgl. ausführlich *Walter*, S. 148.
125 Vgl. *Knörzer*, S. 266; ebenso *Walter*, S. 148; *Mayer*, S. 99.

misslungen wäre. Des Weiteren habe das Eingreifen des Opfers auch nicht vorhersehbar sein dürfen[126], da sonst der Täter dieses Risiko nach der Formel der objektiven Zurechnung[127] hätte einkalkulieren müssen.

Andere dagegen sehen im Eingreifen des Opfers in den Kausalverlauf kein Problem des Tatbestands, sondern der Rechtswidrigkeit. Indem das Opfer aktiv am Erfolgseintritt mitwirke, habe es hinsichtlich der Rechtsgutverletzung seine Einwilligung erteilt[128]. Dies gelte freilich nur für disponible Rechtsgüter und daher nicht für Tötungsdelikte, wie § 216 StGB verdeutliche.

b. Zurechnungsunterbrechung durch Eingreifen Dritter

Während bei der Frage, ob die Intervention des *Opfers* den Zurechnungszusammenhang unterbricht, trotz unterschiedlicher Begründungen doch überwiegend Einigkeit besteht, dass dem Täter das eigenverantwortliche Handeln des Opfers nicht zuzurechnen sei, ist die Diskussion bezüglich des eigenmächtigen Eingreifens *Dritter* kontroverser.

Bei dieser Konstellation kann schließlich nicht auf das Prinzip der Selbstverantwortung verwiesen werden, an welchem der Haftungsbereich des Erstverursachers endet[129].

Gleichwohl geht es auch hier letztlich um eine Risikoabwägung, inwieweit sich im Erfolg noch das vom Täter gesetzte Risiko realisiert und wann es der Sphäre des Dritten zuzuordnen ist. Zwar hat der Täter unzweifelhaft auch beim unbeendeten Versuch eine Gefahr für das betroffene Rechtsgut geschaffen, aber wäre es nicht unbillig, ihn haften zu lassen, obwohl sich die von ihm geschaffene Gefahr letztendlich nicht im Erfolgseintritt niedergeschlagen hat? Schließlich gilt das allgemeine – nur vom Grundsatz der Nebentäterschaft unterbrochene – Prinzip, dass jedermanns Verantwortungsbereich dort endet, wo der anderer Personen beginnt[130]. Zu überzeugen vermag immerhin die Prämisse, dass eine Unterbrechung der Zurechenbarkeit für den Täter grundsätzlich nur dann in Frage kommt, wenn der Dritte *vorsätzlich* gehandelt hat[131], denn nur dann hat dieser einen eigenen Angriff auf das Rechtsgut getätigt, welcher den Täter aus der Haf-

---

126 Vgl. *Knörzer*, S. 267.
127 Siehe oben Teil 2 § 7 B. I.
128 Vgl. *Schliebitz*, S. 97.
129 Vgl. *Angerer*, S. 56.
130 Siehe bereits oben Teil 2 § 7 B. I.
131 Vgl. die Entscheidung BGH NStZ 91, 537f; ebenso *Knörzer*, S. 267f; *Otto*, Maurach-FS, 91, 98; *Römer*, S. 88f; im Ansatz auch *Schliebitz*, S. 97f.

tung entlassen könnte. *Knörzer* fordert zudem noch die Unvorhersehbarkeit des Eingreifens des Dritten, um die Zurechnung auszuschließen[132].

Einige sind der Ansicht, die Variante der Intervention Dritter sei im Ergebnis nicht anders zu beurteilen als die des Eingreifens des Opfers[133]. Auch hier werde dem Täter die Steuerbarkeit des Geschehens, die Tatherrschaft, entzogen, so dass für ihn der Erfolgseintritt nicht mehr als sein Werk anzusehen sei[134]. Daran ändere sich auch nichts, wenn sich im Erfolg kein neues, durch den Dritten initiiertes selbständiges Risiko realisiert habe, sondern das vom Täter gesetzte Erstrisiko[135]. Denn ähnlich wie beim Eingreifen des Opfers überwiege auch hier der durch die Rücktrittshandlung geschaffene Bewährungserfolg den Vollendungserfolg; dass der Täter von dritter Hand in seinem Bewährungsbemühen gehindert werde, dürfe ihm nicht angelastet werden[136]. Ansonsten sei der Täter der Willkür anderer hilflos ausgeliefert, wenn diese durch eigenmächtiges Verhalten seine Strafbarkeit bestimmten[137]. Bereits *Schröder* hatte postuliert, der Täter solle „zwar das Risiko des Zufalls bis zur höheren Gewalt tragen, nicht dagegen für eine planmäßige Verhinderung [...] einstehen müssen"[138]. Für unsere Rechtsprechungsfälle würde diese Ansicht jedoch die Zurechnung nicht ablehnen, da weder der die zweite Operation vornehmende Arzt im „Abtreibungsfall" noch der Bruder der Ehefrau, welcher durch sein Klingeln im *Ausgangsfall* möglicherweise die Explosion ausgelöst hatte, vorsätzlich gehandelt hatten.

Andere dagegen sprechen sich gegen eine Zurechnungsunterbrechung bei Drittbeteiligung aus[139]. Auch das Eingreifen des Dritten ändere schließlich nichts daran, dass der Täter das Erstrisiko gesetzt habe. Realisiere sich nun genau dieses Risiko im Erfolg, so sei dieses dem Täter auch zurechenbar. Der Dritte ändere durch seine Intervention nicht den Kausalverlauf, sondern sorge vielmehr dafür, dass der vom Täter zunächst angestrebte konkrete Erfolg gerade eintrete[140]. So knüpften die Interventionen in unseren Rechtsprechungsfällen schließlich an die vom Täter geschaffenen Risiken an und konnten auch nur durch das Zusammenspiel mit dem Erstrisiko zum Erfolg führen. Nach dieser Ansicht ist demnach auch unmaßgeblich, ob der Dritte vorsätzlich oder nur fahrlässig gehandelt hat, da der Täter so oder so das Erfolgsrisiko trägt. Denn sobald der Täter eine

---

132 Vgl. *Knörzer*, S. 267f.
133 Vgl. LK-*Lilie/Albrecht*, § 24 Rn. 83.
134 Vgl. z. B. *Otto*, Maurach-FS, 91, 98; *Römer*, S. 88f; *Jäger*, S. 98; *Angerer*, S. 56; *Knörzer*, S. 268.
135 Vgl. *Römer*, S. 88f; *Angerer*, S. 59; *Knörzer*, S. 268.
136 Vgl. *Walter*, S.146ff.
137 Vgl. *Römer*, S. 92.
138 *Schröder*, JuS 62, 81, 82.
139 Vgl. u. a. *Schmidhäuser*, § 11 Rn. 73; *Roxin*, § 29 Rn 128f; *Schliebitz*, S. 97f.
140 Vgl. z. B. *Schliebitz*, S. 97f.

erfolgsrelevante Gefahr geschaffen habe, an die ein anderer anknüpfen könne, auch wenn der Täter von einem unbeendeten Versuch ausgehe, müsse er für den weiteren Kausalverlauf einstehen. Insofern sei es unerheblich, ob der Erfolgseintritt nun durch Zufall oder durch die Mitwirkung eines Dritten zustande komme; den Täter könne beides nicht entlasten.

Etwas anderes soll nur gelten, wenn sich in dem Erfolg gerade nicht das vom Täter gesetzte Erstrisiko verwirklicht, weil der Dritte durch sein Eingreifen ein neues, selbständiges Risiko geschaffen hat, welches in die Rechtsgutsverletzung mündet[141]. Dann sei die Tathandlung des Täters quasi „ins Leere gelaufen", da der Erfolg nicht auf sein Verhalten zurückzuführen sei. Der BGH[142] hat dieses für einen Fall entschieden, in welchem einem Drogenkurier das zu schmuggelnde Rauschgift entwendet und durch den Dieb eingeführt wurde. Obwohl sich hier letztendlich genau der vom Täter angestrebte Erfolg (Einfuhr des Rauschgiftes) verwirklicht habe, sei durch den Diebstahl die alte Kausalkette abgebrochen und eine neue begründet worden, auf welche der Ersttäter keinerlei Einfluss mehr gehabt habe[143].

In unseren Rechtsprechungsfällen wäre nach dieser Ansicht keine Zurechnungsunterbrechung anzunehmen. Im „Abtreibungsfall" war die zweite Operation aufgrund der Vorschädigung des Uterus notwendig; auch im *Ausgangsfall* hat sich in der Explosion nur das vom Angeklagten gesetzte Risiko realisiert.

c. Zurechnungsunterbrechung durch höhere Gewalt/Zufall

Dass der Täter das Risiko des zufälligen Erfolgseintritts zu tragen habe, wird beinahe einhellig angenommen. Auch hier wird das Augenmerk hauptsächlich auf den beendeten Versuch gerichtet[144]. Wie unser *Ausgangsfall* zeigt, können aber auch beim unbeendeten Versuch derartige Konstellationen entstehen, denn hier war das nicht einmal fahrlässige Verhalten des Bruders der Ehefrau nur als Zufall zu werten. Ebenso wäre es im Rahmen des Möglichen gewesen, dass eine unbeteiligte Person eine Zigarettenkippe in der Nähe des Hauses weggeworfen und damit die Explosion verursacht hätte. Auch in der Literatur wurden Fälle gebildet, in welchem der Erfolgseintritt auf chemischen Reaktionen (spontane Selbstentzündung von brennbarem Material bei *Jakobs*[145]) oder auf dem Einfluss

---

141 Vgl. *Schliebitz*, S. 99f; *Rau*, S. 165f; *Angerer*, S. 56; im Ergebnis ebenso *Knörzer*, S. 267f.
142 BGH NStZ 91, 537f.
143 BGH NStZ 91, 537.
144 Vgl. z. B. bei *Angerer*, S. 59; *Knörzer*, S. 262.
145 Vgl. *Jakobs*, 26. Abschnitt Rn. 13.

von Naturkräften wie in *Gropps* „Einkaufswagenfall[146]" beruhte. In all diesen Fällen lag ein unbeendeter Versuch[147] vor, da die Täter nicht mit einem von ihrer Handlung unabhängigen Erfolgseintritt gerechnet hatten.

Die Fallgruppe des „Erfolgseintritts durch Zufall" unterscheidet sich von den anderen hier diskutierten Konstellationen insbesondere dadurch, dass eine Risikoabwägung nicht in Frage kommt[148]. Das Erfolgsrisiko kann keiner anderen Person zugerechnet werden, sondern es liegt entweder beim Täter oder entfällt.

Der Angeklagte im *Ausgangsfall* hätte demnach für den zufälligen Erfolgseintritt haften müssen.

2. Stellungnahme

Tatsächlich geht es beim Eingreifen des Opfers oder Dritter in den Kausalverlauf hauptsächlich um *Risikoabwägung*. Durch die Intervention anderer Personen wird der Geschehensverlauf abgeändert oder beschleunigt. Daher sind manche der Auffassung, das eigenmächtige Handeln Anderer dürfe dem Täter nicht zur Last gelegt werden.

Andererseits bleibt jedoch unbestreitbar, dass der Täter das *Erstrisiko* gesetzt hat, welches erst den Anstoß zum Handeln der anderen Person geschaffen hat. Ohne die Intervention der anderen Person wäre der Erfolg möglicherweise (trotz unbeendeten Versuchs) entgegen der Vorstellung des Täters ebenfalls eingetreten. Dieses berücksichtigend erscheint es wiederum unbillig, den Täter nur deswegen, weil andere in den Kausalverlauf eingegriffen haben, zu privilegieren und seinen Tatbeitrag zu negieren. Denn auch durch das Mitwirken anderer Personen wird der Tatbeitrag des Täters nicht annulliert. Auch die Rücktrittshandlung führt, wie oben bereits dargestellt, höchstens zu einer Verminderung des Handlungsunrechts in Form des Bewährungserfolgs[149], nicht aber zu dessen nachträglichen Wegfall[150].

Daher kann es für die objektive Zurechenbarkeit nur darauf ankommen, ob sich im Erfolg *das vom Täter gesetzte Risiko* verwirklicht hat. Ist dieses der Fall, haben also andere Personen nur an das Erstrisiko angeknüpft und damit die Handlung des Täters gleichsam weitergeführt, so kann der Täter aus der Haftung nicht entlassen werden. Denn in diesem Fall wurde ja gerade keine neue, selb-

---

146 *Gropp*, Jura 88, 542ff.
147 Vgl. *Gropp*, Jura 88, 542, 547; *Jakobs*, 26. Abschnitt Rn. 13.
148 Vgl. auch *Angerer*, S. 59.
149 Vgl. auch *Walter*, S. 147f.
150 Vgl. *Knörzer*, S. 201; ebenso *Ulsenheimer*, S. 94ff.

ständige Kausalkette initiiert, sondern vielmehr hat sich das alte, vom Täter gesetzte Risiko verwirklicht[151].

Ob das Opfer oder der Dritte vorsätzlich gehandelt haben, spielt dann keine Rolle. Zwar findet die Verantwortlichkeit des Einzelnen ihre Grenze am Verantwortungsbereich anderer, dies kann aber nur soweit gelten, wie die Folgen der Tathandlung nicht fortwirken. Auch dass der Täter die Tatherrschaft oder Steuerbarkeit des Kausalverlaufs an das Opfer oder den Dritten verloren haben mag, ändert nichts an dieser Bewertung. Wer ein unkontrollierbares Risiko aus den Händen gibt, und sei es auch gutgläubig, muss für die Konsequenzen seines Handelns einstehen[152].

Das muss auch für den Fall gelten, dass das Opfer eigenverantwortlich in das Geschehen eingreift. Solange sich noch das vom Täter gesetzte Risiko verwirklicht, ist der Zurechnungszusammenhang nicht unterbrochen. Es handelt sich daher nicht um eine eigenverantwortliche Selbstgefährdung des Opfers, da der Täter bis zu seinem Rücktritt Tatherrschaft hatte; der Taterfolg resultiert letztlich aus einem Zusammenwirken von Täter und Opfer. Das Opfer hat sich gerade nicht mit Hilfe des Täters selbst gefährdet, sondern der Täter hatte bis zum Zeitpunkt des Rücktritts Tatherrschaft; der Taterfolg resultiert mithin aus einem Zusammenspiel zwischen Täter und Opfer.

Dieser Umstand würde eher für die Annahme einer *nachträglichen* rechtfertigenden Einwilligung[153] sprechen. Allerdings wären die Voraussetzungen dieses Rechtfertigungsgrundes, welcher bezüglich der Nachträglichkeit ohnehin umstritten ist[154], zu eng. Abgesehen davon, dass es sich bei dem verletzten Rechtsgut um ein disponibles handeln müsste, wäre zudem zu prüfen, ob sich das Opfer zum Zeitpunkt seiner Intervention in einem einwilligungsfähigen, irrtumsfreien Zustand befunden hatte. Zudem würde es ohne Zweifel am subjektiven Rechtfertigungselement, dem Handeln des Täters mit Wissen und Wollen bezüglich der Einwilligung des Opfers, fehlen.

Nur wenn sich im Taterfolg nicht mehr das vom Täter gesetzte Risiko erfüllt, sondern die Rechtsgutverletzung aus einem *neuen, eigenständigen Kausalverlauf* resultiert, welcher durch das Opfer oder Dritte initiiert wurde, ist die Zurechnung unterbrochen[155]. Denn dann fehlt es an einem maßgeblichen Faktor für die objektive Zurechnung, dem *Gefahrzusammenhang*[156]. Die Tathandlung des Täters läuft dann quasi leer, da sie in keinem Zusammenhang mehr mit dem Erfolg

---

151 Vgl. *Schliebitz*, S. 97f.
152 Vgl. im Ergebnis *Angerer*, S. 56.
153 Vgl. die Ansichten von *Schliebitz*, S. 97f; *Ulsenheimer*, S. 100.
154 Vgl. *Fischer*, vor § 32 Rn. 3c.
155 Vgl. schon BGH NStZ 91, 537f; ebenso LK-*Lilie/Albrecht*, § 24 Rn. 60; *Rau*, S. 166; *Angerer*, S. 56 (nur bei Eingreifen Dritter); ebenso *Schliebitz*, S. 98.
156 Vgl. bereits *Rau,* S. 166.

steht. Das gilt auch dann, wenn letztendlich genau der Taterfolg, den der Täter ursprünglich geplant hatte, auf anderen Wegen eintritt. So hat der BGH zu Recht die Zurechnung im „Rauschgiftschmuggelfall"[157] abgelehnt, obwohl das Rauschgift letzten Endes trotzdem eingeführt wurde. Hier geschah es ohne Zutun und Wissen des Täters, dass der Dieb das Rauschgift dann ebenfalls über die Grenze gebracht hatte; er hätte es ebenso verbrauchen oder im Ausland vertreiben können. Der vom Täter angestoßene Taterfolg (Einfuhr durch eigene Leute) hat sich gerade nicht verwirklicht. Es kommt somit auf den Taterfolg in seiner konkreten Gestalt an[158].

Sofern *Knörzer* fordert, das Eingreifen anderer Personen müsse, um eine Zurechnungsunterbrechung einzuleiten, für den Täter *unvorhersehbar* gewesen sein[159], so postuliert sie damit nichts anderes, als das, was durch die allgemeinen Zurechnungsregeln bereits klargestellt ist[160].

Beim Erfolgseintritt trotz Rücktritts durch Zufall oder höhere Gewalt gilt im Übrigen dasselbe. Der überwiegenden Meinung[161] ist zuzustimmen mit der Folge, dass die Zurechnung nicht ausgeschlossen wird, sofern ein Gefahrzusammenhang besteht. Wäre im Ausgangsfall das Haus nach der Tataufgabe des Angeklagten beispielsweise von einem Blitz getroffen worden, welcher das Gasgemisch entzündet hätte, so hätte sich darin ebenfalls das vom Angeklagten geschaffene Risiko verwirklicht, wie wenn ein unvorsätzlich handelnder Dritter eine Zigarettenkippe auf dem Grundstück weggeworfen oder das Gasgemisch sich spontan selbst entzündet hätte.

Allerdings ist hierbei zu differenzieren: tritt der Erfolg aufgrund eines atypischen, außerhalb der normalen Lebenserfahrung liegenden Kausalverlaufs ein, so ist die objektive Zurechnung unabhängig von einer eventuellen Unterbrechung bereits von vorne herein ausgeschlossen[162]. In diese Kategorie fällt sicher *Puppes* Beispiel, in welchem das Opfer als Folge einer unerkannten Allergie gegen ein handelsübliches Medikament verstirbt[163], nicht aber die anderen eben genannten Konstellationen.

Ausgeschlossen ist die Zurechnung auch in dieser Konstellation nur bei einer Risikoverdrängung, wie im viel zitierten „Krankenwagenbeispiel"[164]. Wird der Rettungswagen auf dem Weg zum Krankenhaus in einen Unfall verwickelt, bei welchem das verletzte Opfer ums Leben kommt, so realisiert sich im Tod des

---

157 BGH NStZ 91, 537f.
158 Vgl. *Angerer*, S. 60.
159 Vgl. *Knörzer*, S. 267f.
160 Siehe oben Teil 2 § 7 B. I.
161 Vgl. für alle ausführlich *Angerer*, S. 59f.
162 Vgl. *Fischer*, vor § 13 Rn. 27.
163 Vgl. *Puppe* 1992, S. 59.
164 Vgl. z. B. *Angerer*, S. 60.

Opfers nicht das vom Täter durch die Verletzung geschaffene Risiko, sondern das allgemeine Lebensrisiko, einen Verkehrsunfall zu erleiden. Dieses Risiko hat das Erstrisiko überlagert.

In unseren Rechtsprechungsfällen haben die Gerichte mithin zu Recht die objektive Zurechnung mangels Unterbrechung des Gefahrzusammenhangs bejaht. Im „Abtreibungsfall" war der Uterus bereits durch die erste Operation vorgeschädigt, daher verstärkte die medizinisch indizierte zweite Operation nur an das Erstrisiko.

Im *Ausgangsfall* war der Erfolg ebenfalls durch einen unvorsätzlich handelnden Dritten *ausgelöst* worden. *Verursacht* wurde er jedoch durch den Angeklagten. Selbst wenn der Dritte die Entzündung des Gasgemischs vorsätzlich herbeigeführt hätte, wäre der Taterfolg dem Angeklagten zuzurechnen gewesen.

Sowohl im „Abtreibungsfall" als auch im *Ausgangsfall* war der objektive Tatbestand also erfüllt.

3. Zwischenergebnis zur objektiven Zurechenbarkeit

Auch in der Konstellation des *misslungenen Rücktritts* vom unbeendeten Versuch gilt bezüglich der objektiven Zurechenbarkeit nichts anderes als nach den allgemeinen Regeln gefordert. Maßgeblich ist allein, dass der Täter durch die Tathandlung eine vorhersehbare, rechtlich missbilligte Gefahr geschaffen hat, welche sich im Erfolgseintritt realisiert hat. Außer bei atypischen Kausalverläufen wird das regelmäßig der Fall sein[165].

Greifen das Opfer selbst, Dritte oder der Zufall in den Kausalverlauf ein, kommt es allein darauf an, ob sich im Erfolgseintritt noch das vom Täter gesetzte Risiko erfüllt. Ist dies der Fall, hat also der äußere Faktor nur an das Erstrisiko angeknüpft und damit die Handlung des Täters quasi weitergeführt, so kann der Täter aus der Haftung nicht entlassen werden. Denn in diesem Fall wurde ja gerade keine neue, selbständige Kausalkette initiiert, sondern vielmehr hat sich das alte, vom Täter gesetzte Risiko verwirklicht[166].

Nur wenn sich im Taterfolg nicht mehr das vom Täter gesetzte Risiko erfüllt, sondern die Rechtsgutverletzung vielmehr aus einem neuen, eigenständigen Kausalverlauf resultiert, welcher durch das Opfer oder Dritte oder höhere Gewalt initiiert wurde, ist die Zurechnung unterbrochen. Denn dann fehlt es an einem maßgeblichen Faktor für die objektive Zurechnung, dem *Gefahrzusammenhang*[167].

---

165 Siehe oben Teil 2 § 7 B. I. 1. d.
166 Siehe oben Teil 2 § 7 B. I. 1. d.
167 Siehe oben Teil 2 § 7 B. I. 1. d.

II. Subjektive Zurechenbarkeit

Wie bereits mehrfach erwähnt, liegt der Schwerpunkt der Problematik des *misslungenen Rücktritts* auf der Ebene des subjektiven Tatbestands. Die Kernfrage ist, ob der Täter den Erfolg mit Wissen und Wollen verwirklicht, oder ob eines der Elemente des Vorsatzes fehlt.

Gegen die Annahme eines ausreichenden Vorsatzes argumentieren, wenn auch mit unterschiedlicher Begründung, die *Freispruchslösungen*[168] und die *Versuchslösung*[169]. Die *Vollendungslösung*[170] hingegen sieht den *misslungenen Rücktritt* vom unbeendeten Versuch hauptsächlich als subjektiv zurechenbare *Kausalabweichung*.

Dabei ist die Einteilung in die verschiedenen Lösungsansätze nur als grobe Richtschnur zu verstehen und keinesfalls verbindlich. Tatsächlich besteht jede Lösung aus mehreren Ansätzen verschiedener Autoren, welche mit unterschiedlichen Argumenten letztlich zum selben Ergebnis kommen (daher auch die Pluralbezeichnung *Lösungen*). Damit ist eine detaillierte Darstellung der Argumentationsmuster unerlässlich.

Im Folgenden soll zunächst die auch von den Gerichten in den Rechtsprechungsfällen angewendete *Freispruchslösung* mit ihren Teilaspekten besprochen werden[171], dann die kontradiktorische *Vollendungslösung*[172] und die vermittelnde *Versuchslösung*[173]. Die Lösung von *Gropp*[174] und *Eser*[175], welche im Ergebnis als zu den Freispruchslösungen zugehörig anzusehen ist, soll hingegen als eigenständiger Lösungsansatz abgehandelt werden[176].

1. Die Freispruchslösung

Dieser Lösungsansatz lehnt die subjektive Zurechenbarkeit des Erfolgs beim *misslungenen Rücktritt* ab, da es an einem tatbestandsmäßigen Vorsatz des Täters mangele. Die Tat sei mithin im Versuchsstadium stecken geblieben, einem

---

168 Vgl. z. B. *v. Scheurl*, S. 47ff; *Schröder*, JuS 62, 81; *Backmann*, JuS 81, 336, 340.
169 Vgl. z. B. bei *Wolter*, Leferenz-FS, 545; *Bottke*, S. 556ff; *Munoz-Conde,* GA 73, 33, 39f.
170 Vgl. u. a. LK-*Lilie/Albrecht*, § 24 Rn. 57; *Lackner/Kühl*, § 24 Rn. 15; SK-*Rudolphi*, § 24 Rn. 16; NK-*Zaczyk*, § 24 Rn. 78; MK-*Herzberg*, § 24 Rn. 57; *Roxin*, § 30 Rn. 113ff; *Schmidhäuser*, § 11 Rn. 75; *Wessels/Beulke*, Rn. 627; *Ulsenheimer*, S. 101ff; *Walter*, S. 146ff; *Mayer*, S. 352f; *Römer*, S. 96f; *Klimsch*, S. 105ff; *Rau*, S. 217ff; *Knörzer*, S. 249.
171 Ausführlich siehe unten Teil 2 § 7 B. II. 1.
172 Siehe unten Teil 2 § 7 B. II. 2.
173 Siehe unten Teil 2 § 7 B. II. 3.
174 Vgl. *Gropp*, § 9 Rn. 66; ders. Jura 88, 542, 546.
175 Vgl. S/S-*Eser*, § 24 Rn. 22ff.
176 Siehe unten Teil 2 § 7 B. II. 4.

Rücktritt nach § 24 Abs. 1 S. 1 1. Alt StGB stehe nichts entgegen. In Frage komme allerdings eine Strafbarkeit wegen Fahrlässigkeit[177]. Die Terminologie „*Freispruchs*lösung" erweist sich also als irreführend, da keine völlige Straflosigkeit gefordert wird; trotzdem soll die Bezeichnung der Einfachheit halber beibehalten werden.

Das Ergebnis dieses Lösungsansatzes wird auf verschiedene Argumente gestützt. Teilweise wird der Mangel des Vorsatzes im voluntativen Element gesehen[178], andere sind der Ansicht, dem Täter fehle es an der nötigen Erfolgsvoraussicht[179]. Ein dritter Ansatz argumentiert eher ergebnisorientiert gegen die Vollendungsstrafbarkeit[180]. Zumeist findet sich in Abhandlungen die Einteilung in ergebnisorientierte Argumente, fehlenden Vorsatz zum maßgeblichen Zeitpunkt und Fehler in der inhaltlichen Dimension des Vorsatzes (kognitives Element)[181]. Diese Unterteilung ist zwar grundsätzlich sinnvoll, um eine übersichtliche Darstellung zu gewährleisten, sie kann aber nur als grober Leitfaden durch das Argumentationslabyrinth benutzt werden. Daher wird auch in der vorliegenden Arbeit diese Unterteilung weitestgehend übernommen. Tatsächlich bauen viele Autoren wie *Schliebitz* ihre Argumentation auf mehr als einem Aspekt auf[182] oder ihre Ausführungen sind mehrdeutig interpretierbar[183].

a. *v. Scheurl*

Zumeist wird der Ansatz *v. Scheurls* als die zeitliche Dimension des Vorsatzes betreffend eingeordnet[184]. *Knörzer* weist jedoch zu Recht darauf hin, dass sich die Aussage, dem Täter fehle die Erfolgsvoraussicht, auch dahingehend interpretieren ließe, dass es am kognitiven Element mangele[185]. Aufgrund dieser Ambivalenz wird der Ansatz *v. Scheurls* hier als eigenständige Meinung dargestellt.

---

177 Vgl. nur *v. Scheurl*, S. 46ff; *Schröder*, JuS 62, 81, 82; *Bach*, S. 17ff, 143; *Frisch*, S. 581ff, 602ff; *Sancinetti*, S. 65ff; *Noack*, S. 71ff; *Schlehofer*, S. 174ff; *Schliebitz*, S. 44ff; 50ff, 62ff, 72, 79ff.
178 Vgl. *Frank,* S. 100.
179 Vgl. z. B. *Frisch*, S. 602ff; *Sancinetti*, S. 65; *Noack*, S. 71ff; *Schlehofer*, S. 174ff; *Schliebitz*, S.62ff.
180 Vgl. nur *Bach*, S. 94ff; *Munoz-Conde*, GA 73, 33, 36.
181 Vgl. z. B. bei *Knörzer*, S. 211ff.
182 Vgl. *Schliebitz:* er lehnt auf S. 54ff, 66ff sowohl das zeitliche als auch das inhaltliche Element des Vorsatzes ab.
183 Vgl. *Knörzer:* sie kommt auf S. 213 (Fn. 145) zu der Ansicht, dass *v. Scheurls* Ausführungen sowohl als Argument für ein Fehlen der zeitlichen Komponente des Vorsatzes als auch für ein Fehlen der inhaltlichen Komponente verstanden werden könnten.
184 Vgl. z. B. *Schliebitz*, S. 59; *Knörzer*, S. 213.
185 Vgl. *Knörzer*, S. 213 (Fn. 145).

V. Scheurl differenziert beim *vorzeitigen Erfolgseintritt* dahingehend, ob der Tatplan auf einer einheitlichen Handlung oder auf voneinander abgrenzbaren Einzelakten beruht[186].

Während der Täter bei einer einheitlichen Handlung schon zu Beginn der Tatausführung mit dem Erfolgseintritt rechne, fehle ihm bei einer mehraktigen Handlung die Erfolgsvoraussicht. Denn wenn der Erfolg unbeabsichtigt bereits bei einem früheren Handlungsschritt eintrete, fehle dem Täter das Wissen, hier und jetzt die Ursache für den Erfolg zu setzen. Er habe das Geschehen nicht „aus der Hand geben"[187] wollen. Eine subjektive Zurechnung könne nur erfolgen, wenn der Täter bei jedem einzelnen zum Erfolg führenden Handlungsschritt vorsätzlich gehandelt habe, nicht aber bei Tataufgabe.

Bei einer Gesamthandlung liege dagegen ein einheitlicher Willensentschluss vor, hier wisse der Täter, dass er den Erfolg durch seine Handlung bedinge.

Zwar sei regelmäßig von einer Gesamthandlung auszugehen; in Ausnahmefällen, wie beispielsweise einer beabsichtigten Tötung durch Gift in mehreren Dosen, wobei die erste Dosis bereits tödlich wirkt, sei die Zergliederung in Einzelakte sinnvoll und notwendig. Habe der Täter in einem solchen Fall die Tatausführung nach der ersten Dosis aufgegeben, so komme nur Strafbarkeit wegen Fahrlässigkeit in Betracht[188].

Im *Ausgangsfall* würde *v. Scheurl* folglich dem Urteil des Landgerichts zustimmen, da der Tatplan des Angeklagten zwei Handlungen umfasste (Verströmen des Gases und spätere Entzündung), während er im „Abtreibungsfall" wohl entgegen dem BGH von einer einheitlichen Tathandlung (Operation) ausgehen würde.

b. Ergebnisorientierte Argumente

Manche Autoren wenden sich in ihrer Argumentation primär nicht gegen die Annahme des Vorsatzes oder der subjektiven Zurechnung beim *misslungenen Rücktritt*, sondern gegen die Vollendungsstrafbarkeit als solche[189]. Sie begreifen ihren Ansatz quasi als Gegenentwurf zur *Vollendungslösung*. Sie argumentieren ergebnisorientiert, indem sie die Vollendungsstrafbarkeit als ungerechtfertigt, unbillig, unsachgemäß oder unpraktikabel darstellen. Man ist versucht, diesen Ansatz systematisch auf der Rücktrittsebene einzuordnen, da auf den ersten Blick der Schwerpunkt der Argumentation beim Rücktritt liegt; tatsächlich kann

---

186 Vgl. *v. Scheurl*, S. 46ff.
187 Vgl. *v. Scheurl*, S. 48.
188 Vgl. *v. Scheurl*, S. 49f.
189 Vgl. z. B. *Bach*, S. 93ff; *Munoz-Conde*, GA 73, 33, 36f.

und muss jedoch, wie bereits oben festgestellt[190], die Problematik des *misslungenen Rücktritts* nur auf der Tatbestandsebene gelöst werden.

Bach hat sich umfassend mit der Thematik des *misslungenen Rücktritts* befasst. Nachdem er zunächst den gesamten objektiven Tatbestand und den Vorsatz bejaht hat[191], geht er unter der Überschrift „Der Einfluss des deliktischen Erfolgseintritts"[192] der Frage nach, inwieweit eine Vollendungsstrafbarkeit beim *misslungenen Rücktritt* gerechtfertigt sei. Dabei vergleicht er den Erfolgseintritt trotz Rücktritts mit dem Rücktritt ohne Erfolgseintritt zunächst bezüglich des Unwert- und Schuldgehalts[193], um sodann zu klären, ob aufgrund von Strafzweckerwägungen eine Vollendungstrafbarkeit angezeigt sei[194].

Er kommt zu dem Ergebnis, dass der *misslungene Rücktritt* im *Handlungsunwert* nicht negativ von einem „gelungenen" Rücktritt abweiche und auch kein Strafzweck zwingend für eine Strafbarkeit spreche[195]. Daraus schließt er, dass es keinen Grund geben könne, den *misslungenen Rücktritt* anders zu behandeln als einen „normalen" Rücktritt.

Im Einzelnen vergleicht *Bach* zunächst etwaige Differenzen zwischen dem Erfolgs- und dem Handlungsunwertgehalt beim Rücktritt mit und ohne Erfolgseintritt[196]. Der Handlungsunwert sei bei beiden Varianten augenscheinlich gleichwertig[197]. Der einzige Unterschied liege darin, dass hier ein Erfolg verursacht worden sei und dort nicht, also im Erfolgsunwert. Dieser sei nur beim *misslungenen Rücktritt* gegeben. Dies allein rechtfertige jedoch keine unterschiedliche Behandlung, dazu müsste der Erfolgsunwert vielmehr den maßgeblichen Gesichtspunkt bei der Beurteilung darstellen[198]. Durch einen Vergleich verschiedener Unrechtslehren kommt *Bach* schließlich zu dem Ergebnis, dass beim Versuch der „Hauptakzent" auf dem Handlungsunwert liege, dem Erfolgsunwert komme dagegen naturgemäß keine selbständige Bedeutung zu[199]. Weiterhin stellt *Bach* durch den Vergleich verschiedener Strafzwecktheorien fest, dass auch kein Bedürfnis für eine Vollendungsstrafbarkeit beim *misslungenen Rücktritt* bestehe, zumal eine „Reststrafbarkeit" wegen Fahrlässigkeit verbleibe, welche das Rechtsgefühl gleichermaßen zu befriedigen geeignet sei[200].

---

190 Siehe oben Teil 2 § 7 A. V.
191 Vgl. *Bach*, S. 11ff, 16, 17ff, 22.
192 Vgl. *Bach*, S. 93ff.
193 Vgl. *Bach*, S. 93ff.
194 Vgl. *Bach*, S. 113ff.
195 Vgl. *Bach*, S. 143.
196 Vgl. *Bach*, S. 93ff.
197 Vgl. *Bach*, S. 94.
198 Vgl. *Bach*, S. 98ff.
199 Ausführlich vgl. *Bach*, S. 99ff.
200 Ausführlich vgl. *Bach*, S. 113ff.

Ebenfalls mit dem mangelnden Unwertgehalt des *misslungenen Rücktritts* argumentiert *Sancinetti*, wenn er sagt, es liege in dieser Konstellation noch kein „perfekter Normbruch" vor[201].

Ein weiterer Einwand gegen die Vollendungsstrafbarkeit ist das sogenannte „Dilemma-Argument"[202]. Eine Vollendungsstrafbarkeit sei nämlich dann strafprozessual problematisch, wenn der Erfolgseintritt zum Zeitpunkt der Gerichtsentscheidung noch nicht feststehe, etwa weil das Opfer eines Tötungsversuchs trotz Rettungsbemühungen des Täters nach wie vor in Lebensgefahr schwebe. Dann wäre zunächst, da der Taterfolg nun einmal nicht eingetreten sei, von einem rücktrittsfähigen Versuch auszugehen. Trete der Tod des Opfers nun aber nach der Urteilsverkündung ein, stehe einer erneuten Strafverfolgung des Täters die Rechtskraft des Urteils entgegen[203]. Da sich vor diesem Hintergrund eine Verurteilung wegen vollendeter Tat als vom Zufall (Zeitpunkt des Erfolgseintritts) abhängig erweise, sei eine grundsätzliche Abkehr von der *Vollendungslösung* sinnvoll[204].

c. Die *zeitliche* Dimension des Vorsatzes

Schliebitz[205] beginnt seine Überlegungen zum Vorsatz beim *misslungenen Rücktritt* vom unbeendeten Versuch folgendermaßen: „Die Besonderheit des ‚Irrtums über die Wirksamkeit des bereits Getanen' besteht darin, dass der Täter mit seinem deliktischen Entschluss nur bis ins Stadium des unbeendeten Versuchs gelangt, während er das Geschehen *objektiv* bereits aus der Hand gibt"[206]. Mit dieser Feststellung umschreibt *Schliebitz* treffend das Kernproblem des *misslungenen Rücktritts*, die Diskongruenz von Tatablauf und Vorsatz. Man könnte zur Verdeutlichung auch sagen, der Täter befindet sich nur subjektiv im Stadium des *unbeendeten* Versuchs, objektiv jedoch habe er bereits einen *beendeten* Versuch begangen[207].

Nun sei es aber fraglich, ob bei einem solch eklatanten Auseinanderfallen von Vorstellung und Realität seitens des Täters überhaupt von einem tatbestandlich hinreichenden Vorsatz gesprochen werden könne. *Schliebitz* verneint dies. Der deliktische Entschluss des Täters sei bereits in zeitlicher Hinsicht defizitär. „Das

---

201 Vgl. *Sancinetti*, S. 66.
202 Vgl. z. B. bei *Herzberg*, JZ 89, 114, 117; auch *Bach*, S. 110f.
203 Vgl. die ausführliche Darstellung bei *Knörzer*, S. 217f.
204 Vgl. z. B. *Bach*, S. 112.
205 Siehe *Schliebitz*, S. 50ff.
206 *Schliebitz*, S. 50, mit Hervorhebung.
207 Diese Aussage ist selbstverständlich rein illustrativ, da nach herrschender Ansicht die Versuchsstadien subjektiv abzugrenzen sind, siehe oben Teil 2 § 6.

Schuldprinzip gebiete[t] es, den Täter nur dann wegen Vollendung zu bestrafen, wenn er alles seinerseits Erforderliche bewusst [...] getan hat. Vollendung setze eben mehr voraus als „Versuchsbeginn plus Erfolgseintritt"[208]. Der Vorsatz müsse zudem eine gewisse Qualität aufweisen. Von einem hinreichenden Vorsatz könne erst dann gesprochen werden, wenn der Täter „nach seiner Vorstellung alle Essentialia der Tathandlung vorgenommen hat"[209], ergo beim *beendeten* Versuch. Beim unbeendeten Versuch hingegen gebe der Täter das Geschehen nicht mit Wissen und Wollen aus der Hand, die Tathandlung werde nicht vorsätzlich vorgenommen[210].

Der Tatentschluss müsse mithin bis ins Beendigungsstadium des Versuches durchgehalten werden, um eine Vollendungsstrafbarkeit zu rechtfertigen. Damit mangele es dem *misslungenen Rücktritt* vom unbeendeten Versuch bereits an einem zeitlich hinreichenden Vorsatz. Letztlich bildet für *Schliebitz* diese Argumentation das Fundament für die Ablehnung des hinreichenden Vorsatzes in seiner *inhaltlichen* Dimension[211].

d. Die *inhaltliche* Dimension des Vorsatzes

Dieser Ansatz, welcher auf *Frank* zurückgeführt wird, wird oftmals auch als Lehre vom „Vollendungsvorsatz"[212] bezeichnet. Dabei ist diese Terminologie, wie *Knörzer* zu Recht anmerkt, irreführend und fordert Gegenargumente geradezu heraus[213].

Ausschlaggebend war die Formulierung *Franks,* beim Erfolgseintritt trotz Rücktritts beim unbeendeten Versuch sei nur Versuch anzunehmen, „da der Erfolg nicht auf dem Vorsatz beruhe[e]"[214]. Dieser Gedanke wurde unter anderem durch *Bach* dahingehend interpretiert, dass *Frank* den Vorsatz für in zeitlicher

---

208 *Schliebitz*, S.54.
209 *Schliebitz*, S. 54.
210 *Schliebitz* stützt seine Argumentation des Weiteren auf normtheoretische Gesichtspunkte: Die strafrechtlichen Verhaltensnormen würden nicht bereits durch unmittelbares Ansetzen zum Versuch verletzt, sondern erst durch das Aus-der-Hand-Geben des Geschehens; erst dann sehe der Täter den Erfolg bewusst voraus, *Schliebitz*, S. 55f.
211 Siehe ausführlich unten Teil 2 § 7 B. II. 1. d.).
212 Vgl. z. B. *Schliebitz*, S. 64; *Knörzer*, S. 213; *Frisch*, S. 602.
213 Der Lehre von „Vollendungsvorsatz" wird u. a. vorgeworfen, sie gehe von einem unterschiedlichen Vorsatzbegriff für Versuch und Vollendung aus. Indem sie statuiert, der Täter des unbeendeten Versuchs, habe den Erfolg hier und jetzt nicht gewollt, werde unterstellt, dass der „Versuchsvorsatz" im Gegensatz zum „Vollendungsvorsatz" nur den *Versuch* des Delikts, nicht aber die *Vollendung* zum Ziel habe. Das sei weltfremd und logisch nicht haltbar; so *Bach*, S. 22; ausführliche Darstellung bei *Knörzer*, S. 224f.
214 *Frank,* § 46 Anm. IV.

Hinsicht als nicht ausreichend erachte, i. e. dass ein Wegfall des Vorsatzes vor Erfolgseintritt die Vollendungsstrafbarkeit ausschließe[215].

Spätere Autoren[216] werteten *Franks* Äußerung jedoch als auf das Fehlen des kognitiven Vorsatzelements bezogen aus und schlossen sich dieser Ansicht an. Unter der Forderung nach einem Vollendungsvorsatz sei nicht etwa zu verstehen, dass der Täter nicht nur den Versuch, sondern auch die Vollendung gewollte habe; dies werde als selbstverständlich vorausgesetzt[217]. Vielmehr unterscheide sich der „Versuchsvorsatz" vom „Vollendungsvorsatz" allein anhand des Täterwissens. Dem Täter des unbeendeten Versuchs mangele es an der *Erfolgsvoraussicht*[218]. Er wisse nicht, dass er den Erfolgseintritt hic et nunc bedinge, er verkenne die Erfolgsgefahr. Diese Kenntnis der Tatumstände sei aber eine der Essentialia des § 16 StGB[219]. Der Täter könne nur dann vorsätzlich handeln, wenn er sich bewusst sei, dass durch seine Tathandlung eine tatbestandsrelevante Erfolgsgefahr geschaffen werde. Dies sei aber erst dann der Fall, wenn er das Geschehen bewusst aus der Hand gebe[220], also beim *beendeten* Versuch. Solange der Täter hingegen denke, noch nicht alles für den Erfolgseintritt Erforderliche getan zu haben, er also „den Erfolgseintritt unter den Vorbehalt seines volldeliktischen Weiterhandelns stellt"[221] (unbeendeter Versuch), sei er sich keines zurechnungsrelevanten Risikos bewusst. Eine Vollendungstrafbarkeit beim *misslungenen Rücktritt* vom unbeendeten Versuch sei mithin ausgeschlossen.

e. Stellungnahme

V. Scheurl[222] wird oftmals entgegengehalten, seine Differenzierung anhand der Art der Tatbegehung sei „künstlich"[223] und „willkürlich"[224]. Es sei lebensfremd, den Tatvorgang auf diese Art und Weise zu zergliedern. *V. Scheurls* Beispiel, die ratenweise Beibringung von Gift einem Schuss als einheitliche Tathandlung gegenüberzustellen[225], scheint tatsächlich nicht geeignet, seine These zu unterstützen. Auch das Hochreißen und Abfeuern einer Waffe lässt sich in eben diese

---

215 Vgl. *Bach*, S. 19.
216 Vgl. u. a. *Schliebitz*, S. 63f; *Knörzer*, S. 213ff.
217 Vgl. *Schliebitz*, S. 63f.
218 Vgl. z. B. *Noack*, S. 72; *Frisch*, S. 602ff; *Schlehofer*, S. 174ff; *Schliebitz*, S. 66ff.
219 Vgl. *Schliebitz*, S.66.
220 Vgl. u. a. *Noack*, S. 74.
221 *Schliebitz*, S. 72.
222 Vgl. oben Teil 2 § 7 B. II. 1. a.
223 *Knörzer*, S. 232
224 *Schliebitz*, S. 59; *Knörzer*, S. 232.
225 Vgl. *v. Scheurl*, S. 48.

Einzelhandlungen zergliedern[226]. Gerade beim unbeendeten Versuch ist ein Tatplan, welcher mehrere Handlungsschritte vorsieht, nahezu exemplarisch. Nicht umsonst will *v. Scheurl* seine eigene These nur in Ausnahmefällen anwenden[227]. Auch der Einwand, durch *v. Scheurl* werde letztlich der Täter, welcher aufgrund eines ausgearbeiteten Tatplans schrittweise vorgeht, gegenüber dem spontan handelnden Täter ungerechtfertigt privilegiert[228], ist nicht von der Hand zu weisen. Im Ergebnis führt *v. Scheurls* Ansatz nicht weiter.

Soweit *Bach*[229] statuiert, der „misslungene Rücktritt" weise gegenüber dem „gelungenen" Rücktritt keinen größeren Unrechtsgehalt auf[230], wird diesem Ansatz teilweise energisch entgegengetreten.

Zum einen ließe sich durch den Rücktritt das einmal verwirklichte Handlungsunrecht nicht nachträglich annullieren, sondern nur kompensieren[231]. Ein Handlungsunwert sei folglich auch beim unbeendeten Versuch gegeben. Die Tatsache, dass beim *misslungenen Rücktritt* der Erfolg gerade eingetreten sei, also der Erfolgsunwert vorliege, rücke diese Konstellation gerade in die Nähe einer vollendeten Tat. Der Erfolgseintritt trete nämlich nicht, wie von *Bach* angenommen, in seiner Bedeutung hinter das Handlungsunrecht zurück, vielmehr bestehe ein Erfolgsdelikt immer aus der Kombination von Erfolgs- und Handlungsunwert. Dass beim *misslungenen Rücktritt* nun einmal ein Erfolg eingetreten sei, könne nicht auf der Wertungsebene negiert werden; das Erfolgsunrecht bestehe neben einem durch den Rücktritt geminderten Handlungsunrecht fort[232].

Das ist richtig: weder aus § 24 StGB noch aus der Systematik des Versuchs lässt sich irgendein Argument für oder gegen die Ablehnung des Tatvorsatzes ableiten. Der *misslungene Rücktritt* ist eine Konstellation der Diskongruenz von Tatbestand und Vorsatz, welche sich einem Vergleich mit „normalen" Rücktrittskonstellationen gerade entzieht. Der Erfolgseintritt ist das maßgebliche Kriterium dieser Fallgruppe.

Dem Argument, dem Täter werde durch die Annahme eines vollendeten Delikts der Rücktritt „abgeschnitten", wird selbst von Vertretern der *Freispruchslösung* entgegengehalten, ein Recht auf „gutgläubigen" Rücktritt gebe es nun einmal nicht[233]. Entweder sei die Tat im Versuch stecken geblieben und damit rücktrittsfähig oder es liege Vollendung ohne Rücktrittsmöglichkeit vor. Ob der Täter zurücktreten könnte oder nicht, sei demnach keine Wertungsfrage. Wenn *Schlie-*

---

226 Vgl. die Argumentation von *Schliebitz*, S. 59.
227 Vgl. *v. Scheurl*, S. 48.
228 Vgl. *Knörzer*, S. 232.
229 Vgl. oben Teil 2 § 7 B. II. 1. b.
230 Vgl. *Bach*, S. 109.
231 Vgl. nur *Ulsenheimer*, S. 94ff; *Knörzer*, S. 201.
232 Vgl. nur *Knörzer*, S. 244.
233 Vgl. *Schliebitz*, S. 44.

bitz folglich fordert, „das Abschneide-Argument soll[t]e also aus der Diskussion ferngehalten werden"[234], so ist dem zuzustimmen. Wie bei allen ergebnisorientierten Argumenten entsteht sonst allzu schnell der Eindruck, man wolle „das Pferd von hinten aufzäumen". Das Problem des *misslungenen Rücktritts* kann nur in der Abgrenzung von Versuch und Vollendung liegen.

Das „Dilemma"-Argument[235] erscheint auf den ersten Blick stichhaltig, wenn auch die Fälle des „schwebenden Erfolgseintritts" selten sein mögen. Eine Lösung wird hier auf strafprozessualer Ebene über eine „Ergänzungsklage" oder eine Wiederaufnahme des Verfahrens nach § 359 Nr. 5 StPO vorgeschlagen[236]. Eine weitergehende Vertiefung dieses Problems erweist sich allerdings als nicht zielführend eingedenk der Tatsache, dass ein solcher schwebender Erfolgseintritt keine Eigentümlichkeit des *misslungenen Rücktritts* ist, sondern bei jedem Erfolgsdelikt vorkommen kann[237].

Schliebitz' Ansicht, der Vorsatz müsse in zeitlicher Hinsicht bis zum Zeitpunkt, in dem der Täter alles Erforderliche getan zu haben glaubt – also bis ins Stadium der Versuchs*beendigung* –, durchgehalten werden, steht zunächst der Gesetzeswortlaut entgegen. § 8 S. 2 StGB statuiert ausdrücklich, dass es für den Zeitpunkt der Tatvornahme nicht auf den Erfolgseintritt ankommt, i. e. der Vorsatz auch nur bis zur Vornahme der Tathandlung durchgehalten werden muss[238]. Demnach bildet das unmittelbare Ansetzen nach § 22 StGB regelmäßig die Grenze, bis zu welcher der Vorsatz regelmäßig vorliegen muss.

Der einzige Unterschied zum beendeten Versuch liegt darin, dass der Täter beim unbeendeten Versuch nichts vom drohenden Erfolgseintritt weiß. Daher ist für die Abgrenzung der Versuchsstadien auch nur die Vorstellung des Täters maßgeblich[239]. Sofern *Schliebitz* allerdings der Ansicht ist, der Täter wisse in diesem Versuchsstadium nicht, dass er das Geschehen aus den Händen gebe[240], so ist dem entgegenzutreten. Der Täter, welcher die weitere Tatausführung aufgibt, gibt damit gleichzeitig bewusst die Kontrolle über das Geschehen auf. Er ist sich nur nicht bewusst, welche Konsequenzen dieses Aufgeben hat, dass die von ihm vermeintlich abgebrochene Kausalkette trotzdem in den Erfolgseintritt mündet. Der Täter geht gar nicht mehr von der Existenz einer erfolgsgeneigten Gefahr aus; wie kann er sie da steuern wollen? Ein Verlust der Steuerbarkeit liegt demgemäß immer dann vor, wenn der Täter dem weiteren Geschehen den Rücken zudreht, egal aus welchem Grund er dieses tun mag.

---

234 *Schliebitz*, S. 46.
235 Vgl. oben Teil 2 § 7 B. II. 1. b.
236 Vgl. die ausführliche Darstellung der Thematik bei *Knörzer*, S. 217f, 240f.
237 Vgl. auch *Knörzer*, S. 241.
238 Vgl. *Fischer*, § 8 Rn. 3; ebenso *Roxin*, Würtenberger-FS, 109, 115; *Knörzer*, S. 230.
239 Siehe oben Teil 2 § 6
240 Vgl. *Schliebitz*, S. 55f.

Letztendlich kann das Aus-der-Hand-Geben nur dort als taugliches Abgrenzungskriterium gelten, wo es seit jeher verwendet wird, nämlich in Fällen, in denen der Täter nach abgeschlossener Tathandlung den Erfolgseintritt dem Zeitablauf oder der Opfermitwirkung überlässt (Distanzdelikte)[241]. Für alle anderen Fälle kann nur das unmittelbare Ansetzen nach § 22 StGB maßgeblich sein, denn bereits hier beginnt der Täter bewusst mit der Tatausführung und setzt eine Kausalkette in Gang[242]. Tatsächlich beweist auch *Schliebitz*, wenn er fordert, der Täter müsse *nach seiner Vorstellung*[243] die Essentialia der Tathandlung vorgenommen haben, dass es ihm letztendlich nicht auf das *zeitliche* Element des Vorsatzes ankommt, sondern auf das *inhaltliche*.

Die etwas missverständlich als „Vollendungsvorsatz"[244] bezeichnete *Erfolgsvoraussicht* ist es, die den unbeendeten vom beendeten Versuch unterscheidet. Dieses *kognitive Element* des Vorsatzes fehlt dem Täter beim unbeendeten Versuch. Zwar könnte man sagen, dass der Täter bereits beim unmittelbaren Ansetzen nach § 22 StGB mit *Wissen und Wollen* mit der Tatausführung beginne[245]; dieses Wissen bezieht sich aber eben nur auf das Ansetzen. Der Täter weiß zwar, das er mit der Verletzung der Verhaltensnorm beginnt[246] (insofern irrt *Schliebitz*[247]), doch über den Mangel der Erfolgsvoraussicht vermag diese Tatsache nicht hinwegzutäuschen. Der Täter, welcher zur Tatbegehung unmittelbar ansetzt, *will* zweifellos den Erfolgseintritt, er sieht ihn aber noch nicht in seiner konkreten Ausgestaltung als möglich voraus. Mit anderen Worten, er befindet sich im „*Irrtum über die Wirksamkeit des bereits Getanen*"[248]. Diese Eigenart des unbeendeten Versuchs kann nicht negiert werden.

Somit kann man den Anhängern des „Vollendungsvorsatzes" auf den ersten Blick nichts entgegensetzen. Sie haben das maßgebliche Kriterium für die Annahme eines *misslungenen Rücktritts* gefunden und diesen zutreffend als Irrtumsproblematik eingeordnet. Fraglich bleibt jedoch, ob sie es auch richtig ausgelegt haben.

Tatsächlich bildet, wie sich in den weiteren Ausführungen zeigen wird[249], das *kognitive Vorsatzelement* das einzig taugliche Abgrenzungskriterium. Es erscheint aber sinnvoll, den Lösungsansatz erst nach der Darstellung der anderen

---

241 Mit dieser Fallgruppe beschäftigt sich *Schliebitz* in seiner Arbeit ausführlich und entwickelt einen neuen Lösungsansatz, S.111ff; siehe dazu unten Teil 3 § 11 B. III. 4.
242 Vgl. ebenso *Knörzer*, S. 234.
243 Vgl. *Schliebitz*, S. 56; Hervorhebung nur hier.
244 Vgl. z. B. *Schliebitz*, S. 64.
245 Vgl. *Knörzer*, S. 238.
246 Vgl. *Knörzer*, S. 234.
247 Vgl. *Schliebitz*, S. 55f.
248 *Gropp*, § 9 Rn. 62; S/S-*Eser*, § 24 Rn. 22.
249 Siehe unten Teil 2 § 7 E.

Fallgruppen auszuwerten, um eventuell eine gemeinsame Lösung für alle Fallgruppen finden zu können.

Folgt man der *Freispruchslösung*, so wären die Gerichtsurteile sowohl im „Abtreibungsfall" als auch im *Ausgangsfall* im Ergebnis nicht zu beanstanden gewesen.

2. Die Vollendungslösung

a. Überblick

Eine in der Literatur stark vertretene Ansicht[250], welche auch von der Rechtsprechung aufgegriffen wurde[251], sieht den *misslungenen Rücktritt* vom unbeendeten Versuch als vollendete Vorsatztat an. Etwaige Defizite auf der Tatbestandsebene, welche eine Vollendungsstrafbarkeit ausschließen würden, werden bestritten[252]. Bei Eintritt des Erfolges bleibe für die Anwendung des § 24 Abs. 1 S. 1 1. Alt StGB naturgemäß kein Raum[253], so dass das Rücktrittsverhalten des Täters ins Leere gehe. Eine Berücksichtigung des Rücktrittsbemühens des Täters wird allerdings von einigen Autoren im Rahmen der Strafzumessung diskutiert[254], wo es im Hinblick auf § 46 StGB auch gar nicht unberücksichtigt bleiben kann.

Die Vertreter der *Vollendungslösung* treten der Ansicht entgegen, dass es beim *misslungenen Rücktritt* vom unbeendeten Versuch am tatbestandsmäßigen Vorsatz fehle[255]. Eine derart detaillierte Erfolgsvoraussicht, wie von der *Freispruchslösung* gefordert, sei für die Annahme eines Tatvorsatzes nicht nötig. Da der Täter bereits beim unmittelbaren Ansetzen nach § 22 StGB mit Wissen und Wollen eine erfolgsgeneigte Handlung vornehme, handle er bereits bei Versuchsbeginn mit einem ausreichenden Vorsatz. Mit anderen Worten: Der Täter kann schlechterdings nicht zur Verwirklichung eines Tatbestands unmittelbar ansetzen, dessen Taterfolg er nicht voraussieht. Wer *nach seiner Vorstellung* mit dem Töten beginnt, muss der Logik nach auch wissen, dass er töten wird.

Wann und wie genau dieser Tötungserfolg jedoch eintrete, müsse der Täter hingegen nicht detailgetreu voraussehen. Es sei vielmehr für das kognitive Ele-

---

250 Vgl. LK-*Lilie/Albrecht*, § 24 Rn. 57, SK-*Rudolphi*, § 24 Rn. 16; NK-*Zazcyk*, § 24 Rn. 78; *Roxin*, § 30 Rn. 113; *Schmidhäuser*, § 11 Rn. 73ff; *Wessels/Beulke*, Rn. 627; *Ulsenheimer*, S. 97ff; *Walter*, S. 148; *Mayer*, S. 96; *Römer*, S. 83ff; *Knörzer*, S. 238.
251 Vgl. zuletzt BGH NStZ 07, 700f.
252 Vgl. nur SK-*Rudolphi*, § 24 Rn. 16; *Knörzer*, S. 238.
253 Siehe bereits oben Teil 2 § 7 A. IV.
254 Siehe unten Teil 2 § 7 D.
255 Vgl. z. B. *Knörzer*, S. 238.

ment des Vorsatzes ausreichend, dass der Täter *den Kausalverlauf in seinen wesentlichen Zügen* geplant und vorausgesehen habe[256]. Es sei danach zu fragen, ob sich der tatsächlich eingetretene Kausalverlauf noch als Verwirklichung des Tatplans darstelle[257]. Wesentlich sei aber lediglich, dass der Taterfolg an dem geplanten Opfer und aufgrund der Tathandlung des Täters eintrete[258]. Wenn sich im Erfolg die vom Täter gesetzte Gefahr verwirklicht habe, seien Fehleinschätzungen bezüglich der Wirkungsweise des Tatmittels und damit auch der Vorzeitigkeit des Erfolgseintritts unerheblich[259]. Von einer wesentlichen Abweichung des Kausalverlaufs könne nur gesprochen werden, wenn der konkrete Erfolgseintritt außerhalb der Grenzen allgemeiner Lebenserfahrung liege[260], der Erfolgseintritt also für den Täter nicht vorhersehbar gewesen sei. Dies sei allerdings - wie auch schon bei den objektiv unzurechenbaren atypischen Kausalverläufen - nur in außergewöhnlichen Konstellationen der Fall. Dass ein Tatmittel der Kontrolle des Täters entgleiten und dadurch den Erfolg beschleunigen könne, sei nach allgemeiner Lebenserfahrung aber vorhersehbar[261]. Da kein Kausalverlauf bis ins Letzte beherrschbar sei, setze der Täter letztlich sich und sein Opfer bloßen Zufälligkeiten aus; dann sei es aber nur billig, dass der Täter auch die Verantwortung für sein Handeln trage, auch wenn er dessen Auswirkungen unterschätzt habe[262].

Diese Argumentation scheint perfekt auf die Rechtsprechungsfälle zum *misslungenen Rücktritt* gemünzt, insbesondere auf den *Ausgangsfall*. Hier hat das Landgericht selbst ausgeführt, dass sich die Entzündung eines explosiven Gasgemischs durch eine beliebige Zündquelle im Rahmen der allgemeinen Lebenserfahrung hielte und sich im Erfolg die vom Angeklagten geschaffene Gefahr realisiert habe. Kann man dann wirklich davon ausgehen, dass es für den Angeklagten zum Zeitpunkt der Tathandlung einen wesentlichen Unterschied darstellte, ob die Explosion früher oder später, durch ihn, einen Dritten oder den Zufall verursacht werden würde? Schließlich hat sich der vom Angeklagten angestrebte konkrete Taterfolg, die Gasexplosion, verwirklicht. Und setzt sich ein Täter, welcher leicht entzündliches Gas entströmen lässt, nicht tatsächlich in unverantwortlich hohem Maß dem Zufall aus? Kann allein die Tatsache, dass der Angeklagte die Tathandlung nach Setzung der Kausalkette aufgegeben hatte, ihn weitgehend aus seiner weiteren Verantwortung für den Kausalverlauf entlassen?

---

256 Vgl. bereits BGHSt 7, 325, 329; 9, 240.
257 Vgl. *Roxin*, § 30 Rn. 118.
258 Vgl. explizit *Mayer*, S. 96.
259 Vgl. *Walter*, S. 146; *Römer*, S. 83ff; *Ulsenheimer*, S. 101; *Knörzer*, S. 226.
260 Vgl. bereits BGHSt 7, 325, 329; 37, 214, 218.
261 Vgl. *Walter*, S. 146; *Römer*, S. 83ff; *Ulsenheimer*, S. 101; *Knörzer*, S. 226.
262 Vgl. beispielsweise LK-*Lilie/Albrecht*, § 24 Rn. 57; NK-*Zaczyk*, § 24 Rn. 78; *Schmidhäuser*, § 11 Rn. 73ff.

Nach Ansicht der *Vollendungslösung* ist weder im *Ausgangsfall* noch im „Abtreibungsfall" von einer wesentlichen Kausalabweichung auszugehen gewesen, da hier wie da weder nach der allgemeinen Lebenserfahrung noch nach dem Kenntnisstand des Täters der konkrete Erfolg unvorhersehbar gewesen war. Nach diesem Ansatz wären die Täter beide wegen vollendeten Delikts zu verurteilen.

b. Stellungnahme

Einige Stimmen in der Literatur adaptieren die Abweichung des Kausalverlaufs als Abgrenzungskriterium beim *misslungenen Rücktritt*. Allerdings sind sie der Ansicht, dass bei einem Erfolg, welcher entgegen der Vorstellung des Täters verfrüht eintritt, die Abweichung stets als wesentlich anzusehen sei[263].

Dieser Argumentation folgt auch das Landgericht im *Ausgangsfall*[264]: Nachdem die objektive Zurechnung bejaht wird, wird die Frage nach einer Kausalabweichung, welche zu einem Irrtum nach § 16 Abs. 1 StGB führen könnte, gestellt. Dabei kommt das Landgericht zu dem Ergebnis, dass bei einem (wie vom Angeklagten geplanten) zweiaktigen Geschehen (Aufdrehen des Gashahns/Entzünden des Gasgemischs mittels Streichhölzer) der Vorsatz bis zum Erfolgseintritt aufrechterhalten werden müsse. Da der Angeklagte den Vorsatz zum Zeitpunkt der Gasexplosion – nach dem Ergebnis der Beweisaufnahme – aufgegeben habe, stelle der Erfolgseintritt für ihn eine wesentliche Abweichung vom vorgestellten Kausalverlauf dar.

Diese Argumentation des LG erscheint auf den ersten Blick widersprüchlich; es verlangt nach näheren Erläuterungen, warum der Wegfall des Vorsatzes zu einer wesentlichen Kausalabweichung führen soll. Denn schon allein die Feststellung, dass der tatbestandsmäßige Vorsatz fehlt, würde ein vollendetes Delikt und damit eine Vollendungsstrafbarkeit ausschließen[265]. Auf eine etwaige Kausalabweichung käme es dann nicht mehr an. Zudem wird nicht ausreichend kenntlich gemacht, warum der zwar vorfristige, aber sonst dem Tatplan weitestgehend entsprechende Erfolgseintritt gerade als wesentliche Kausalabweichung gelten soll.

Insgesamt erscheint eine Abgrenzung zwischen wesentlichen und unwesentlichen Kausalabweichungen zumindest beim *misslungenen Rücktritt* schwierig. Zwar überzeugt das Argument, dem Täter wäre es doch zumeist gleichgültig, ob der Erfolgseintritt etwas früher als geplant eintrete und auf welche Weise, letzt-

---

263 Vgl. nur *Backmann*, JuS 81, 336ff; MK-*Herzberg*, § 16 Rn. 51.
264 Siehe oben Teil 1 § 5 B.
265 Vgl. *Schliebitz*, S. 67; *Frisch*, S. 602; *Knörzer*, S. 215.

lich habe sich für den Täter sein Plan verwirklicht[266]. Und selbstverständlich kann der Rücktritt den einmal gefassten Tatentschluss nicht rückgängig machen. Jedoch ist nach wie vor fraglich, welche Qualität eine Kausalabweichung haben muss, um von der *Vollendungslösung* als wesentlich eingestuft zu werden. Allein auf die Atypik kann es hierbei nicht ankommen; solche Kausalverläufe müssten bereits auf der Ebene der objektiven Zurechnung ausgesiebt werden[267]. Gegenstand der Vorsatzprüfung können daher von vorne herein nur solche Kausalverläufe sein, welche sich im Rahmen der allgemeinen Lebenserfahrung halten. Diese Kausalverlaufsabweichungen wären nach der Lehre der *Vollendungslösung* aber immer unwesentlich, es sei denn, außergewöhnliche Umstände wie beispielsweise eine Verwechslung des Tatobjekts würden zum vorfristigen Erfolgseintritt hinzutreten. Für den *misslungenen Rücktritt* bietet die Lehre vom abweichenden Kausalverlauf daher keinen weiteren Erkenntnisgewinn; hier wird nichts anderes geprüft als bereits auf der Ebene der objektiven Zurechnung. Zu Recht wird dieser Ansatz demnach als zu vage kritisiert[268].

Die Frage nach der *subjektiven Zurechenbarkeit* eines Erfolges ergibt schließlich nur dann Sinn, wenn etwas anderes Prüfungsgegenstand ist als bei der *objektiven Zurechenbarkeit*. Die Antwort ist ganz simpel: hier muss der Erfolg *objektiv*, also nach allgemeiner Lebenserfahrung vorhersehbar gewesen sein und dort *subjektiv*, also aus Sicht des Täters. Dass der Täter den Kausalverlauf in allen Einzelheiten hätte vorhersehen und beherrschen müssen, fordern auch die Anhänger der Gegenansicht nicht[269]. Es wird vielmehr lediglich auf die Voraussicht des Erfolgs in seiner konkreten Ausgestaltung nach dem Tatplan abgestellt. Über diese verfügt der Täter beim unbeendeten Versuch jedoch gerade nicht. Er sieht subjektiv den konkreten Erfolgseintritt nicht voraus, selbst wenn sich dieser vielleicht Beobachtern geradezu aufdrängen müsste. Zwar setzt er mit Wissen und Wollen zur Tatausführung an und er weiß freilich auch, dass seine Tathandlung auf einen tatbestandsmäßigen Erfolg abzielt; die konkrete Möglichkeit des Erfolgseintritts ist ihm aber nicht bewusst. Wenn die subjektive Unvorhersehbarkeit des Erfolgseintritts aber eine Prämisse des unbeendeten Versuchs darstellt, kann dieser Mangel des subjektiven Tatbestandes nicht durch Erwägungen zum Kausalverlauf überdeckt werden.

Da das Kernproblem des *misslungenen Rücktritts* auf der Ebene des *kognitiven Vorsatzelements* liegt[270], sind die Erwägungen der *Vollendungslösung* zur

---

266 Vgl. *Roxin*, § 30 Rn. 113; zum „Planverwirklichungskriterium" siehe auch unten Teil 3 § 10 C.III. 1.
267 Siehe bereits oben Teil 2 § 7 B. I.
268 Vgl. *Schliebitz*, S. 58.
269 Vgl. nur NK-*Puppe*, § 16 Rn 78; *dies.* 1992 S. 21f, GA 08, 569f.
270 Siehe bereits oben Teil 2 § 7 B. II. 1.e.

Abweichung des Kausalverlaufs jedenfalls bei dieser Fallgruppe nicht zielführend[271].

3. Die Versuchslösung

a. Überblick

Die V*ersuchslösung* stellt inhaltlich einen Kompromiss zwischen der *Freispruchslösung* und der *Vollendungslösung* dar. Der Täter soll zwar nicht wegen einer vollendeten Straftat verurteilt werden, in den Genuss des Rücktrittsprivilegs soll er aber gleichwohl nicht kommen. Im Ergebnis bleibt eine Strafbarkeit wegen Versuchs in Tateinheit mit Fahrlässigkeit[272].

Hauptsächlicher Vertreter der *Versuchslösung* ist *Wolter*[273]. Vertreten wird sie zudem mit ähnlichen Argumenten von *Bottke*[274] und *Munoz-Conde*[275].

Zunächst wird eine vollendete Tat ausgeschlossen. Wie schon die *Freispruchslösungen* kommen auch die Anhänger der *Versuchslösungen* zu dem Ergebnis, dass beim *misslungenen Rücktritt* kein ausreichender Vorsatz vorliege[276]. Mangels Erfolgsvoraussicht handle der Täter nicht mit Vollendungsvorsatz, oder wie Wolter es ausdrückt, mit „Versuchsbeendigungsvorsatz[277]". Daher komme von vornherein nur eine Versuchsstrafbarkeit in Betracht. Insofern deckt sich die Argumentation weitestgehend mit der *Freispruchslösung*, soweit an die inhaltliche Dimension des Vorsatzes anknüpft[278].

Der Versuch mit Erfolgseintritt soll aber nicht rücktrittsfähig sein. Diese Konklusion wird auf verschiedene Argumente gestützt. Zum einen sei zwar mangels subjektiver Zurechnung nur von einem Versuch auszugehen, das Verhalten des Täters rücke aber andererseits das Geschehen wertungsmäßig in die Nähe einer vollendeten Tat[279]. Denn immerhin seien sowohl der objektive Tatbestand vollständig als auch der subjektive Tatbestand teilweise, nämlich hinsichtlich des vo-

---

271 Zur Anwendbarkeit der Kausalabweichungslehre auf andere Fallgruppen siehe unter den entsprechenden Vergleichsgruppen.
272 Vgl. *Wolter*, Leferenz-FS, S.545, 567; *Bottke*, S. 557; *Munoz-Conde*, GA 73, 33, 40.
273 Vgl. *Wolter*, Leferenz-FS, 545ff; *ders.* ZStW 89, 649ff., GA 06, 406ff.
274 Vgl. nur *Bottke*, S. 555ff.
275 Vgl. *Munoz-Conde*, GA 73, 33ff.
276 Vgl. *Wolter*, Leferenz-FS, 545, 561; im Ergebnis auch *Bottke*, S. 557, der den Erfolg für „intentions-„ bzw. „tatplanwidrig" hält.
277 *Wolter*, Leferenz-FS, 545, 549; Diese Bezeichnung hält er für treffender, insbesondere um dem Einwand der Freispruchslösung gegen die Terminologie „Vollendungsvorsatz" entgegenzutreten; siehe auch Fn. 232.
278 Siehe bereits oben Teil 2 § 7 B. II. 1. d.
279 Vgl. *Wolter*, ZStW 89, 649, 697.

luntativen Elements, verwirklicht worden[280]. Der Täter habe „teilvorsätzlich" ein vollumfängliches Erfolgsrisiko geschaffen[281]. Damit sei zumindest der volle objektive Unwert des Delikts in Form des Erfolgseintritts verwirklicht. Dieser Erfolgseintritt stehe aber gerade der Anwendbarkeit der Rücktrittsregeln entgegen. Denn in den Genuss des Rücktrittsprivilegs könne nur derjenige Täter kommen, der den Erfolgseintritt verhindere. Nur der „erfolgreiche" Rücktritt befreie von Strafe[282]. Die Ausführung der Tat sei nach § 24 Abs. 1 S. 1 1. Alt StGB eben erst dann aufgegeben, wenn der Erfolg auch ausbleibe[283]. Dieser Ansatz sei überdies sowohl sachgerecht als auch kriminalpolitisch erwünscht und dogmatisch überzeugend, da eine starre Alles-oder-Nichts-Lösung vermieden werden könnte[284]. Der Täter werde zum einen für den von ihm verursachten Erfolgseintritt haftbar gemacht, zum anderen bleibe auch sein Rücktrittsbemühen nicht außer Betracht. Beim „misslungenen Rücktritt" handle es sich im Ergebnis um „eine Vollendungsform, die die Vollendungsstrafbarkeit nicht rechtfertigt bzw. um eine Versuchsform, die das Rücktrittsprivileg nicht verdient"[285]. Neuerdings[286] will *Wolter* auch eine Vollendungsstrafbarkeit mit fakultativer Strafmilderung nach §§ 23 Abs. 2, 49 Abs. 1 StGB in Betracht ziehen, allerdings nur als „zweite Wahl"[287].

Auf die Rechtsprechungsfälle angewendet wäre die V*ersuchslösung* in beiden Fällen zu einer Verurteilung wegen Versuchs in Tateinheit mit „fahrlässiger Vollendung" gekommen.

b. Stellungnahme

Auf den ersten Blick ist man versucht, die *Versuchslösung* tatsächlich als den „gerechtesten" Lösungsansatz einzustufen, schließlich stellt sie den „goldenen Mittelweg" dar zwischen den sehr gegensätzlichen Positionen. Und auch die Konsequenz für den Täter erscheint sachgerecht; weder droht ihm das volle Strafmaß des vollendeten Delikts noch kommt er, abgesehen von der Bestrafung wegen Fahrlässigkeit, straflos davon. Wenn der *misslungene Rücktritt* eine so ungewöhnliche Konstellation ist, die sich nach den herkömmlichen Regeln des Strafrechts so schwer handhaben lässt, wäre es dann nicht sinnvoll, auch einen außergewöhnlichen Lösungsweg für dieses Problem zu gehen?

280 Vgl. *Wolter*, ZStW 89, 649, 697.
281 Vgl. *Wolter*, Leferenz-FS, 545, 561.
282 Vgl. *Wolter*, Leferenz-FS, 545, 561; ebenso *Munoz-Conde*, GA 73, 33, 40.
283 Vgl. *Wolter*, ZStW 89, 649, 698.
284 Vgl. *Wolter*, ZStW 89, 649, 697.
285 *Wolter*, ZStW 89, 649, 698.
286 Vgl. *Wolter*, GA 06, 406, 407ff.
287 *Wolter*, GA 06, 406, 411.

Doch gerade Überlegungen wie diese sind es, welche die Kritik gegen die *Versuchslösung* herausfordern. Überwiegend[288] wird dieser Ansatz als zu ergebnisorientiert kritisiert[289]. Hier würde die zunächst „billigste" Lösung für das Problem des *misslungenen Rücktritts* gesucht, um diese Lösung dann auf Umwegen zu begründen. Dass ein solches Vorgehen jedoch selten zielführend ist, wurde bereits angeführt[290].

Aus Sicht der *Vollendungslösung* scheitert die *Versuchslösung* bereits im Ansatz, da der tatbestandsmäßige Vorsatz verneint wird[291]. Aber auch die Anhänger der *Freispruchslösungen* wenden sich gegen das Ergebnis eines Versuchs ohne Rücktrittsmöglichkeit. Dieser Ansatz wird als widersprüchlich und dogmatisch nicht überzeugend klassifiziert[292]. *Wolters* Auslegung des § 24 Abs. 1 S. 1 1. Alt StGB hinsichtlich der Notwendigkeit eines Verhinderungserfolgs auch beim unbeendeten Versuch sei sogar contra legem[293] und würde zu einer Gleichstellung der beiden Rücktrittsalternativen führen. Es sei nicht ersichtlich, warum dem Täter der Rücktritt abgeschnitten werden sollte. Ein solcher Ausschluss des Rücktrittsprivilegs sei aus dem Gesetzestext nicht abzulesen und dem strafrechtlichen System fremd[294].

Diese Kritik ist, sofern sie sich auf den Ausschluss des Rücktritts bezieht, gerechtfertigt. Ob der Täter durch die Tat den vollen objektiven Unwert oder ein Erfolgsrisiko geschaffen hat, ist für diese Frage irrelevant. Ein Versuch liegt immer dann vor, wenn irgendein Teil des Tatbestandes fehlt, mögen alle anderen Tatbestandsmerkmale auch verwirklicht sein. Eine Tat ist demnach, sofern das Versuchsstadium erreicht wurde, immer vollendet *oder* versucht; Fälle die „mitten zwischen Vollendung und Versuch"[295] liegen, kann es daher nicht geben[296]. Wenn eine Tat aber, wie beim *misslungenen Rücktritt,* erst einmal als versucht klassifiziert wurde, müssen auch die Regeln der Versuchsstrafbarkeit und damit des strafbefreienden Rücktritts auf sie angewendet werden.

Voraussetzung für die Anwendbarkeit des § 24 StGB ist allein, dass die Tat im Versuch stecken geblieben ist[297]. Eine Verhinderungskausalität in den § 24

---

288 Vgl. z. B. LK-*Lilie/Albrecht*, § 24 Rn. 55; SK-*Rudolphi*, § 24 Rn. 16f; *Roxin*, § 30 Rn. 124, *ders.* GA 03, 256, 262ff; ausführlich *Rau*, S. 178ff, 196ff; *Knörzer*, S. 219ff, 239f.
289 Vgl. ausführlich *Schliebitz*, S. 85.
290 Siehe oben Teil 2 § 7 B. II. 1. b.
291 So LK-*Lilie/Albrecht*, § 24 Rn. 55; SK-*Rudolphi*, § 24 Rn. 16f; *Roxin*, § 30 Rn. 124, *ders.* GA 03, 256, 262ff; ausführlich *Rau*, S. 178ff, 196ff; *Knörzer*, S. 219ff, 239f.
292 Vgl. z. B. von *Schliebitz*, S. 83ff; ebenso *Roxin*, § 30 Rn. 124.
293 Vgl. *Schliebitz*, S. 83ff.
294 Vgl. *Schliebitz*, S. 84.
295 Vgl. *Wolter*, Leferenz-FS 545, 567.
296 Vgl. zutreffend *Schliebitz*, S. 84.
297 Siehe oben Teil 2 § 7 A. IV.

Abs. 1 S. 1 1. Alt StGB „hineinzulesen"[298], wäre nicht nur contra legem, wie *Schliebitz* bereits festgestellt hat[299], es wäre auch nicht zielführend, da § 24 StGB über die Vollendungsform keinerlei Aussage trifft[300].

Somit besteht dogmatisch kein hinreichender Grund, warum beim *misslungenen Rücktritt* die Rücktrittsvorschrift nicht anwendbar sein sollte. Eine „Vollendung ‚zweiter Klasse'"[301], um mit *Schliebitz* zu sprechen, oder besser noch einen „Versuch zweiter Klasse" ohne Rücktrittsmöglichkeit gibt es eben nicht.

Die *Versuchslösung* ist daher im Ergebnis abzulehnen.

4. Der Ansatz von *Gropp* und *Eser*

a. Überblick

Der Ansatz *Gropps*[302] und *Esers*[303] wird im Allgemeinen dahingehend ausgelegt[304], dass der *Zeitpunkt des Erfolgseintritts* beim *misslungenen Rücktritt* vom unbeendeten Versuch das für die Beurteilung der Strafbarkeit maßgebliche Kriterium sei. Nur wenn der Täter *vor* dem Eintritt des Erfolges zurücktrete, scheide eine Vollendungsstrafbarkeit aus und sei § 24 Abs. 1 S. 1 1. Alt StGB anwendbar. Sei der Erfolg beim unbeendeten Versuch hingegen, im Zweifelsfall ohne Wissen des Täters, bereits eingetreten und entschließe sich der Täter *danach* zum Rücktritt, so könne ihm dies nicht mehr zum Vorteil gereichen; er sei wegen vollendeter Straftat zu verurteilen. Die Rechtsfolge hänge mithin davon ab, ob die Rücktrittshandlung vor oder nach Erfolgseintritt vorgenommen werde. Damit werde letztendlich gefordert, dass der Vorsatz beim vollendeten Delikt nicht nur bis zum Abschluss der Tathandlung, sondern vielmehr bis zum Zeitpunkt des Erfolgseintritts aufrechterhalten werden müsse. Darin sehen einige Autoren eine Überdehnung der *zeitlichen Vorsatzkomponente*; der Ansatz *Gropps* und *Esers* wird deshalb oft auf dieser Ebene eingeordnet[305].

Diese Wiedergabe des Ansatzes von *Gropp* und *Eser* erweist sich jedoch als Fehlinterpretation. Zwar wird der „Zeitpunkt des Erfolgseintritts" in den Werken

---

298 Dieser Schluss lässt sich auch aus *Wolters* Ausführungen kaum ziehen.
299 Vgl. *Schliebitz*, S. 83.
300 Vgl. ebenso *Knörzer*, S. 240.
301 *Schliebitz*, S. 84.
302 Vgl. *Gropp*, § 9 Rn. 62ff; *ders.* Jura 88, 542ff.
303 Vgl. S/S-*Eser*, § 24 Rn. 22ff; *ders. Eser/Burkhardt*, Fall 33 A. Rn. 47ff.
304 Vgl. z. B. von LK-*Lilie/Albrecht*, § 24 Rn. 56; *Roxin*, § 30 Rn. 122; *Rau*, S. 189; *Knörzer*, S. 212.
305 Vgl. z.B. von *Knörzer*, S. 212; *Schliebitz*, S. 31.

beider Autoren als Schlagwort in die Diskussion zum *misslungenen Rücktritt* eingeführt[306], jedoch, wie die weiteren Ausführungen zeigen werden, ohne daraus die oben zitierte Schlussfolgerung zu ziehen.

Zutreffend ist, dass sowohl *Eser* als auch *Gropp* der Ansicht sind, der Täter, welcher beim unbeendeten Versuch vor dem Eintritt des tatbestandlichen Erfolges zurücktrete, habe keine vollendete Tat verwirklicht[307]. Grund für diese Beurteilung soll allerdings nicht die Aufgabe des Tatvorsatzes vor dem maßgeblichen Zeitpunkt (Erfolgseintritt) sein, sondern die fehlende *Erfolgsvoraussicht*. Der Vollendungsvorsatz ist nicht etwa „weggefallen", wie *Eser*[308] und auch *Gropp*[309] zugegeben etwas „interpretationsbedürftig" formulieren, sondern er war von Anfang an defizitär. Das ergibt sich insbesondere aus dem Zusammenhang der weiteren Ausführungen; so führt *Eser* an, der Täter habe seine Tat für „noch nicht vollendbar gehalten"[310]; *Gropp* verdeutlicht, der Täter gehe „gerade *nicht* davon aus, dass der Erfolg eintreten [wird]"[311]. Er befinde sich im „Irrtum über die Wirksamkeit des Getanen[312]". Wenn also im Folgenden von einem fehlenden Vollendungsvorsatz gesprochen wird, soll damit augenscheinlich nicht ein in zeitlicher Hinsicht mangelhafter, aufgegebener Vorsatz bezeichnet werden, sondern ein inhaltlich unzureichender dolus, eben der dolus des unbeendeten Versuchs, welcher eine Vollendungsstrafbarkeit nicht trägt. Somit statuiert der Ansatz von *Eser* und *Gropp* für den Fall des Rücktritts *vor* Erfolgseintritt letztendlich nichts anderes als bereits diejenigen Vertreter der *„Freispruchslösung"*, welche die Vollendungsstrafbarkeit beim *misslungenen Rücktritt* vom unbeendeten Versuch aufgrund des fehlenden kognitiven Elements des Vorsatzes ablehnen[313]. Dies wird bereits durch die Bezeichnung als „Irrtum über die Wirksamkeit des Getanen[314]" herausgestellt. *Gropp* selbst verdeutlich in seinem Fallbeispiel des „Einkaufswagenfalls" die Entbehrlichkeit einer Streitentscheidung, da beide Lösungsansätze zum selben Ergebnis kämen[315].

Wesentlich kontroverser erscheint die (vermeintliche) Schlussfolgerung dieser „Differenzierungslösung" im umgekehrten Fall, beim Rücktritt *nach* Erfolgseintritt. Zunächst erscheint die Konstruktion eines solchen Falles schwierig; der Tä-

---

306 Vgl. S/S-*Eser*, § 24 Rn. 23; *Gropp*, § 9 Rn. 64; *ders.* Jura 88, 542, 546.
307 Vgl. S/S-*Eser*, § 24 Rn. 24; *Gropp*, § 9 Rn. 65ff.
308 Vgl. S/S-*Eser*, § 24 Rn. 24.
309 Vgl. *Gropp*, Jura 88, 542, 546; *ders.* § 9. Rn. 65.
310 S/S-*Eser*, § 24 Rn. 24; Dies wird noch verstärkt durch den Verweis auf *Jakobs*, 26. Abschnitt Rn. 13, welcher ebenfalls am kognitiven Element anknüpft.
311 *Gropp*, § 9 Rn. 65.
312 *Gropp*, § 9 Rn. 62.
313 Vgl. z. B. *Sancinetti*, S. 65; *Noack*, S. 72; *Frisch*, S. 602ff; *Schlehofer*, S. 174ff; *Schliebitz*, S. 66f.
314 *Gropp*, § 9 Rn. 62; S/S-*Eser*, § 24 Rn. 22.
315 Vgl. *Gropp*, Jura 88, 542, 546.

ter eines unbeendeten Versuchs bedingt den Erfolgseintritt und will dann die Tat aufgeben. Möglich wäre dieses nur, wenn der Täter nicht um den Erfolgseintritt wusste; hätte er den Erfolgseintritt bemerkt, so wäre ein Rücktritt sinnlos. Denkbar wäre etwa der Fall, dass das Opfer einer Strangulation oder einer Vergiftung von der Bewusstlosigkeit in den Tod übergeht, ohne dass der Täter dieses bemerkt. Dann wäre fraglich, ob sich der Erfolgseintritt auf die Rücktrittsfähigkeit der Tat auswirkt.

In der Literatur ist das Problem des Rücktritts *nach* dem Erfolgseintritt bisher nicht diskutiert worden, lediglich im Zusammenhang mit den Ansichten *Gropps* und *Esers*[316]. Tatsächlich muss man jedoch feststellen, dass auch *Gropp* zu dieser Konstellation nicht explizit Stellung nimmt. Aus seiner Formulierung „jedenfalls" beim Rücktritt *vor* dem Erfolgseintritt scheide eine Vollendungsstrafbarkeit aus[317], kann nicht geschlossen werden, im Fall des Rücktritts *nach* Erfolgseintritt müsse etwas anderes gelten. *Gropp* fordert somit keinesfalls eine unterschiedliche Behandlung der beiden Konstellationen.

Lediglich *Eser* greift dieses Problem explizit auf[318]. Während er jedoch früher noch der Ansicht war, ein Rücktritt nach Erfolgseintritt könne eine Vollendungsstrafbarkeit nicht verhindern[319], findet sich in der neueren Literatur die These, „vorsätzliche Vollendung [sei] allenfalls damit auszuschließen, dass dem Täter im Falle eines vermeintlich unbeendeten Versuchs der Vollendungsvorsatz gefehlt hat"[320]. Mit dieser zwar etwas zaghaften Formulierung verdeutlicht *Eser* doch zumindest, dass von seinem Standpunkt aus eine Vollendungsstrafbarkeit auch beim Rücktritt *nach* Erfolgseintritt nicht zwingend sein soll. Der anschließende Verweis[321] auf *Jakobs*[322], welcher beim unbeendeten Versuch das kognitive Vorsatzelement negiert, impliziert eine Interpretation in Richtung der „*Freispruchslösung*". Da beim unbeendeten Versuch gerade der „Vollendungsvorsatz" in Form des kognitiven Elements typischerweise fehlt[323], würde man nach *Esers* Ansicht auch beim Rücktritt nach Erfolgseintritt letztendlich zu einer bloßen Versuchs-/Fahrlässigkeitsstrafe kommen.

Bei näherem Hinsehen erweist sich der Ansatz von *Gropp* und *Eser* ergo als mit der *Freispruchslösung*, bzw. jenem Ansatz, welcher die inhaltliche Dimension des Vorsatzes beim *misslungenen Rücktritt* vom unbeendeten Versuch thema-

---

316 Vgl. z. B. bei LK-*Lilie/Albrecht*, § 24 Rn. 56; *Roxin*, § 30 Rn. 122; *Rau*, S. 189; *Schliebitz*, S. 33; *Knörzer*, S. 212.
317 Vgl. *Gropp*, Jura 88, 542, 546; *ders.* § 9 Rn. 64.
318 Vgl. S/S-*Eser*, § 24 Rn. 23.
319 Vgl. *Eser/Burkhardt*, Fall 33 Rn. 47 S. 115.
320 Vgl. S/S-*Eser*, § 24 Rn. 23.
321 Vgl. S/S-*Eser*, § 24 Rn. 23.
322 Vgl. *Jakobs*, 26. Abschnitt Rn. 13.
323 Siehe bereits oben Teil 2 § 7 B. II. 1. e.

tisiert, konform. Der Zeitpunkt des Erfolgseintritts dient mitnichten als Abgrenzungskriterium für die zeitliche Dimension des Vorsatzes, sondern soll lediglich die Diskussion um eine weitere Fallvariante, den Rücktritt *nach* Erfolgseintritt, erweitern.

In den Rechtsprechungsfällen käme der Ansatz von *Gropp* und *Eser* mithin zu denselben Ergebnissen wie *Schliebitz* u. a.

b. Stellungnahme

Soweit sich die Kritik an dem Ansatz *Gropps* und *Esers* auf die Differenzierung anhand des Zeitpunkts des Erfolgseintritts bezieht[324], so erübrigt sie sich durch das korrekte Verständnis der Ausführungen. Da weder *Gropp* noch *Eser* de facto eine Aufrechterhaltung des Vorsatzes bis zum Zeitpunkt des Erfolgseintritts fordern, geht der (im Übrigen zutreffende) Einwand, ein solcher Ansatz verstoße gegen § 8 S. 2 StGB[325] und überdehne damit die zeitliche Dimension des Vorsatzes, ins Leere. Da die Rechtsfolgen des Rücktritts vor und nach dem Erfolgseintritt sich weder bei *Gropp* noch bei *Eser* unterscheiden, ist auch das Argument, hier entscheide allein der Zufall (Zeitpunkt des Erfolgseintritts) über die Strafbarkeit[326], obsolet.

Im Übrigen trifft den Ansatz *Gropps* und *Esers* dieselbe Kritik wie die *„Freispruchslösung"*, welche ebenfalls den Vorsatz des unbeendeten Versuchs als nicht für eine Vollendungsstrafbarkeit ausreichend erachtet[327].

Dass *Eser* und *Gropp* zumindest gedanklich auch den Fall des Rücktritts *nach* Erfolgseintritt berücksichtigen, erscheint sinnvoll im Sinne einer umfassenden Erfassung aller denkbaren Konstellationen des *misslungenen Rücktritts* vom unbeendeten Versuch. Ein Unterschied zum Rücktritt *vor* Erfolgseintritt kann freilich dann nicht bestehen, wenn es für die Erfolgsvoraussicht auf den Zeitpunkt der *Rücktrittshandlung* ankommt; ging der Täter davon aus, dass der Versuch zu diesem Zeitpunkt unbeendet war, so kann auch der spätere Erfolgseintritt daran nichts ändern, insbesondere wenn der Täter davon nichts bemerkt. Denn die Basis für die Versuchsstrafbarkeit ist die Vorstellung des Täters. Daher kann sie im Hinblick auf das Beendetsein nicht falsch sein. „Stellt sich der Täter zum Zeitpunkt des Rücktritts (‚Rücktrittshorizont') vor, noch nicht alles Erforderliche für

---

324 Vgl. bei LK-*Lilie/Albrecht*, § 24 Rn. 56; *Roxin*, § 30 Rn. 122; *Knörzer*, S. 230.
325 Vgl. *Knörzer*, S. 230.
326 Vgl. LK-*Lilie/Albrecht*, § 24 Rn. 57; *Rau*, S. 193; *Knörzer*, S. 231.
327 Dazu siehe bereits oben Teil 2 § 7 B. II. 1. e.

die Herbeiführung getan zu haben, liegt folglich selbst dann ein unbeendeter Versuch vor, wenn der Täter in Wirklichkeit alles Erforderliche Getan hat[328]".

Der Ansatz *Gropps* und *Esers* kann daher als argumentative Ergänzung der „Freispruchslösung" angesehen werden und überzeugt im Ergebnis ebenso wie diese.

5. Zwischenergebnis zur subjektiven Zurechenbarkeit

Auf der Ebene des subjektiven Tatbestands liefert allein die *Freispruchslösung*, welcher auch die Ansätze *Gropps* und *Esers* zugerechnet werden können, brauchbare Lösungsansätze für das Problem des *misslungenen Rücktritts*. Denn nur dieser Ansatz verortet den Schwerpunkt der Problematik beim *kognitiven Vorsatzelement*, welches beim unbeendeten Versuch im Gegensatz zum beendeten fehlt[329]. Beim *misslungenen Rücktritt* vom unbeendeten Versuch befindet sich der Täter mithin in einem *Irrtum über die Wirksamkeit des bereits Getanen*.

Die von der Rechtsprechung vertretene *Vollendungslösung* überzeugt hingegen nicht. Die Abgrenzung anhand der Wesentlichkeit der Kausalabweichung ist im Ergebnis zu vage. Hier wird nichts anderes geprüft als bereits auf der Ebene der objektiven Zurechnung, nämlich, ob der Erfolgseintritt nach der allgemeinen Lebenserfahrung vorhersehbar war[330]. Auf die Vorstellung des Täters über die Erfolgsgeeignetheit (Erfolgsvoraussicht) wird gerade nicht abgestellt.

Die *Versuchslösung* ist in ihrer Begründung unlogisch und zu ergebnisorientiert. Einen Versuch, bei dem die Rücktrittsmöglichkeit generell ausgeschlossen ist, gibt es nicht[331], allenfalls fehlen einzelne Voraussetzungen, wie z. B. beim fehlgeschlagenen Versuch das Merkmal der Freiwilligkeit.

III. Zwischenergebnis zum Tatbestand

Die Problematik des *misslungenen Rücktritts* vom *unbeendeten* Versuch ist nur auf der Tatbestandsebene und nicht über § 24 StGB adäquat zu lösen[332].

Daran ist hinsichtlich der objektiven Zurechenbarkeit grundsätzlich nicht zu zweifeln; etwas anderes kann nur gelten in Fällen unterbrochener Kausalität, also

---

328 *Gropp*, § 9 Rn. 66.
329 Siehe bereits oben Teil 2 § 7 B. II. 1. e./4. b.
330 Siehe oben Teil 2 § 7 B. II. 2. b.
331 Siehe oben Teil 2 § 7 B. II. 3. b.
332 Siehe oben Teil 2 § 7 A. V.

wenn durch das Opfer selbst, Dritte oder höhere Gewalt ein neues, selbständiges Risiko geschaffen wird, welches sich allein im Erfolgseintritt niederschlägt [333].

Hinsichtlich der subjektiven Zurechnung konnte festgestellt werden, dass beim *misslungenen Rücktritt* vom unbeendeten Versuch ein Defizit des Tatentschlusses, genauer des kognitiven Vorsatzelements, vorliegt. Der Täter unterliegt einem *Irrtum über die Wirksamkeit des bereits Getanen*, weil er nicht erkennt, dass seine bisherige Tathandlung den Erfolg schon herbeiführen kann. Dies hat allein die *Freispruchslösung* erkannt[334].

C. Schuldebene

Einen ganz eigenen Weg geht *Klöterkes*[335]. Sie siedelt das von ihr als „Rücktrittsirrtum" bezeichnete Problem auf der Schuldebene an und sucht eine Lösung über die analoge Anwendung gesetzlicher Irrtumsregeln. Dieser Ansatz hat in der Literatur kaum Anklang gefunden[336] und soll im Folgenden auch nur kurz dargestellt werden.

I. Lösungsansatz von *Klöterkes*

Nachdem *Klöterkes* zunächst festgestellt hat, dass der Tatbestand vollendet und damit die Anwendbarkeit des § 24 Abs. 1 S. 1 1. Alt StGB ausgeschlossen ist[337], wendet sie sich der Frage nach der Rechtsnatur des Rücktritts zu.

Sie kommt zu dem Ergebnis, § 24 StGB sei nicht als Strafaufhebungs-, sondern vielmehr als *Entschuldigungsgrund* ähnlich dem entschuldigenden Notstand nach § 35 StGB anzusehen[338]. Dieses ergebe sich aus der Motivationslage des Täters und dem Unrechtsgehalt. Wie schon beim Notstand befinde sich der Täter in einer psychischen Ausnahmesituation, welche ihm ein rechtstreues Verhalten erschwere. Aufgrund dieser Zwangslage mindere sich das Handlungsunrecht beim Rücktritt. Letztendlich werde die Schuld beim freiwilligen Rücktritt wie bei sonstigen Entschuldigungsgründen bis unter die Grenze des Strafbedürfnisses gemindert[339]. Wenn aber der Rücktritt einen Entschuldigungsgrund darstelle, so seien auf den *misslungenen Rücktritt* folglich keine anderen Maßstäbe anzulegen

---

333 Siehe bereits oben Teil 2 § 7 B. I. 1. d.
334 Siehe bereits oben Teil 2 § 7 B. II. 1. e./5.
335 Vgl. *Klöterkes*, S. 113ff.
336 Erwähnung lediglich bei *Rau*, S. 200ff; *Knörzer*, S. 245ff.
337 Vgl. *Klöterkes*, S. 167.
338 Vgl. *Klöterkes*, S. 113ff, 132.
339 Ausführlich vgl. *Klöterkes*, S. 133ff.

als bei anderen Irrtümern über Entschuldigungsgründe; der „Rücktrittsirrtum", bei welchem der Täter verkenne, dass seine Handlung bereits eine Vollendungsgefahr bedingt, sei nämlich nichts anderes als ein Irrtum über die tatsächlichen Voraussetzungen des § 24 Abs. 1 S. 1 1. Alt StGB. Der Täter irre sich darüber, in welchem Versuchsstadium er sich befinde und welche Rücktrittshandlung daher vorzunehmen sei[340].

Eine gesetzliche Regelung für solche Irrtümer über Entschuldigungsgründe finde sich aber im § 35 Abs. 2 StGB; dieser stelle einen Irrtum sui generis dar. Durch eine Analogie zu dieser Vorschrift könne das Problem des „Rücktrittsirrtums" adäquat gelöst werden[341]. Es sei demnach auch beim *misslungenen Rücktritt* danach zu fragen, ob der Irrtum vermeidbar war oder nicht.

Allerdings seien die Rechtsfolgen des § 35 Abs. 2 StGB zu modifizieren, um zu einem angemessenen Ergebnis zu kommen. Bei einem vermeidbaren Irrtum sei von einer Vollendungsstrafe auszugehen, welche aber analog § 35 Abs. 2 einer obligatorischen Strafmilderung unterliege. Sei der Irrtum hingegen unvermeidbar gewesen, so sei eine völlige Straflosigkeit des Täters trotzdem nicht gerechtfertigt; da der Täter die den Irrtum hervorrufende Situation durch sein tatbestandliches Verhalten selbst verursacht habe, sei ihm zumindest der Vorwurf der Fahrlässigkeit zu machen[342].

II. Stellungnahme

Eingegangen auf den Ansatz *Klöterkes'* sind bisher nur *Rau*[343] und *Knörzer*[344], welche ihn beide im Ergebnis ablehnen.

Tatsächlich überzeugt dieser Lösungsweg nicht. Zunächst erscheint bereits fraglich, ob § 24 StGB als *Entschuldigungsgrund* zu qualifizieren ist[345] und nicht, wie überwiegend vertreten[346], als *Strafaufhebungsgrund*. Die Einordnung als Entschuldigungsgrund wird zwar verschiedentlich erwähnt, jedoch eher am Rande und nicht mit den von *Klöterkes* gezogenen Rückschlüssen[347]. Selbst wenn *Klöterkes* mit dieser Zuordnung Recht hätte und die Situation des „Rücktrittsirrtums" mit der des entschuldigenden Notstands vergleichbar wäre, so müsste darüber hinaus für eine analoge Anwendung eine planwidrige Regelungs-

---

340 Ausführlich vgl. *Klöterkes*, S. 133ff, 138ff.
341 Vgl. *Klöterkes*, S. 138ff.
342 Vgl. *Klöterkes*, S. 145ff.
343 Vgl. *Rau*, S. 200ff,.
344 Vgl. *Knörzer*, S. 247f.
345 Vgl. *Klöterkes*, S. 113ff, 132.
346 Vgl. nur *Lackner/Kühl*, § 24 Rn. 1; S/S-*Eser*, § 24 Rn. 4; *Fischer*, § 24 Rn. 2.
347 Vgl. z. B. *Roxin*, § 30 Rn. 29f; *Ulsenheimer*, S. 94ff.

lücke bestehen. Das ist weder nach der *Vollendungslösung* noch nach der *Freispruchslösung* der Fall, da beide Ansätze das Problem über die Anwendung allgemeiner Vorsatz- und Zurechnungsregeln lösen. Insbesondere wäre, der herrschenden *subjektiven Abgrenzung der Rücktrittsvarianten* folgend, ein „Rücktrittsirrtum" gar nicht möglich: wenn sich das Rücktrittsstadium nach der Vorstellung des Täters bemisst und nicht nach objektiven Kriterien, so ist ein Irrtum darüber von vornherein ausgeschlossen[348]. Ein Irrtum verlangt schließlich eine Diskrepanz zwischen Vorstellung und Realität. Weitere Untersuchungen zu den theoretischen Grundlagen dieses Ansatzes sind damit obsolet.

Daher erscheint *Klöterkes'* Ansatz bereits argumentativ nicht haltbar und ist abzulehnen.

D. Strafzumessungsebene

Die *Vollendungslösung* erscheint ihren Vertretern zwar als dogmatisch richtig, doch in der Rechtsfolge als zu starr. Das Rücktrittsbemühen und damit die Minderung des Handlungsunrechts im Vergleich zur „normalen" Vollendung, könne bei der unmodifizierten Anwendung der Vollendungsstrafbarkeit nicht adäquat berücksichtigt werden[349]. Daher wird angestrebt, zu einer Herabsetzung oder gar zum Absehen von Strafe zu gelangen, teils durch die analoge Anwendung der Vorschriften über die tätige Reue (I.), teils im Rahmen der Strafzumessung (II.).

I. Analoge Anwendung der Vorschriften über die tätige Reue

Dass auf den *misslungenen Rücktritt* die Regeln über die tätige Reue wie beispielsweise §§ 83a Abs. 1, Abs. 2, 84 Abs. 5, 85 Abs. 3, 129 Abs. 6 Nr. 1, 129a Abs. 7, 314a StGB analog anzuwenden seien, wird explizit nirgendwo vertreten[350]. Es besteht weitestgehend Einigkeit darüber, dass der Ausnahmecharakter der Vorschriften eine Übertragbarkeit auf andere Delikte ausschließt[351]. Zudem könnte man argumentieren, dass schon keine planwidrige Regelungslücke anzunehmen sei, da die Problematik über die allgemeinen Regeln von Versuch und

---

348 Vgl. ebenso *Knörzer*, S. 247; explizit *Gropp*, § 9 Rn. 66.
349 Vgl. *Rau*, S. 214; *Lenckner*, Gallas-FS 281, 293; *Schröder*, Mayer-FS, 377, 387; *Schmidhäuser*, § 11 Rn. 74; *Römer*, S. 95.
350 Angedacht wird diese Möglichkeit allerdings z. B. bei *Schröder*, Mayer-FS, 377, 386ff und *Lenckner*, Gallas-FS, 281, 293f.
351 Vgl. LK-*Lilie/Albrecht*, § 24 Rn. 59; *Lenckner*, Gallas-FS, 281, 293f; *Rau*, S. 214f; *Römer*, S. 95f, 167f.

Vollendung zu lösen sei. Lediglich ein Beitrag von *Horst Schröder*[352] aus dem Jahr 1965 sieht unter Umständen eine Ausweitung des § 90a StGB a. F. auf weitere Organisations- und Massendelikte vor; aber auch er geht nicht so weit, den *misslungenen Rücktritt* mit einzubeziehen.

Außerdem ist die Vergleichbarkeit mit der tätigen Reue gerade beim unbeendeten Versuch zweifelhaft, da zumeist die aktive Abwendung der Gefahr oder des Schadens und damit mehr als die bloße passive Tataufgabe verlangt wird.

Für den Ausgangsfall, in welchem der Angeklagte vom Landgericht wegen der fahrlässigen Verursachung einer Sprengstoffexplosion nach § 308 Abs. 1, Abs. 6 StGB verurteilt worden war, findet sich eine Vorschrift über die tätige Reue in § 314a StGB. Nach § 314a Abs. 3 Nr. 1b) StGB hätte der Angeklagte jedoch, um Straffreiheit zu erlangen, den Schaden vermeiden müssen.

II. Strafzumessung

Verbreiteter ist der Ansatz, beim *misslungenen Rücktritt* solle die Strafe über die §§ 46ff StGB zu mildern sein[353]. Jüngst hat sich sogar *Wolter* für eine solche „eingeschränkte Vollendungslösung" ausgesprochen[354].

Während einige Autoren recht pauschal von einer Milderung auf Strafzumessungsebene sprechen[355], nennen andere explizit die aus ihrer Sicht in Frage kommende Vorschrift[356]. Angedacht werden unter anderem die §§ 46 Abs. 2 und 46a StGB. Im Rücktrittsverhalten des Täters soll demnach ein Bemühen zur Wiedergutmachung des Schadens liegen[357]. Während die Lösung über den Täter-Opfer-Ausgleich nach § 46a StGB wenig Anklang gefunden hat[358], wird die Anwendbarkeit von § 46 Abs. 2 StGB u.a. von *Römer* und *Rau* vertreten[359]. § 46 Abs. 2 StGB ist – unabhängig von der dogmatischen Einordnung des *misslungenen Rücktritts* im Übrigen – immer anwendbar, wenn man zu einer Verurteilung gelangt.

---

352 Vgl. *Schröder*, Mayer-FS, 377, 387f.
353 Vgl. *Schmidhäuser*, § 11 Rn. 74; *Lenckner*, Gallas-FS, 281, 293; *Römer*, S. 95ff; *Rau*, S. 215ff, 217.
354 Vgl. *Wolter*, GA 06, 406, 407ff.
355 Vgl. *Knörze*r, S. 249; *Mayer*, S. 92; *Schmidhäuser*, § 11 Rn. 74.
356 Vgl. *Lenckner*, Gallas-FS, 281, 293ff; *Römer*, S. 95ff; *Rau*, S. 215ff.
357 Vgl. *Römer*, S. 96f; *Rau*, S. 215ff.
358 Insbesondere abgelehnt durch *Rau*, S. 215f.
359 Vgl. *Römer*, S. 96f; *Rau*, S. 216f.

III. Stellungnahme

Da sich aus Sicht der hier favorisierten *Freispruchslösung* die Frage nach der Strafzumessung erst gar nicht stellt, kann eine Stellungnahme kurz ausfallen.

Eine analoge Anwendung der Vorschriften über die tätige Reue kann aus den bereits oben[360] genannten Gründen abgelehnt werden. Auch eine Lösung über § 46a StGB erscheint nicht überzeugend, da der Täter-Opfer-Ausgleich einen Kommunikationsprozess zwischen den Beteiligten voraussetzt, welcher beim *misslungenen Rücktritt* oft nicht vorliegen wird[361]. Zudem beziehen sich die §§ 46ff StGB auf das Verhalten des Täters nach der Vollendung der Tat, welche zum Zeitpunkt des Rücktritts noch nicht eingetreten war. Selbst wenn man einwendet, was nach Vollendung gelte, müsse davor erst recht anwendbar sein[362], so bleibt doch gerade beim unbeendeten Versuch fraglich, ob die bloße Tataufgabe die Qualität eines Versuchs der Wiedergutmachung des Schadens erfüllt oder ob nicht weitere Bemühungen des Täters gefordert werden müssten. Lediglich über § 46 Abs. 2 StGB kann auch ein Rücktrittsbemühen des Täters vor der Tatvollendung berücksichtigt werden, da die Aufzählung dort nicht abschließend ist.

E. Ergebnis zum misslungenen Rücktritt vom unbeendeten Versuch

Eine Lösung der Problematik des *misslungenen Rücktritts* vom unbeendeten Versuch lässt sich nicht auf der Rücktrittsebene finden, da die Anwendung des Rücktrittsvorschrift § 24 Abs. 1 S. 1 1. Alt StGB bei vollendeten Delikten ausgeschlossen ist[363].

Eine Zurechnungsunterbrechung kommt nur dann in Frage, wenn sich im Erfolgseintritt nicht mehr das durch den Täter gesetzte Erstrisiko verwirklicht hat[364].

Da dem Täter des unbeendeten Versuchs allerdings die *Erfolgsvoraussicht* fehlt, scheidet eine vollendete Tat mangels Vorsatzes aus[365]. Der Täter unterliegt einem *Irrtum* über die Wirksamkeit seines bisherigen Tatbeitrages

Auch die Lösung *Klöterkes'*, welche auf der Schuldebene ansetzt, vermag nicht zu überzeugen[366].

---

360 Vgl. Teil 2 § 7 D I.
361 Ausführlich vgl. *Rau*, S. 215f.
362 Vgl. *Römer*, S. 96f; *Rau*, S. 216f.
363 Siehe bereits oben Teil 2 § 7 A. V.
364 Siehe bereits oben Teil 2 § 7 B. I. 1. d.
365 Siehe bereits oben Teil 2 § 7 B. II. 1. e./5.
366 Siehe oben Teil 2 § 7 C. II.

Ob für den Fall der Vollendungsstrafbarkeit die Vorschriften des § 46ff StGB über die Strafzumessung anwendbar wären, kann dahinstehen[367].
Der Täter ist allenfalls wegen fahrlässiger Begehung strafbar.

§ 8 Der misslungene Rücktritt vom beendeten Versuch

Der *misslungene Rücktritt* im Stadium des *beendeten* Versuchs[368] erscheint ungleich weniger problematisch als der zuvor behandelte Rücktritt trotz Erfolgseintritts beim unbeendeten Versuch. Das liegt daran, dass bei dieser Konstellation sämtliche Lösungsansätze, wenngleich bisweilen mit unterschiedlichen Argumenten, zum selben Ergebnis kommen. Einzig *Bottke*[369] und *Munoz-Conde*[370] lehnen eine Strafbarkeit wegen vollendeten Delikts ab.

Aufgrund dieser relativen Einmütigkeit wird der *misslungene Rücktritt* vom beendeten Versuch von zahlreichen Autoren erst gar nicht problematisiert, sie wenden sich gleich der wesentlich „dankbareren" Thematik des unbeendeten Versuchs zu[371]. Solch ein Vorgehen mag für Kurzkommentare und -lehrbücher sinnvoll erscheinen. Im Rahmen dieser Arbeit soll jedoch zumindest eine kurze Abhandlung der Problematik erfolgen, zumal gerade anhand der Darstellung des beendeten Versuchs Argumente zur Lösung des unbeendeten Versuchs untermauert werden können.

Letztendlich hat sich auch der BGH im „Abtreibungsfall" alternativ mit der Frage des *misslungenen Rücktritts* vom beendeten Versuch auseinandergesetzt. Die leider nur sehr kurze Begründung kann allerdings nur als Grundstein für die Argumentation bezüglich dieses Sujets dienen[372].

---

367 Siehe oben Teil 2 § 7 D. III.
368 Zum Begriff des „Beendetseins" vgl. oben Teil 2 § 6.
369 Vgl. *Bottke*, S. 551, 557f.
370 Vgl. *Munoz-Conde*, GA 73, 33, 36f, 40.
371 Vgl. nur SK-*Rudolphi*, § 24 Rn. 16; MK-*Herzberg*, § 24 Rn. 57; *Gropp*, § 9 Rn. 62ff; *Rau*, S. 161ff.
372 Auch im *Ausgangsfall* hätte das Landgericht m. E. nach richtigerweise von einem *beendeten* Versuch ausgehen müssen. Nachdem zunächst zutreffend festgestellt wurde, dass die spontane Entzündung eines Gasgemischs durch einen beliebigen elektrischen Impuls durchaus im Rahmen allgemeiner Lebenserfahrung liege, statuiert das Gericht im Rahmen des subjektiven Tatbestands, der Täter habe fest damit gerechnet, erst durch eine weitere Handlung seinerseits, das Entzünden mittels eines Streichholzes, könne eine Explosion ausgelöst werden. Diese Behauptung lässt das Gericht ohne weitere Begründung im Raum stehen.
Um der Entscheidung jedoch nicht ihren Beispielcharakter zu nehmen, soll sie auch weiterhin als Fall des „misslungenen Rücktritts" vom *unbeendeten* Versuch behandelt werden.

A. Rücktrittsebene

Auch bei der Konstellation des *misslungenen Rücktritts* vom beendeten Versuch muss, bevor man sich dem Tatbestand widmen kann, geprüft werden, ob das Problem nicht bereits auf der Rücktrittsebene zu lösen ist. Auf die Frage, ob die Tat vollendet ist, käme es dann nicht an, wenn die Vollendung einem wirksamen Rücktritt nach § 24 Abs. 1 S. 1. 2. Alt StGB nicht entgegenstünde.

Wie bereits beim unbeendeten Versuch dargestellt[373], wäre auch beim beendeten Versuch ein Rücktritt *von* bzw. *neben* der Vollendung zu diskutieren.

I. Der Rücktritt *von/neben* der Vollendung

Während beim *misslungenen Rücktritt* vom unbeendeten Versuch die Wirksamkeit des Rücktritts unter anderem von *Bach*[374] und *Schliebitz*[375] vertreten wird, fehlen beim beendeten Versuch derartige Aussagen.

Dies verwundert nicht, wenn man bedenkt, dass die Ansicht, welche einen Rücktritt trotz der Vollendung zulässt, ihre Argumentation überwiegend auf den Unterschied zwischen den beiden Versuchsstadien stützt[376]. Es wird herausgestellt, der Rücktritt vom unbeendeten Versuch verlange *im Gegensatz zum Rücktritt nach § 24 Abs. 1 S. 1 2. Alt bzw. S. 2 StGB* gerade keine Verhinderung der Tat. Dem Täter werde gerade kein Erfolgsrisiko auferlegt. Jede andere Lösung würde im Ergebnis zu einer ungerechtfertigten De-facto-Gleichstellung der beiden Versuchsstadien führen[377]. Damit stellen die Vertreter dieses Ansatzes, ohne dieses noch ausdrücklich erwähnen zu müssen, von vorne herein heraus, dass ein Rücktritt trotz Vollendung beim beendeten Versuch bereits naturgemäß nicht möglich sein soll.

II. Die Nichtvollendung als Voraussetzung des § 24 Abs. 1 S. 1 2. Alt bzw. S. 2 StGB

Im Gegensatz zum unbeendeten Versuch ist beim Rücktritt vom beendeten Versuch mithin das Erfordernis der Nichtvollendung unumstritten.

---

373 Siehe ausführlich Teil 2 § 7 A. I./II.
374 Vgl. *Bach*, S. 33ff.
375 Vgl. *Schliebitz*, S. 36ff.
376 Ausführliche Darstellung bei *Knörzer*, S. 251f.
377 Vgl. *Bach*, S. 35; *Schliebitz*, S. 36ff.

Neben den bereits oben gegen den Rücktritt trotz Vollendung beim unbeendeten Versuch vorgebrachten Argumenten[378], welche an dieser Stelle nicht noch einmal wiederholt werden sollen, spricht schon der Wortlaut der maßgeblichen Rücktrittsvorschrift § 24 Abs. 1 S. 1 2. Alt in Zusammenhang mit S. 2 StGB für die Annahme der Nichtvollendung als Voraussetzung des wirksamen Rücktritts. Die Vollendung muss, mit oder ohne Zutun des Täters, verhindert werden[379].

Die generelle Ablehnung des Rücktritts trotz Vollendung beim beendeten Versuch erscheint daher nur logisch.

III. Zwischenergebnis zur Rücktrittsebene

Auch beim *misslungenen Rücktritt* vom *beendeten* Versuch bleibt mithin die Frage nach der Tatvollendung maßgeblich. Dies kann allerdings nur auf der Tatbestandsebene beantwortet werden. Eine Lösung auf Rücktrittsebene ist ausgeschlossen[380].

B. Tatbestandsebene

Auch beim *misslungenen Rücktritt* vom beendeten Versuch konzentriert sich die Argumentation maßgeblich auf die Ebene des subjektiven Tatbestands. Doch auch bei dieser Konstellation muss zunächst dieselbe Frage der objektiven Zurechnung wie beim unbeendeten Versuch beantwortet werden, nämlich nach etwaigen *Zurechnungsunterbrechungen*. Zudem stellt sich beim beendeten Versuch zusätzlich die Frage, ob und nach welcher Vorschrift der Täter wirksam zurücktreten kann.

I. Objektive Zurechenbarkeit

1. Zurechnungsunterbrechungen

Ebenso wie beim *misslungenen Rücktritt* vom unbeendeten Versuch stellt sich auch im Stadium des beendeten Versuchs die Frage nach eventuellen Zurechnungsunterbrechungen[381].

---

378 Siehe bereits oben Teil 2 § 7 A. IV.
379 Vgl. auch *Knörzer*, S. 252f; *Roxin*, § 30 Rn. 113, 125; *Jakobs*, 26. Abschnitt Rn. 20.
380 Siehe bereits oben Teil 2 § 8 A. I./II.
381 Siehe bereits oben Teil 2 § 7 B. I. 1.

Wie ist es zu beurteilen, wenn die Rettungsbemühungen des Täters durch Eingreifen des Opfers selbst, Dritter oder gar des Zufalls vereitelt werden und aufgrund dessen der Erfolg eintritt?

Wie oben bereits dargestellt[382] wird die Thematik für die Konstellation des beendeten Versuchs weit häufiger diskutiert; einige Autoren beschränken sich in der Darstellung auch auf den beendeten Versuch[383]. Das ist nicht falsch. Zwar können, wie oben bereits dargestellt[384], derartige Einflüsse auf den Kausalverlauf durchaus auch im Stadium des unbeendeten Versuchs vorkommen, beim beendeten Versuch jedoch ungleich häufiger.

Als Standardbeispiele werden zumeist das lebensmüde Opfer, welches die Einnahme des Gegengifts, das der reumütige Täter ihm verabreichen will, verweigert[385], sowie die Ehefrau oder Geliebte, die die hilflose Lage des im Krankenhaus liegenden Opfers ausnützt, um dieses zu töten[386], ins Feld geführt. Auch der vielzitierte „Krankenwagenfall[387]" gehört hierher: der Täter ruft für das lebensgefährlich verletzte Opfer den Rettungswagen, dieser wird auf dem Weg ins Spital jedoch in einen Verkehrsunfall verwickelt, bei welchem das Opfer ums Leben kommt.

Sowohl bezüglich der Literaturmeinungen als auch im Hinblick auf die Lösung der Problematik gilt nichts anderes als bereits im Rahmen des *misslungenen Rücktritts* vom unbeendeten Versuch ausgeführt[388].

Weder die Tatherrschaft noch Billigkeitserwägungen entscheiden über die Zurechnung, sondern allein der *Risikozusammenhang*[389]. Nur wenn sich im Erfolg auch das vom Täter durch die Tathandlung gesetzte *Erstrisiko* verwirklicht, besteht auch der für ein vorsätzliches Delikt erforderliche Zurechnungszusammenhang. Das lässt sich bereits aus den allgemeinen Zurechnungsregeln ableiten. Wird die vom Täter initiierte Kausalkette dagegen durch andere Faktoren verdrängt, realisiert sich im Erfolg also ein neues, eigenständiges *Zweitrisiko*, so ist die Tat nicht mehr als Werk des Täters anzusehen. In solchen Fällen verdrängter Kausalität bzw. *Risikoverdrängung* scheidet die Zurechnung folglich aus, unabhängig davon, ob der Initiator der neuen Kausalkette vorsätzlich oder fahrlässig

---

382 Siehe bereits oben Teil 2 § 7 B. I. 1.
383 Vgl. z. B. *Schliebitz*, S. 96ff; *Knörzer*, S. 256ff.
384 Siehe bereits oben Teil 2 § 7 B. I. 1.
385 Vgl. z. B. *Roxin*, § 29 Rn. 128; *Jäger*, S. 98; *Knörzer*, S. 257; *Schliebitz*, S. 96.
386 Vgl. *Rau*, S. 165; *Ulsenheimer*, S. 98; beliebtes Beispiel für den Eingriff Dritter ist auch der „Zeitbombenfall": Der reuige Bombenleger wird von seinen Komplizen an der Entschärfung gehindert; z. B. bei *Roxin*, § 29 Rn. 129; *Schliebitz*, S. 96.
387 Siehe oben Teil 2 § 7 B. I. 1. d.
388 Siehe bereits oben Teil 2 § 7 B. I. 1.
389 Ausführlich siehe oben Teil 2 § 7 B. I. 1. d.

gehandelt, ob sich das Opfer eigenverantwortlich selbst gefährdet hat oder eine einverständliche Fremdgefährdung vorgelegen haben mag.

Daher wäre dem Täter der Tod desjenigen Opfers, das sich weigert, ein Gegengift einzunehmen, zuzurechnen, nicht aber die Tötung im Krankenhaus durch die Geliebte. Denn Schutzzweck der §§ 211ff StGB ist es nicht, die Ausnutzung der hilflosen Lage des Opfers durch Dritte zu verhindern.

Obwohl sich also die im Rahmen des unbeendeten Versuchs gefundenen Ergebnisse ohne weiteres auf den beendeten Versuch übertragen lassen, ergeben sich in dieser Konstellation jedoch einige kleinere Sonderproblematiken, welche im Folgenden kurz erläutert werden sollen. Zum einen stellt sich beim beendeten Versuch die Frage, ob es dem Täter zuzurechnen ist, wenn Dritte die Rettungsbemühungen des Täters unsachgemäß weiterführen und dadurch den Erfolgseintritt bedingen[390]. Des Weiteren wird diskutiert, wie es zu beurteilen ist, wenn der Täter selbst durch seine Revokationshandlung den Erfolg herbeiführt[391]. Schließlich soll noch der u. a. von *Knörzer* vertretenen These, der Täter könne nur dann von der Zurechnung ausgeschlossen werden, wenn seine Rücktrittshandlung *hypothetisch verhinderungstauglich* gewesen wäre[392], nachgegangen werden.

a. Vereitelung des Gelingens der Verhinderungshandlung durch Dritte

Dass das bloße Verhinderungsbemühen des Täters den Zurechnungszusammenhang nicht unterbricht, ist allgemein anerkannt[393]; darauf muss an dieser Stelle nicht weiter eingegangen werden. § 24 Abs. 1 StGB regelt eben nur die Voraussetzungen des Rücktritts und nicht die Erfolgszurechnung.

Aber darf es dem Täter zum Nachteil gereichen, wenn ihm die Rücktrittshandlung von Dritten quasi „aus den Händen gerissen" wird und aufgrund des Fehlverhaltens der Dritten der Erfolg eintritt[394]? Diese Konstellation ergibt sich insbesondere dann, wenn der Täter die Rettungsmaßnahmen an Ärzte oder anderes medizinisches Personal übergibt. Dieses Aus-der-Hand-Geben des Kausalverlaufes steht in vielen Fällen gar nicht zur Disposition, oftmals wird der Täter bereits aus Ingerenz nach § 13 StGB dazu verpflichtet sein, die Revokation geeigneten Fachkräften zu überlassen. Kommt es dann aufgrund unsachgemäßen oder gar vorsätzlichen Verhaltens der Dritten zum Erfolgseintritt, so stünde der Täter letztendlich schlechter da, als wenn er die Rettungsmaßnahmen selbst ausgeführt

---

390 Vgl. z. B. *Schliebitz*, S. 97ff; *Knörzer*, S. 259, 267.
391 Vgl. z. B. *Schliebitz*, S. 99f; *Knörzer*, S. 258, 267.
392 Vgl. *Knörzer*, S. 266, ebenso *Mayer*, S. 99; *Walter*, S. 148.
393 Vgl. z. B. *Schliebitz*, S. 96, *Knörzer*, S. 256f (siehe weitere Nachweise dort).
394 Zu dieser Problematik ausführlich vgl. *Schliebitz*, S. 97ff, mit weiteren Nachweisen.

hätte; dann hätte er schließlich nur das Risiko seines eigenen Verhaltens zu tragen. So aber müsste er für einen Erfolgseintritt haften, den er selbst eventuell hätte verhindern können.

Zutreffend ist, dass dem Täter in dieser Konstellation nicht vorgeworfen werden kann, er habe das von ihm geschaffene Risiko sorglos aus den Händen gegeben. Darauf kommt es aber nach dem oben Gesagten auch gar nicht an. Der Täter ist für den von ihm initiierten Kausalverlauf verantwortlich, auch wenn er ihn aus den Augen verliert. Tatsache ist, dass der Täter ein rechtlich relevantes Risiko geschaffen hatte, welches sich im Erfolgseintritt niederschlug; ob der Täter auf die Abwendung des Erfolgs noch Einfluss hatte, ist hingegen rechtlich irrelevant. Anknüpfungspunkt der objektiven Zurechnung ist die *Erfolgsverursachung*, nicht die gelungene oder gescheiterte Erfolgsverhinderung[395].

Resultiert der Tod des Opfers aus der vom Täter zugefügten letalen Verletzung, so bleibt der Gefahrzusammenhang bestehen. Denn dann hat das Eingreifen der Dritten den Kausalverlauf nur vorangetrieben und nicht unterbrochen. Erst wenn der Behandlungsfehler ein neues, unabhängiges Zweitrisiko schafft[396], scheidet eine Zurechnung aus[397]. Insofern gelten die allgemeinen Zurechnungsregeln.

b. Risikoverdrängung durch den Täter selbst

Weiterhin diskutabel ist, wie der Fall zu beurteilen sein soll, dass der Täter *durch seine eigene Rücktrittshandlung* ein selbständiges Zweitrisiko schafft, welches das zuvor durch ihn gesetzte Erstrisiko verdrängt[398]. Der Erfolgseintritt basiert also nicht auf der Tathandlung, sondern gerade auf der Revokation.

Als Beispiel wird oft der Fall angeführt, dass der reuige Täter dem Opfer ein Gegengift zuführt, dieses aber zu hoch dosiert und das Opfer dann an diesem Gift stirbt[399]. Ebenfalls denkbar ist es in dieser Konstellation, dass der Täter das Opfer zum Erbrechen reizen würde, um auf diese Art das Gift auszuscheiden, das Opfer dabei jedoch erstickt.

Wäre es nicht unbillig, wenn der Täter durch sein eigenes Verhalten die Zurechnung quasi umgehen könnte? Andererseits hat sich der Täter hier immerhin um die Verhinderung ernsthaft bemüht und der Erfolgseintritt beruhte auf un-

---

395 Vgl. ebenso *Schliebitz*, S. 10; *Lenckner*, Gallas-FS, 281, 291f.
396 Z. B.: Der Arzt verabreicht dem Verletzten versehentlich eine tödliche Überdosis Schmerzmittel.
397 Vgl. ebenso *Schliebitz*, S. 97ff; *Knörzer*, S. 267.
398 Ausführlich zu dieser Problematik *Schliebitz*, S. 99f; *Knörzer*, S. 258f, 266.
399 Vgl. das Beispiel von *Schliebitz*, S. 99.

glücklichen Umständen. Zwar liegt, wie *Schliebitz* zutreffend feststellt, das Revokationsrisiko, also das Risiko, dass die Erfolgsverhinderung scheitern könnte, beim Täter[400]. Das gilt aber wiederum nur für das Erstrisiko. Im Erfolgseintritt realisiert sich gerade nicht die vom Täter *durch die Tathandlung* geschaffene Gefahr. Nur diese Gefahr kann aber Anknüpfungspunkt für die Zurechnung sein; was der Täter über die Versuchsbeendigung hinaus unternimmt, ist irrelevant. Der Schutzzweck der Norm umfasst nur die Gefahr der Verletzungshandlung, nicht deren Revokation. Die Gefahr des Misslingens der Revokation wohnt der Tathandlung gerade nicht inne[401].

Insofern kann es keinen Unterschied machen, ob das gefahrgeneigte Zweitrisiko durch das Opfer, Dritte oder den Täter selbst gesetzt wird; in jedem Fall wird die Zurechnung unterbrochen[402]. Die Vergiftung durch das Gegengift oder das Ersticken in den obigen Beispielen waren dem Täter somit nicht als sein Werk zuzurechnen. Kommt das Opfer auf dem Weg ins Krankenhaus durch einen Verkehrsunfall ums Leben, so realisiert sich darin das allgemeine Lebensrisiko; dabei ist irrelevant, ob sich das Opfer zum Zeitpunkt des Unfalls in einem Krankenwagen befand oder vom Täter in dessen Auto gefahren wurde.

c. Das Erfordernis einer hypothetischen Verhinderungstauglichkeit

Unter anderem von *Knörzer*[403] wird gefordert, die Rücktrittshandlung des Täters müsse auch hypothetisch verhinderungstauglich gewesen sein, d. h. die Vollendung hätte ohne das Eingreifen anderer Faktoren zur Verhinderung des Erfolgseintritts führen müssen. Dass der Erfolg trotzdem eintrat, darf somit nicht an einem Mangel der Revokationshandlung an sich liegen, sondern muss in äußeren Umständen begründet sein. Dem Täter dürfe nämlich kein Vorteil daraus erwachsen, dass andere in den Kausalverlauf eingreifen. Eine Zurechnungsunterbrechung dürfe daher nicht angenommen werden, wenn der Täter sich von vornherein über die Wirksamkeit seiner Revokationshandlung geirrt habe; dann beruhe das Misslingen der Erfolgsverhinderung letztendlich auf dieser Fehleinschätzung.

Diese Argumentation klingt zwar nach Billigkeitsgesichtspunkten einleuchtend, ist aber im Ergebnis nicht überzeugend. Die objektive Zurechnung ist allein danach zu bemessen, ob sich im Taterfolg eine vom Täter geschaffene Gefahr

---

400 Vgl. *Schliebitz*, S. 99.
401 Vgl. so fast wörtlich bei *Schliebitz*, S. 99, ähnlich *Knörzer*, S. 266.
402 Vgl. *Schliebitz*, S.99f, *Knörzer*, S. 267, a. A. *Wolter*, ZStW 89, 649, 654; *Noack*, S. 68; *Stratenwerth*, § 11 Rn. 92; *Schmidhäuser*, § 11 Rn. 74.
403 Vgl. *Knörzer*, S. 266f, ebenso *Mayer*, S. 99; *Walter*, S. 148.

vorhersehbar realisiert hat. Eintritt oder Ausbleiben des Erfolgs beruhen allein auf der Einschätzung der *Erfolgstauglichkeit der Tathandlung*, nicht aber der Verhinderungstauglichkeit der Rücktrittshandlung. Die Qualität der Rücktrittshandlung im Rahmen der objektiven Zurechnung zu prüfen, wäre unsystematisch. Wenn sich im tatbestandsmäßigen Erfolg nicht mehr das vom Täter gesetzte Risiko verwirklicht, ist der Zurechnungszusammenhang unterbrochen, auf die Rücktrittshandlung kommt es dann nicht mehr an.

2. Zwischenergebnis

Die dargestellten „Sonderprobleme" der objektiven Zurechnung beim *misslungenen Rücktritt* vom beendeten Versuch sind mithin ganz normal über die allgemeinen Zurechnungsregeln zu lösen[404]. Nur wenn sich im Erfolgseintritt noch das von Täter durch seine Tathandlung geschaffene Risiko verwirklicht, ist ihm die Tat objektiv zuzurechnen.

3. Der Rücktritt bei unterbrochenem Zurechnungszusammenhang

a. Problemstellung

Umstritten ist weiterhin, ob und aufgrund welcher Vorschrift der Täter beim *misslungenen Rücktritt* vom beendeten Versuch im Falle einer Zurechnungsunterbrechung zurücktreten kann oder ob der Wortlaut des § 24 Abs. 1 S. 1 2. Alt StGB einem Rücktritt nicht entgegensteht.

Im Rahmen des unbeendeten Versuchs stellte sich dieses Problem nicht, da nach § 24 Abs. 1 S. 1 *1. Alt* StGB explizit nur die Aufgabe der weiteren Tatausführung gefordert wird. Sollte Voraussetzung des § 24 Abs. 1 S. 1 2. *Alt* StGB aber tatsächlich die *Verhinderung des Taterfolgs* sein[405], so wäre einem Rücktritt bei bloßer objektiver oder subjektiver Unzurechenbarkeit des eingetretenen Erfolges der Weg naturgemäß verstellt. Es bliebe beim Versuch ohne Rücktrittsmöglichkeit.

Überwiegend wird eine solche Konsequenz jedoch abgelehnt[406]. § 24 Abs. 1 S. 1 2. Alt StGB fordere nicht die Verhinderung des Erfolges, sondern lediglich

---

404 Siehe bereits Teil 2 § 7 B. I. 3.
405 Dies wird auch nicht vertreten.
406 Vgl. *Schliebitz*, S. 135 ff, *Knörzer*, S. 269; *Roxin*, § 29 Rn. 127; SK-*Rudolphi*, § 24 Rn. 28.

die Verhinderung der *Vollendung*. Dem sei aber durch die Unzurechenbarkeit des Erfolgs Genüge getan, da die Tat im Versuch stecken geblieben ist.

Ein Rücktritt sei folglich auch in dieser Konstellation möglich, fraglich sei lediglich, welche Rücktrittsvorschrift zur Anwendung komme. Während die Einschlägigkeit von § 24 Abs. 1 S. 1 2. Alt StGB überwiegend abgelehnt wird[407] mit der Begründung, nicht der Täter selbst habe schließlich die Vollendung verhindert, sondern äußere Umstände, wird im Folgenden diskutiert, ob § 24 Abs. 1 S. 2 StGB direkt[408] oder analog[409] anzuwenden sei. Es geht letztlich um die Frage, ob § 24 Abs. 1 S. 2 StGB nur dann greift, wenn andere den Erfolgseintritt verhindern, oder auch dann, wenn der Täter einen unzurechenbaren Kausalverlauf in Gang setzt und daher mangels objektiver Zurechenbarkeit die Tat als nicht vollendet sondern nur als versucht gilt.

b. Stellungnahme

Tatsächlich ist Voraussetzung des § 24 Abs. 1 StGB zunächst, dass die Vollendung ausbleibt. Ob dies aufgrund nicht eingetretener oder nur nicht zurechenbaren Erfolges geschieht, ist irrelevant. Der Täter ist nur verpflichtet, *zurechenbare* Erfolge zu verhindern. Der Erfolgseintritt steht einem wirksamen Rücktritt demnach nicht entgegen.

§ 24 Abs. 1 S. 1 *2. Alt*. StGB scheidet jedoch als Rücktrittsnorm aus. Wie zutreffend festgestellt wurde, verhindert der Täter die Vollendung nicht, er versucht es nur.

Des Weiteren dürften aber keine Bedenken dagegen bestehen, § 24 Abs. 1 *Satz 2* StGB direkt anzuwenden. Der Wortlaut sagt nicht eindeutig aus, dass das Ausbleiben der Vollendung nicht in der Unzurechenbarkeit des Erfolges ihre Ursache haben dürfe[410].

Bezüglich des Rücktritts beim *misslungenen Rücktritt* vom beendeten Versuch bei Unzurechenbarkeit des Erfolgseintritts ergeben sich daher keine Besonderheiten.

---

407 Vgl. *Schliebitz*, S. 135ff, *Knörzer*, S. 259, 269.
408 Vgl. *Knörzer*, S. 269, mit weiteren Nachweisen dort.
409 Vgl. z. B. NK-*Zaczyk*, § 24 Rn. 55; *Bottke*, S. 542 Fn. 384; LK-*Lilie/Albrecht*, § 24 Rn. 118; *Maurach/Gössel*, § 41 III Rn. 95; S/S-*Eser*, § 24 Rn. 62.
410 Vgl. ebenso u a. *Knörzer*, S. 296.

4. Zwischenergebnis zur objektiven Zurechenbarkeit

Bezüglich der objektiven Zurechenbarkeit gilt im Stadium des beendeten Versuchs nichts anderes als schon beim unbeendeten Versuch ausgeführt wurde[411].

Auch hinsichtlich der Zurechnungsunterbrechungen gelten für den misslungenen Rücktritt vom beendeten Versuch keine anderen Regeln. Auch in jener Konstellation, dass der Täter durch seine eigene Revokationshandlung den Erfolgseintritt herbeiführt, ist allein maßgeblich, ob der Erfolg noch auf dem vom Täter vorsätzlich gesetzten Erstrisiko beruhte.

Sollte der Erfolgseintritt tatsächlich einmal nicht zurechenbar sein, so steht diese Tatsache einem wirksamen Rücktritt nach § 24 Abs.1 S.2 StGB nicht entgegen[412]. Diese Vorschrift fordert nämlich allenfalls, dass die *Vollendung*, also der *zurechenbare* Erfolgseintritt, ausbleibt. Einen unzurechenbaren Erfolgseintritt braucht der Täter dagegen nicht zu verhindern.

II. Subjektive Zurechenbarkeit

Im Rahmen des beendeten Versuchs kommen fast alle bereits beim unbeendeten Versuch dargestellten verschiedenen Lösungsansätze zum selben Ergebnis, wenn auch auf unterschiedlichen Wegen. Einzig *Bottke* und *Munoz-Conde* kommen zu gegenteiligen Folgerungen. Auch *Schliebitz* hält bezüglich der herrschenden Lösung einige Modifikationen für angebracht.

1. Die Versuchslösung

Während *Wolter* sich beim beendeten Versuch mit der herrschenden Meinung für eine Vollendungsstrafbarkeit ausspricht[413], wollen *Bottke*[414] und *Munoz-Conde*[415] auch in dieser Konstellation die *Versuchslösung* anwenden[416].

Dabei orientiert sich die Argumentation abermals am Ergebnis der Vollendungslösung, welches als nicht sachgerecht empfunden wird. *Munoz-Conde* ist der Ansicht, eine Vollendungsstrafbarkeit verstoße gegen das Schuldprinzip. Der Gesinnungswechsel des Täters, der Wegfall des Vorsatzes, welcher sich in der

---

411 Siehe oben Teil 2 § 7 B. I. 2.
412 Siehe oben Teil 2 § 8 B. I. 2.
413 Vgl. *Wolter*, Leferenz-FS, 545, 547ff.
414 Vgl. *Bottke*, S. 557f.
415 Vgl. *Munoz-Conde*, GA 73, 35ff.
416 Ausführlich zur *Versuchslösung* siehe oben Teil 2 § 7 B. II. 3.

Betätigung der Rücktrittshandlung manifestiere, fände keine ausreichende Berücksichtigung. Der Täter würde letztlich für etwas bestraft, das er nicht nur nicht (mehr) gewollt, sondern sogar zu verhindern versucht habe. Das sei aber nichts anderes als pure Erfolgshaftung in anderem Gewand[417].

Bottke wird noch deutlicher. Er will bereits den subjektiven Zurechnungszusammenhang ausschließen. Der verwirklichte Erfolg sei nicht mehr „tatplanadäquat", er trete vielmehr „intentionswidrig" ein, entgegen dem ausdrücklichen Willen des Täters[418].

Eine Strafbarkeit wegen vollendeten Delikts sei demnach ausgeschlossen, es bleibe beim Versuch, allerdings ohne Rücktrittsmöglichkeit. Daneben komme eine Strafbarkeit wegen Fahrlässigkeit in Betracht. Nur durch diese Lösung könne das Rücktrittsverhalten des Täters gewürdigt werden, ohne die Tatsache des Erfolgseintritts außer Acht zu lassen[419].

2. Die Vollendungslösung

a. Überwiegende Auffassung

Die herrschende Meinung[420] will, wie bereits der BGH im „Abtreibungsfall"[421], den Täter beim *misslungenen Rücktritt* vom beendeten Versuch wegen vollendeten Delikts bestrafen.

Nach der Lehre vom abweichenden Kausalverlauf[422] ist hierbei kein anderes Ergebnis als beim unbeendeten Versuch gerechtfertigt, da es nach dieser Ansicht nur auf die Vorhersehbarkeit nach der allgemeinen Lebenserfahrung ankommt. Eine wesentliche Abweichung vom vorgestellten Kausalverlauf soll nur dann vorliegen, wenn sich der eingetretene Erfolg nicht mehr als Verwirklichung des Tatplans darstellt. Beim beendeten Versuch stellt der Täter die Möglichkeit des Erfolgseintritts sich gerade vor; eine wesentliche Abweichung käme daher nur in Frage, wenn die Tatvollendung außerhalb jeglicher Lebenserfahrung oder der

---

417 Vgl. *Munoz-Conde*, GA 73, 33, 35ff.
418 Vgl. *Bottke*, S. 557f.
419 Vgl. *Bottke*, S. 558; *Munoz-Conde*, GA 73, 33, 40; ausführlich siehe oben Teil 2 § 7 B. II. 3.
420 Vgl. u. a. LK-*Lilie/Albrecht*, § 24 Rn. 52; S/S-*Eser*, Rn. 23/25; NK-*Zaczyk*, Rn. 77; *Jakobs*, 26. Abschnitt Rn. 20; *Schmidhäuser*, § 11 Rn. 74; *Roxin*, § 30 Rn. 125ff; *Wolter*, Leferenz-FS, 545, 547ff; *Schröder*, JuS 62, 81, 82; *Lenckner*, Gallas-FS, 281, 290ff; *Schliebitz*, S. 100ff; *Knörzer*, S. 270ff.
421 Siehe oben Teil 1 § 5 A.
422 Ausführlich siehe oben Teil 2 § 7 B. II. 2.

Tätervorstellung läge. Dies hat der BGH im „Abtreibungsfall" zutreffend abgelehnt.

Andere sehen den beendeten Versuch schon aus Wertungsgesichtspunkten als nicht privilegierungswürdig an. Der Täter verwirkliche den „maximalen" Versuch, er habe, im Gegensatz zur Lage beim unbeendeten Versuch, Unrecht und Schuld bis zum Ende durchgehalten[423].

Schließlich lässt auch diejenige Ansicht, welche für eine Vollendungsstrafbarkeit die Voraussicht des konkreten Erfolgseintritts fordert[424], im Rahmen des beendeten Versuchs kein anderes Ergebnis zu. Denn beim beendeten Versuch wisse der Täter um die Möglichkeit des Erfolgseintritts, am Vorliegen eines hinreichenden kognitiven Vorsatzelements sei nicht zu zweifeln[425]. Der Täter habe durch die Tathandlung nach seiner Vorstellung eine vorhersehbare Gefahr geschaffen, welche sich im konkreten Erfolgseintritt verwirklicht habe.

b. Der Ansatz von *Schliebitz*

Schliebitz hält den Vorsatz beim beendeten Versuch grundsätzlich in zeitlicher wie in inhaltlicher Hinsicht für ausreichend[426]. Er stellt allerdings zwei Fallgestaltungen heraus, welche nach seiner Ansicht abweichend von den allgemeinen Vorsatzregeln beurteilt werden sollen[427].

Seine These, bei sogenannten Distanzdelikten könne bereits eine Vorbereitungshandlung, sofern sie denn den Erfolg auslöse, zum Vorsatz gerechnet werden[428], soll an dieser Stelle nicht weiter verfolgt werden; dazu wird im Rahmen der Fallgruppe des *vorzeitigen Erfolgseintritts* ausreichend Gelegenheit bestehen[429].

Eine weitere Einschränkung will *Schliebitz* für den Fall des *anfänglichen Revokationsentschlusses* gelten lassen[430].

Dass ein Täter, welcher vorsätzlich ein Erfolgsrisiko schaffe und hinterher, von Reue getrieben, die Tathandlung rückgängig zu machen versuche, im Falle des Erfolgseintritts nicht vom Vorwurf, ein vollendetes Delikt verwirklicht zu haben, freigesprochen werden könne, verstehe sich von selbst. Denn hier habe der Täter zum maßgeblichen Zeitpunkt, nämlich bei Vornahme der Tathandlung,

---

423 Vgl. *Wolter*, Leferenz-FS, 545, 547ff.
424 Ausführlich siehe oben Teil 2 § 7 B. II. 1. d.
425 Vgl. z. B. *Sancinetti*, S. 65; *Noack*, S. 72; *Frisch*, S. 602ff; *Schlehofer*, S. 174ff.
426 Vgl. *Schliebitz*, S. 100f.
427 Vgl. *Schliebitz*, S. 105f, 110ff.
428 Vgl. *Schliebitz*, S. 110ff.
429 Siehe unten Teil 3 § 11 B. III. 4., 5.
430 Vgl. *Schliebitz,* S. 105 f.

mit Vorsatz gehandelt, sein nachträglicher Meinungsumschwung könne nicht berücksichtigt werden. Am Vorliegen des subjektiven Tatbestandes sei daher nicht zu zweifeln[431].

Etwas anderes müsse aber gelten, wenn der Täter von Anfang an beabsichtigt hatte, die Tathandlung umzukehren und dadurch den Erfolgseintritt zu verhindern. Als Beispiel nennt *Schliebitz* einen Täter, welcher dem Opfer quasi als Experiment ein tödliches Gift verabreiche, um dessen Wirkungsweise zu beobachten, das Gift aber vor Eintritt des Todes mittels Gegengift neutralisieren wolle bzw. einen Kampfhundbesitzer, der sein Tier zur Abschreckung auf einen Menschen hetze und es dann zurückrufen wolle[432]. Scheitere in diesen Fällen die Rettungshandlung, d. h. wirke das Gegengift nicht rechtzeitig oder ließe sich der Hund doch nicht zurückrufen, so sei der Täter trotzdem nicht wegen eines vorsätzlichen vollendeten Delikts zu bestrafen. Hier fehle es nämlich am *voluntativen Vorsatzelement*. Zwar wisse der Täter um die Möglichkeit des Erfolgseintritts, er wolle diesen aber nicht. Die Gefahrverursachung sei rein experimentell und solle gerade nicht im Erfolgseintritt gipfeln, dem Täter käme es gerade darauf an, dass der Erfolg ausbliebe. Daher sei noch nicht einmal von der Mindestvoraussetzung des voluntativen Vorsatzelements, einer billigenden Inkaufnahme des Erfolgseintritts, auszugehen. Da der Täter fest auf ein Ausbleiben des Erfolges vertraue, handle er nur mit Fahrlässigkeit. Mangels Vorsatzes liege schon gar kein Versuch vor[433].

3. Stellungnahme

a. Zu *Bottke* und *Munoz-Conde*

Zunächst kann man der von *Bottke* und *Munoz-Conde* zum *misslungenen Rücktritt* vom beendeten Versuch vorgeschlagenen Lösung die bereits im Rahmen des unbeendeten Versuchs vorgebrachten Argumente entgegenhalten. Der Ansatz überzeugt schon systematisch nicht; ein Versuch „zweiter Klasse" ohne Rücktrittsmöglichkeit ist dem Strafrecht fremd[434].

Aber auch die einzelnen Argumentationsstränge sind in sich nicht schlüssig. Sofern die Autoren der Ansicht sind, die *Vollendungslösung* lasse den Täter für einen Erfolgseintritt haften, den er nicht (mehr) gewollt habe, der „tatplanwid-

---

431 Vgl. *Schliebitz*, S. 104f.
432 Beide Beispiele vgl. *Schliebitz*, S. 105.
433 Vgl. *Schliebitz*, S. 106.
434 Ausführlich siehe bereits oben Teil 2 § 7 B. II. 3. b

rig" eingetreten sei[435], so widerspricht diese Annahme den allgemeinen Vorsatzregeln. Bereits § 8 S. 2 StGB verdeutlicht, dass der tatbestandsmäßige Vorsatz jedenfalls nicht bis zum Zeitpunkt des Erfolgseintritts durchgehalten werden muss. Es kommt für die Vollendung somit allein darauf an, ob der Täter den Erfolgseintritt bei Vornahme der Tathandlung gewollt hat, sein Verhalten nach der Versuchsbeendigung ist irrelevant[436]. Der verwirklichte Erfolg ist demnach gerade nicht tatplanwidrig, er entspricht vielmehr exakt dem Wollen des Täters zum Tatzeitpunkt[437]. Ein Mangel des voluntativen Vorsatzelements liegt mithin nicht vor.

Auch wird die subjektive Zurechnung nicht durch das Verhinderungsbemühen des Täters unterbrochen. Wie oben bereits mehrfach ausgeführt, knüpft die Zurechnung allein an die Tathandlung an, nicht aber an die Revokationshandlung. Der strafrechtliche Vorwurf richtet sich nicht gegen die gescheiterte Rettung, sondern gegen die unerlaubte Gefahrschaffung[438]. Um mit *Lenckner*[439] zu sprechen: ein Bombenleger wird bestraft, weil er die Bombe eingebaut hat, und nicht, weil er sie nicht ausbauen konnte. Der Vollendungslösung kann schließlich auch nicht entgegengehalten werden, reiner Zufall (Erfolgseintritt oder Ausbleiben des Erfolges) entscheide über Strafbarkeit oder Straffreiheit. Vielmehr knüpft die Zurechnung an ein vom Täter planmäßig gesetztes Risiko an[440].

Die *Versuchslösung* ist ergo auch beim beendeten Versuch abzulehnen.

b. Zur überwiegenden Auffassung

Richtigerweise geht die überwiegende Ansicht von einer Vollendungsstrafbarkeit beim *misslungenen Rücktritt* vom beendeten Versuch aus.

Dass auch die Theorie vom abweichenden Kausalverlauf beim *misslungenen Rücktritt* nicht zielführend ist, wurde bereits oben dargestellt[441].

Maßgebliches Abgrenzungskriterium muss auch in dieser Konstellation das kognitive Vorsatzelement, die *Erfolgsvoraussicht*, sein[442]. Diese weist der Täter im Stadium des beendeten Versuchs aber auf. Er befindet sich gerade nicht im

---

435 Vgl. *Bottke*, S. 558.
436 Vgl. z. B. *Schliebitz*, S. 101; *Knörzer*, S. 274ff.
437 Vgl. auch *Roxin*, § 30 Rn. 132; *Wolter*, Leferenz-FS, 545, 547ff; *Schliebitz*, S. 101; *Knörzer*, S. 275.
438 Vgl. Roxin Rn. 132, Schliebitz S. 101, Knörzer S. 275.
439 Vgl. *Lenckner*, Gallas-FS, 281, 292f.
440 Vgl. *Schliebitz*, S. 102f, *Knörzer*, S. 275.
441 Siehe bereits oben Teil 2 § 7 B. II. 2.b.
442 Siehe bereits oben Teil 2 § 7 B. II. 2. b.

Irrtum über die Erfolgsgeneigtheit seines bisherigen Tuns, sondern er ist sich dessen bewusst, dass sein Tatbeitrag zum Erfolgseintritt führen wird. An einem tatbestandsmäßigen Vorsatz ist daher beim beendeten Versuch nicht zu zweifeln.

c. Zu *Schliebitz*

Schliebitz' Auffassung überzeugt. Allerdings statuiert sie, wie *Knörzer* bereits zutreffend festgestellt hat[443], keine Ausnahme von der *Vollendungslösung*. Vielmehr ergeben sich die von *Schliebitz* gezogenen Schlüsse schon aus den allgemeinen Vorsatzregeln. Vertraut der Täter bereits bei Vornahme der Tathandlung fest auf die Revozierbarkeit, so nimmt er den Erfolgseintritt nicht in sein Wissen und Wollen auf, er hält ihn nicht für möglich. Es fehlt an der Mindestvoraussetzung des voluntativen Vorsatzelements, der billigenden Inkaufnahme des Erfolges. Damit liegt nicht einmal dolus eventualis vor. Der Täter ist nur wegen (bewusster) Fahrlässigkeit zu bestrafen, weil er fest darauf vertraut, der Erfolg werde nicht eintreten. Daher kommt schon kein Versuch und damit auch kein Rücktritt in Frage.

4. Zwischenergebnis zur subjektiven Zurechenbarkeit

Auch in der Konstellation des *misslungenen Rücktritts* vom beendeten Versuch verbleibt die *Erfolgsvoraussicht* als einzig taugliches Abgrenzungskriterium. Da der Täter im Gegensatz zur Situation beim unbeendeten Versuch die Gefahrgeneigtheit seines Handelns erkannt hat, steht der Annahme eines tatbestandsmäßigen Vorsatzes nichts im Wege. Der Täter unterliegt gerade keinem Irrtum über die Wirksamkeit des bereits Getanen.

Die überwiegende Ansicht, den Täter wegen vollendeter Tat zu bestrafen, verdient Zustimmung[444].

C. Schuldebene

Auch im Rahmen des *misslungenen Rücktritts* vom beendeten Versuch will *Klöterkes* ihre Lösung des „Rücktrittsirrtums" auf der Schuldebene anwenden[445].

---

443 Vgl. bereits *Knörzer*, S. 276.
444 Vgl. bereits oben Teil 2 § 8 B. II. 3. b.
445 Vgl. *Klöterkes*, S. 146ff.

Auch hier irre der Täter über eine Voraussetzung eines Entschuldigungsgrundes, nämlich die Wirksamkeit der Rücktrittshandlung.

I. Lösungsansatz von *Klöterkes*

Wie bereits im Rahmen des unbeendeten Versuchs dargestellt[446], ordnet *Klöterkes* den Rücktritt vom Versuch als *Entschuldigungsgrund* ein. Wegen der Motivationslage und der Verminderung des Handlungsunwerts sei die Situation des Täters mit der beim entschuldigenden Notstand bei § 35 StGB zu vergleichen. Indem der Täter die Wirksamkeit seiner Rücktrittshandlung überschätze, unterliege er einem Irrtum über die tatsächlichen Voraussetzungen eines Entschuldigungsgrundes. Die Behandlung solcher Irrtümer regle aber bereits § 35 Abs. 2 StGB. Deshalb sei hier eine Analogie zum „Entschuldigungsirrtum" zu ziehen, i. e. es sei anhand der Vermeidbarkeit des Irrtums zu differenzieren.

Als Rechtsfolge schlägt Klöterkes eine Modifikation des § 35 Abs. 2 StGB vor: bei Vermeidbarkeit wird die Strafe obligatorisch gemildert, bei Unvermeidbarkeit haftet der Täter noch wegen fahrlässiger Erfolgsverursachung.

II. Stellungnahme

Gegen den Ansatz *Klöterkes'* lassen sich die bereits zum unbeendeten Versuch vorgebrachten Argumente anbringen[447].

Nach der hier vertretenen Ansicht stellen die §§ 23f. StGB bereits keinen Entschuldigungsgrund dar, sondern vielmehr einen Strafaufhebungsgrund[448]. Zudem fehlt es an einer planwidrigen Regelungslücke, so dass für eine Analogie kein Raum bleibt. Die Problematik ist bereits über die allgemeinen Zurechnungsregeln auf Tatbestandsebene zu lösen. Nach der hier vertretenen subjektivierten Abgrenzung der Versuchsstadien[449] ist ein „Rücktrittsirrtum" schon begrifflich unmöglich.

Der Ansatz *Klöterkes'* ist daher auch beim beendeten Versuch abzulehnen[450]. Eine Lösung der Problematik kann nur auf der Tatbestandsebene gelingen.

---

446 Ausführlich zu *Klökerkes'* Argumentation siehe oben Teil 2 § 7 C. I.
447 Ausführlich siehe bereits oben Teil 2 § 7 C. II.
448 Vgl. die überwiegende Auffassung: z. B. *Lackner/Kühl*, § 24 Rn.1; S/S-*Eser*, § 24 Rn. 4; *Fischer*, § 24 Rn.2.
449 Vgl. z. B. *Gropp*, § 9 Rn. 66; *Knörze*r, S. 247.
450 Vgl. auch *Knörzer*, S. 279f.

D. Strafzumessungsebene

Im Gegensatz zu der Konstellation des unbeendeten Versuchs[451] ist beim *misslungenen Rücktritt* vom beendeten Versuch der Täter wegen eines vollendeten Delikts zu bestrafen. Daher ist hier die Frage legitim, ob das ernsthafte Rücktrittsbemühen des Täters nicht zumindest im Rahmen der Strafzumessung Berücksichtigung finden kann.

Hierbei werden dieselben Argumente wie bereits beim unbeendeten Versuch angeführt[452].

I. Überblick

Auch beim beendeten Versuch wird eine analoge Anwendung der Vorschriften über die tätige Reue nicht ernsthaft in Betracht gezogen. Zwar kann man beim beendeten Versuch nicht einwenden, die Abwendung der Gefahr verlange ein Mehr an Tätigkeit als die geleistete Rücktrittshandlung; in dieser Konstellation erbringt der Täter durch seine Rettungsbemühungen immerhin eine aktive und nicht nur eine passive Leistung. Allerdings stehen der Ausnahmecharakter der Vorschriften über die tätige Reue und die mangelnde Vergleichbarkeit einer Analogie entgegen[453].

Da ein vollständiges Absehen von Strafe offensichtlich nicht in Frage kommt, wird der Versuch unternommen, das Strafmaß wenigstens über die §§ 46ff StGB herabzusenken. Dabei wird sowohl eine Milderung gemäß § 46 Abs. 2 StGB direkt[454] wie dem Rechtsgedanken nach[455], als auch nach § 46a StGB vertreten.

II. Stellungnahme

Gegen eine analoge Anwendung der Vorschriften über die tätige Reue können die bereits an anderer Stelle angebrachten Argumente herangezogen werden[456]. Es besteht weitestgehend Einigkeit darüber, dass der Ausnahmecharakter der

---

451 Siehe oben Teil 2 § 7
452 Siehe oben Teil 2 § 7 D.
453 Vgl. schon LK-*Lilie/Albrecht*, § 24 Rn. 59; *Lenckner*, Gallas-FS, 281, 293f; *Rau*, S. 214f; *Römer*, S. 95f, 167f.
454 Vgl. *Rau*, S. 215f.
455 Vgl. *Römer*, S. 96.
456 Siehe bereits oben Teil 2 § 7 D. I./III.

Vorschriften eine Übertragbarkeit auf andere Delikte ausschließt[457]. Zudem könnte man argumentieren, dass schon keine planwidrige Regelungslücke anzunehmen sei, da die Problematik über die allgemeinen Regeln von Versuch und Vollendung zu lösen sei.

Eine Lösung über den Täter-Opfer-Ausgleich nach § 46a StGB kann aus den bereits oben genannten Gründen abgelehnt werden[458].

Dass eine Strafmilderung im Rahmen der Strafzumessung zu erfolgen hat, wird einhellig vertreten[459]. Nur auf dieser Ebene kann und muss der Revokationsversuch des Täters entsprechend gewürdigt werden.

Dem Vorschlag, die Rücktrittsbemühungen des Täters als Nachtatverhalten im Sinne des § 46 Abs. 2 StGB zu sehen, als Bemühen, den Schaden wiedergutzumachen, kann entgegengehalten werden, diese Vorschrift greife nur bei bereits vollendeter Tat ein. Beim *misslungenen Rücktritt* geht es dagegen nicht um Schadenswiedergutmachung, sondern um Verhinderung des Schadens[460]. Dieses berücksichtigend, fordern einige Autoren, was nach der Vollendung gelte, müsse davor erst recht anwendbar sein[461]. Auch könne man dem Täter beim beendeten Versuch nicht vorhalten, er habe sich nicht aktiv genug um die Schadensvermeidung gekümmert. Deshalb müsse der § 46 Abs. 2 StGB zumindest analog herangezogen werden[462].

Eine Analogie ist an dieser Stelle aber unnötig. Denn nach überwiegender Meinung ist die Aufzählung der Zumessungstatsachen in § 46 Abs. 2 StGB nur exemplarisch und nicht abschließend[463]. Demnach kommt § 46 Abs. 2 StGB unmittelbar zur Anwendung[464].

E. Zwischenergebnis zum misslungenen Rücktritt vom beendeten Versuch

Auch beim *misslungenen Rücktritt* vom *beendeten* Versuch scheitert eine Lösung auf Rücktrittsebene an § 24 Abs. 1 S. 1 2. Alt StGB[465].

---

457 Vgl. LK-*Lilie/Albrecht*, § 24 Rn. 59; *Lenckner*, Gallas-FS, 281, 293f; *Rau*, S. 214f; *Römer*, S. 95f, 167f.
458 Siehe bereits oben Teil 2 § 7 D. III.
459 Vgl. nur *Fischer*, § 24 Rn. 46; LK-*Lilie/Albrecht*, § 24 Rn. 52; *Schmidhäuser*, § 11 Rn. 74; *Lenckner*, Gallas-FS, 281, 293; *Römer*, S. 95ff; *Rau*, S. 215f; *Schliebitz*, S. 90, 103; *Knörzer*, S. 272, 276.
460 Siehe bereits oben Teil 2 § 7 D III.
461 Vgl. *Römer*, S. 96f; *Rau*, S. 216f.
462 Vgl. *Römer*, S. 96.
463 Vgl. z. B. *Fischer*, § 46 Rn. 56.
464 In diese Richtung geht auch die Entscheidung BGHSt 31, 171, 176, in welcher dem Täter zu Gute gehalten wurde, dass er nach Beendigung der Tat den Tatentschluss aufgab.
465 Siehe oben Teil 2 § 8 A. III.

Im Rahmen der objektiven Zurechnung sind dieselben Regeln wie bereits beim unbeendeten Versuch anzuwenden. Weder das Rücktrittsbemühen des Täters noch das Eingreifen des Opfers oder Dritter in den Kausalverlauf unterbrechen den Zurechnungszusammenhang, solange sich im Erfolgseintritt noch das vom Täter gesetzte Erstrisiko verwirklicht[466].

Ist der Zurechnungszusammenhang jedoch unterbrochen, richtet sich der Rücktritt des Täters nach § 24 Abs. 1 S. 2 StGB[467].

Auch bei dieser Variante kann die Lösung der Problematik nur auf der Ebene des subjektiven Tatbestands erfolgen. Dabei hat sich die überwiegende Meinung, welche eine Strafbarkeit wegen vollendeten Delikts fordert, zu Recht durchgesetzt. Im Gegensatz zum unbeendeten Versuch mangelt es dem Täter gerade nicht am kognitiven Vorsatzelement, der *Erfolgsvoraussicht*[468]. Der Täter unterliegt keinem Irrtum über die Erfolgsgeneigtheit seiner bisherigen Tathandlung.

Die Strafe kann allerdings nach § 46 Abs. 2 StGB gemildert werden[469].

§ 9 Zwischenergebnis zum misslungenen Rücktritt

Bei der Fallgruppe des *misslungenen Rücktritts* ist eindeutig zwischen der Konstellation des unbeendeten und der des beendeten Versuchs zu differenzieren.

Als Kernproblem dieser Thematik hat sich die Frage nach dem Vorliegen des kognitiven Vorsatzelements, der *Erfolgsvoraussicht*, herauskristallisiert. Beim *unbeendeten* Versuch[470] verkennt der Täter, dass er durch seine Handlung bereits ein gefahrgeneigtes Risiko setzt. Er hält es nicht für möglich, dass der Erfolg allein aufgrund seines bisherigen Tatbeitrags eintreten könnte. Daher unterliegt er einem *Irrtum* über die Wirksamkeit des bereits Getanen. Beim *beendeten* Versuch hingegen verfügt der Täter über diese Vorstellung. Von einer Irrtumsproblematik ist daher nur beim *misslungenen Rücktritt* vom unbeendeten Versuch auszugehen.

Aufgrund dieser Vorüberlegungen rechtfertigt es sich, den Täter des *misslungenen Rücktritts* vom unbeendeten Versuch nur wegen Fahrlässigkeit haften zu lassen, beim beendeten Versuch aber wegen vollendeter Tat.

Im Ausgangsfall war das Landgericht daher zutreffend von einer Verurteilung wegen fahrlässiger Herbeiführung einer Sprengstoffexplosion nach § 308 Abs. 6

---

466   Siehe oben Teil 2 § 8 B. I. 2. d.
467   Siehe oben Teil 2 § 8 B. I. 3. b.
468   Siehe oben Teil 2 § 8 B. II. 4.
469   Siehe oben Teil 2 § 8 D. II.
470   Siehe oben Teil 2 § 7.

StGB ausgegangen, weil der Angeklagte durch das Verschließen des Gashahns wirksam vom unbeendeten Versuch zurückgetreten war.

Es bleibt nunmehr zu untersuchen, ob das Fehlen des kognitiven Vorsatzelements auch den Vergleichsgruppen eigentümlich ist, sodass diese auch als *Irrtumsproblematiken* einzuordnen wären. Wenn dieses der Fall wäre, wäre ein gemeinsamer Lösungsansatz für alle Fälle der „Diskongruenz von Kausalverlauf und Vorsatz" möglich und sinnvoll.

Teil 3: Vergleichsgruppen

Nachdem in **Teil 2** für die Rechtsfigur des *misslungenen Rücktritts* ein (vorläufiges) Ergebnis präsentiert wurde, soll diese im Folgenden weiteren Fallgruppen der *Diskongruenz von Tatverlauf und Vorsatz* gegenübergestellt werden. Dadurch soll ermittelt werden, ob für diese Fallgruppen eine einheitliche Systematik herausgebildet werden kann.

Als Vergleichsgruppen sollen hierbei die Problematiken des *error in persona vel obiecto*, der *aberratio ictus*, des *dolus generalis* und des *vorzeitigen Erfolgseintritts* herangezogen werden. Diese Aufzählung ist nur exemplarisch und soll keineswegs den Anspruch auf Vollständigkeit erheben; zweifelsohne sind noch weitere Fälle der Diskongruenz von Kausalverlauf und Vorsatz denkbar[471]. Eine Beschränkung auf die hier gewählten Fallgruppen findet allein deshalb statt, weil diese nicht nur Gegenstand zahlreicher Diskussionen in der Literatur, sondern auch von ober- und höchstrichterlicher Rechtsprechung waren und sind[472] und daher die Untersuchung dieser Fallkonstellationen auch für die Praxis einen Erkenntnisgewinn darstellen kann.

Grob lassen sich die folgenden Fallgruppen wiederum in zwei Kategorien einteilen: erstens Konstellationen, in welchen der Erfolg bei einem anderen Objekt als von Täter zum Zeitpunkt der Tathandlung vorausgesehen und gewollt eintritt (in diese Gruppe gehören der *error in persona vel obiecto* und die *aberratio ictus* mit ihren Folgeproblemen) und zweitens Konstellationen, in welchen der Erfolg zu einem früheren oder späteren Zeitpunkt als vom Täter zum Zeitpunkt der Tathandlung vorausgesehen und gewollt eintritt, namentlich der *dolus generalis* und der *vorzeitige Erfolgseintritt*.

Aus Gründen der Anschaulichkeit werden in der weiteren Darstellung der *error in persona vel obiecto* sowie die *aberratio ictus* als „Irrtümer über das Objekt des Erfolgseintritts" und *dolus generalis* und *vorzeitiger Erfolgseintritt* als „Irrtümer über den Zeitpunkt des Erfolgseintritts" bezeichnet.

Bereits an dieser Stelle ist vorauszuschicken, dass von diesen vier Fallkonstellationen allein der *error in persona vel obiecto* bezüglich seiner Rechtsfolgen in

---

471 Siehe nur die oftmals pauschal unter der Kategorie „Irrtum über den Kausalverlauf" zusammengefassten Fallbeispiele wie z. B. den „Brückenpfeilerfall", ausführlich unten Teil 3 § 11 B. II. 2.
472 Z. B. zum *error in persona vel obiecto*: Preußisches Obertribunal, GA 7, 332ff; BGHSt 37, 214; zur *aberratio ictus*: RGSt 3, 384; RGSt 58, 27ff; BGHSt 9, 240ff; zum *dolus generalis*: OGHSt 2, 285; BGHSt 14, 193; zum *vorzeitigen Erfolgseintritt* RG DStR 39, 177; BGH GA 55, 123; BGH NStZ 02, 475; BGH NJW 02, 1057.

Literatur und Rechtsprechung unumstritten ist[473]. Bezüglich der anderen Fallkonstellationen finden sich teilweise gleich mehrere Lösungsansätze.

Der Versuch, mehrere der vorgenannten Fallkonstellationen über ein einheitliches Kriterium zu lösen, wurde bereits verschiedentlich unternommen. So wendet die Rechtsprechung beispielsweise ihr „Wesentlichkeitskriterium[474]" nicht nur auf den *misslungenen Rücktritt*[475], sondern auch auf die *aberratio ictus*[476], den *dolus generalis*[477] und den *vorzeitigen Erfolgseintritt*[478] an. In der Literatur sind beispielsweise die Ansätze von *Wolter*[479], *Herzberg*[480] („sinnliche Wahrnehmung") und *Roxin*[481] („Tatplankriterium") zu nennen.

Ziel des Vergleichs der Fallgruppen ist es daher, herauszuarbeiten, ob diese tatsächlich über ein einheitliches Kriterium zu lösen sind, d. h. ob es sich ebenfalls um beachtliche Irrtumsproblematiken wie den *misslungenen Rücktritt* vom unbeendeten Versuch handelt, bei welchem das kognitive Vorsatzelement defizitär ist oder ob sich aus dem Vergleich der Fallgruppen noch über die Erörterung in § 7 und § 8 herausgehende Erkenntnisse ergeben, welche die dort gefundenen Ergebnisse zum *misslungenen Rücktritt* vom beendeten und unbeendeten Versuch verifizieren oder falsifizieren.

In § 10 sollen zunächst die *Irrtümer über das Tatobjekt* dargestellt werden. § 11 befasst sich schließlich mit den *Irrtümern über den Zeitpunkt des Erfolgseintritts*, zu welchen letztendlich auch der *misslungene Rücktritt* gezählt werden kann[482].

§ 10 Die Irrtümer über das Objekt des Erfolgseintritts

Die Kategorie der Irrtümer über das Tatobjekt beinhaltet die Konstellationen des *error in persona vel obiecto* und der *aberratio ictus* mit ihren Folgeproblemen.

Gemein ist diesen Fallgruppen, dass Tatverlauf und Vorsatz dergestalt voneinander abweichen, dass der Täter nach seiner Vorstellung ein bestimmtes Objekt angreifen wollte („Vorstellungs"- oder „Motivobjekt"), der zurechenbare Taterfolg aber bei einem anderen Objekt eintritt („Verletzungsobjekt"). Die Ur-

---

473 Dazu siehe unten Teil 3 § 11 A.
474 Z B. BGHSt 7, 325, 329; 9, 240.
475 Siehe bereits oben Teil 2 § 7 B II. 2. a.
476 Vgl. BGHSt 9, 240ff.
477 Vgl. BGHSt 14, 193, 194.
478 Vgl. BGH GA 55, 123; BGH NStZ 02, 475.
479 Vgl. *Wolter*, Leferenz-FS, S. 545, 547; *ders*. ZStW 89, 652ff; *ders*. GA 06, 406ff.
480 Vgl. *Herzberg*, ZStW 85, 882ff.
481 Vgl. *Roxin*, Würtenberger-FS, 114ff.
482 Dazu siehe unten Teil 3 § 11 B.

sache für diese Diskrepanz ist jedoch in beiden Fällen eine andere und stellt den maßgeblichen Unterschied dar.

Den „klassischen" *error in persona vel obiecto*, wie er den beiden zu diesem Problem veröffentlichten höchstrichterlichen Entscheidungen"[483] zu entnehmen ist, bildet folgender Geschehensablauf: Der Täter will einen bestimmten Menschen X („Motivobjekt") töten. Nachdem er einen Menschen („Angriffsobjekt") sinnlich wahrgenommen hat, von welchem er ausgeht, es handele sich um X, schießt er auf diesen und tötet ihn. Der Getötete („Verletzungsobjekt") ist aber, wie sich später herausstellt, nicht X, sondern der völlig unbeteiligte Y, den der Täter (wegen Dunkelheit, physiognomischer Ähnlichkeit etc.) nur für den X gehalten hatte. Der Täter unterliegt mithin einer *Personenverwechslung*, welche dazu führt, dass er nicht das Motivobjekt, sondern ein anderes Objekt angreift, das Angriffsobjekt. Der Verletzungserfolg tritt dann beim Angriffsobjekt ein, Angriffs- und Verletzungsobjekt sind mithin identisch, Motiv- und Angriffsobjekt nicht.

Auch bei der „klassischen" Konstellation[484] der *aberratio ictus* findet sich die Trias aus Motivobjekt, Angriffsobjekt und Verletzungsobjekt, allerdings in anderer Beziehung. Bei der „Abirrung des Stoßes" wendet der Täter den Angriff gegen das von ihm einwandfrei identifizierte Motivobjekt X, der Erfolg tritt jedoch durch eine *Abweichung des Kausalverlaufs* bei einem anderen Objekt Y ein[485]. Klassisches Beispiel ist der Täter, welcher mit einer Schusswaffe auf seinen Feind X anlegt, dessen Schuss jedoch fehlgeht und den danebenstehenden unbeteiligten Y trifft. Hier sind im Gegensatz zum *error in persona* Motivobjekt und Angriffsobjekt identisch, der Erfolg verfehlt dieses jedoch und tritt beim Verletzungsobjekt ein.

Bereits diese Grundkonstellationen bereiten in ihrer rechtlichen Bewertung Schwierigkeiten. Beim *error in persona* ist zwar die Rechtsfolge Vollendungsstrafbarkeit unumstritten, ihre Begründung aber nicht[486]. Diese Meinungsdifferenz wirkt sich auf die strafrechtliche Beurteilung der *aberratio ictus* aus; teilweise wird eine Gleichbehandlung mit dem *error in persona* gefordert[487].

Während sich bei dieser Frage immerhin nur vier Lösungsansätze gegenüberstehen, gehen die Meinungen bezüglich Fallgestaltungen, welche jenseits des „klassischen" *error in persona* bzw. der *aberratio ictus* liegen, weit auseinander.

---

483 „Rose-Rosahl-Fall" (Preußisches Obertribunal GA 7, 332ff); „Hoferbenfall" (BGHSt 37, 214) näheres siehe unten Teil 3 § 10 A. I.
484 Rechtsprechung siehe unten Teil 3 § 10 B. I.
485 Zur Abgrenzung von *error in persona* und *aberratio ictus* bereits *Loewenheim*, JuS 66, 310ff.
486 Siehe unten Teil 3 § 10 A. I./II.
487 Siehe unten Teil 3 § 10 B. II.

Gerade für die Fälle der *Distanzdelikte*[488], bei welchen der Täter das Tatobjekt gerade nicht sinnlich wahrnehmen konnte, und bei der Frage nach der *Haftung des Hintermanns bei Irrtümern des Vordermanns* [489] findet sich eine Vielzahl unterschiedlicher Lösungsangebote.

Aus Gründen der Übersichtlichkeit sollen zunächst unter **A.** und **B.** nur die „klassischen" Fälle des *error in persona* und der *aberratio ictus* besprochen werden. Erst danach wird unter **C.** und **D.** auf jene Fallgruppen, deren Einordnung umstritten ist (Distanzdelikte und Anstiftungsproblematik), eingegangen.

A. Der error in persona vel obiecto

Die Problematik des *error in persona vel obiecto* (Irrtum über die Person oder das Objekt) stellte sich das erste Mal im Rahmen des sogenannten „Rose-Rosahl-Falles" in den 50er Jahren des 19. Jahrhunderts[490]. Rund 130 Jahre später hatte der BGH mit dem „Hoferbenfall"[491] einen Fall mit beinahe identischem Sachverhalt zu entscheiden. In beiden Fällen ging es um eine klassische Personenverwechslung: ein Auftraggeber hatte einen Mittelsmann angestiftet, ein bestimmtes „Zielobjekt" zu töten. Dabei hatte der Auftraggeber dem Mittelsmann das Opfer sowohl hinsichtlich äußerer Merkmale als auch dahingehend beschrieben, dass es zu einem bestimmten Zeitpunkt an einem bestimmten Ort erscheinen würde. Der Mittelsmann tötete jedoch einen unbeteiligten Dritten, welcher rein zufällig zu der beschriebenen Zeit am beschriebenen Ort war.

Diese beiden höchstrichterlichen Entscheidungen gelten als Standardfälle des *error in persona (vel obiecto)*. Seit dem „Hoferbenfall" mussten sich deutsche Gerichte eher selten mit der Problematik in ihrer Reinform beschäftigen, allerdings sind in der Literatur zahlreiche Beispielsfälle auch außerhalb der Tötungsdelikte gebildet worden[492].

So ähnlich wie die Sachverhalte fiel auch das Urteil der beiden höchsten Gerichte (wenn auch mit unterschiedlicher Begründung) im Ergebnis aus: in beiden Fällen wurde der Schütze wegen vollendeter Tat verurteilt[493].

Diese Rechtsfolge ist heute – hinsichtlich der Strafbarkeit des Mittelsmannes – unbestritten. Umstritten ist allerdings die Grundlage für die Annahme eines tatbestandsmäßigen Vorsatzes.

---

488 Siehe unten Teil 3 § 10 C.
489 Siehe unten Teil 3 § 10 D.
490 Vgl. Preußisches Obertribunal GA 7, 332.
491 Vgl. BGHSt 37, 214.
492 Vgl. nur LK-*Vogel*, § 16 Rn. 74ff; *Fischer*, § 16 Rn. 6ff; *Wessels/Beulke*, Rn. 247ff; *Baumann*, § 21 Rn. 10ff; *Jakobs*, 8. Abschnitt Rn. 82; *Kühl*, § 13 Rn. 18ff.
493 Zur Frage der Strafbarkeit des Anstifters siehe unten Teil 3 § 10 D.

Nach einhelliger Ansicht ist beim *error in persona (vel obiecto)* hinsichtlich der Rechtsfolge lediglich dahingehend zu differenzieren, ob die Verwechslung *gleichwertig* oder *ungleichwertig* war, i. e. ob Motivobjekt und Angriffsobjekt derselben tatbestandlichen „Gattung" angehörten. Waren beide Objekte Menschen, so wird von einem ausreichenden Vorsatz ausgegangen[494]. Wollte der Täter jedoch nach seinem Tatplan ein gattungsmäßig anderes Objekt verletzen (z. B. der Wilderer W schießt auf ein vermeintliches Reh im Gebüsch, tatsächlich trifft er aber den Förster F, der sich dort versteckt hielt), so ist nur ein (untauglicher) Versuch bezüglich des Motivobjekts in Kombination mit einer fahrlässigen Verletzung des Angriffsobjekts anzunehmen, denn der Täter hatte keinen Vorsatz hinsichtlich der Tötung oder Verletzung eines Menschen. Der Vorwurf der Fahrlässigkeit ist ihm jedoch trotzdem zu machen, da ein Schuss auf ein nicht sichtbares sondern nur vermutetes Ziel (Reh im Gebüsch) nicht der verkehrsüblichen Sorgfalt entspricht[495].

Beim *gleichwertigen error in persona*, ob seiner Rechtsfolge auch als *unbeachtliche* Objektsverwechslung bezeichnet, („error in persona vel obiecto non nocet") liegt nach einhelliger Ansicht hingegen im Angriff auf das Angriffsobjekt kein zusätzlicher Versuch bezüglich des Motivobjekts[496]. Denn im Zeitpunkt des unmittelbaren Ansetzens war nach der Vorstellung des Täters nur das von ihm sinnlich wahrgenommene Angriffsobjekt in die unmittelbare Gefahrnähe gerückt, das Motivobjekt, welches sich zumeist nicht einmal in der Nähe des Tatorts aufhalten wird, war bei der Konstellation des *error in persona* nicht objektiv gefährdet. Zudem hat sich der Vorsatz des Täters in dem Angriff auf das Angriffsobjekt erschöpft; er wollte nur *einen* Menschen töten. Ein darüber hinaus gehender Vorsatz bezüglich des Motivobjekts kann ihm nicht unterstellt werden.[497]

Die Rechtsfolge beim gleichwertigen *error in persona* ist mithin unumstritten. Dem Täter wird die Verletzung des Angriffsobjekts/Verletzungsobjekts als vorsätzlich zugerechnet; dass sich sein Tatplan vor der Ausführung der Tathandlung auf das Motivobjekt bezog, ist *unbeachtlich*. Dabei ist zu fragen, woraus sich die Annahme des Vorsatzes rechtfertigt. Zur Begründung finden sich zwei Lösungsansätze.

---

494 Zur Begründung siehe unten Teil 3 § 10 A. I./II.
495 Vgl. z. B. *Fischer*, § 16 Rn. 5; S/S-*Sternberg-Lieben*, § 15 Rn. 59; LK-*Vogel*, § 16 Rn. 74; *Wessels/Beulke*, Rn. 247f.
496 Vgl. nur *Wessels/Beulke*, Rn. 249; *Noack*, S. 15.
497 Vgl. für alle *Wessels/Beulke*, Rn. 249.

I. Die Gleichwertigkeitstheorie

Nach dieser Ansicht, welche neben *Puppe*[498] auch von *Schroth*[499] und *Kuhlen*[500] vertreten wird, indiziert bereits die tatbestandliche Gleichwertigkeit von Motiv- und Verletzungsobjekt den tatbestandlichen Vorsatz.

Die Unbeachtlichkeit des *error in persona* soll aus der Irrtumsregelung des § 16 StGB resultieren. Nach dieser Vorschrift kann nur ein Irrtum, welcher sich auf Tatbestandsmerkmale bezieht, den Vorsatz ausschließen. Der Täter muss sich also über Umstände irren, welche zum gesetzlichen Tatbestand des jeweiligen Delikts gehören. Irrtümer, die sich auf außertatbestandliche Merkmale beziehen, berühren den Vorsatz dagegen nicht[501].

Zum gesetzlichen Tatbestand des § 211 StGB beispielsweise gehöre aber allein die Qualifikation des Opfers als Mensch; der Täter müsse einen *Menschen* töten wollen. Die *Identität* dieses Menschen, ob es sich als um den X oder den Y handele, sei dagegen ein außertatbestandliches Merkmal[502].

Wenn nun aber der Erfolg anstatt beim Motivobjekt beim Angriffsobjekt eintrete, so habe der Täter trotzdem einen Menschen getötet. Da die Identität des Verletzungsobjekts für den Tatbestand des § 211 StGB keine Rolle spiele, dürfe es im Ergebnis keinen Unterschied machen, ob der Täter seinen Widersacher X oder den Unbeteiligten Y getroffen habe. Der Täter habe einen Menschen töten wollen und dieses Ziel auch erreicht[503]. Dass der Täter gar kein Motiv zur Tötung des Y gehabt hat, ihm dessen Tod unter Umständen vollends ungelegen kam[504], ändere nichts an der Beurteilung. Die Beweggründe des Täters seien eben als außertatbestandlicher *Motivirrtum* unbeachtlich.

Dadurch soll dem Täter allerdings kein „genereller" Tötungsvorsatz unterstellt werden nach der Art, er habe *irgendeinen* Menschen töten wollen und auch *irgendeinen* Menschen getötet. Gegen diesen Vorwurf wehrt sich diese Ansicht vehement, die Bezeichnung „Gleichwertigkeitstheorie" wird daher von ihren Anhängern als irreführend abgelehnt[505]. Dem Täter soll keinesfalls Beliebigkeit unterstellt werden, es wird anerkannt, dass er nur einen *bestimmten* Menschen töten wollte.

Nach dem oben Gesagten soll diese Festlegung auf ein bestimmtes Zielobjekt, auf einen bestimmten Menschen, aber gerade irrelevant für den Tatbestand der

---

498 Vgl. *Puppe*, GA 81, 1ff.
499 Vgl. *Schroth*, S. 100ff.
500 Vgl. *Kuhlen*, S. 479ff.
501 So einhellige Auffassung, siehe unten Teil 3 § 10 A. II.
502 So einhellige Auffassung, siehe unten Teil 3 § 10 A. II.
503 Vgl. *Puppe*, GA 81, 1, 3ff; *Schroth*, S. 104f; *Kuhlen*, S. 492f.
504 Vgl. z. B. den „Verfolgerfall" BGHSt 11, 268, 270.
505 Vgl. *Puppe*, GA 81, 1, 3.

§§ 211ff StGB sein. Tatbestandsmerkmal der Tötungs- und Körperverletzungsdelikte ist allein die *Gattung* Mensch als Tatobjekt. So sollen die Vorschriften über den Lebensschutz eben generell das Rechtsgut Leben schützen und nicht das Leben eines bestimmten Menschen. Voraussetzung der §§ 211ff StGB sei eben allein die Verletzung *irgendeines* Menschen (*Gattungsvorsatz*), nicht eines *bestimmten*. Daher müsse für die Beurteilung der Strafbarkeit auch unerheblich sein, ob der Täter diesen bestimmten Menschen (Verletzungsobjekt) habe töten wollen oder einen anderen[506].

Richtig müsste die zentrale Aussage dieser Ansicht folglich lauten: Wollte der Täter einen *bestimmten* Menschen töten und hat er auch *irgendeinen* Menschen getötet, so handelte er vorsätzlich, auch wenn der getötete Mensch nicht mit dem bestimmten Menschen identisch war.

Die Strafbarkeit des Täters soll demnach aus der gattungsgemäßen Gleichheit von Motiv- und Verletzungsobjekt resultieren.

II. Die Konkretisierungstheorie

Die wohl von der überwiegenden Mehrheit[507] vertretene *Konkretisierungstheorie* geht zunächst von derselben Prämisse wie die Gegenansicht aus. Auch ihre Anhänger sind der Auffassung, die Identität des Verletzungsobjekts könne als außertatbestandliches Merkmal nur einen unbeachtlichen Motivirrtum begründen[508].

Ihre Annahme eines Vorsatzes bezüglich des Verletzungsobjekts wollen sie allerdings nicht allein aus der gattungsmäßigen Übereinstimmung der Objekte herleiten. Zwar sei insoweit zuzustimmen, dass es für den Schutzzweck der §§ 211ff StGB keinen Unterscheid machen könne, welcher bestimmte Mensch getötet werde, hinsichtlich des tatbestandsmäßigen Vorsatzes sei jedoch zu prüfen, ob der Täter das Verletzungsobjekt mit Wissen und Wollen gefährdet habe. Allein die Annahme, der Täter habe einen Menschen getötet, was er ja schließlich auch gewollt habe, vermöge noch keinen Vorsatz bezüglich des Verletzungsobjekts zu begründen.

---

506 Vgl. *Puppe*, GA 81, 1, 3ff; *Schroth*, S. 104ff.
507 Siehe nur LK-*Vogel*, § 16 Rn. 74; *Fischer*, § 16 Rn.6; S/S-*Sternberg-Lieben*, § 15 Rn. 59; SK-*Rudolphi*, § 16 Rn. 29; NK-*Puppe*, § 16 Rn. 93; *Wessels/Beulke*, Rn. 247ff; *Baumann*, § 21 Rn. 10; *Jakobs*, 8. Abschnitt Rn. 82; *Kühl*, § 5 Rn. 18ff; *Kindhäuser*, § 27 Rn. 40ff; *Roxin*, § 12 Rn. 193ff; *Noack*, S. 4ff; *Schlehofer*, S. 170ff; *Grotendiek*, S. 91; *Prittwitz*, GA 83, 114ff.
508 Z. B. LK-*Vogel*, § 16 Rn. 74; *Fischer*, § 16 Rn. 6; NK-*Puppe*, § 16 Rn. 93; *Wessels/Beulke*, Rn. 247; *Jakobs*, 8. Abschnitt Rn. 82; *Kühl*, § 5 Rn. 18; *Roxin*, § 12 Rn. 193.

Dass sich der Vorsatz des Täters beim *error in persona* gerade (und auch nur) auf das Angriffs-/Verletzungsobjekt richte, soll vielmehr aus den Umständen des Tatverlaufs zu schließen sein. Durch die *sinnliche Wahrnehmung* des Angriffsobjekts habe der Täter dieses nämlich als alleiniges Vorsatzobjekt bestimmt. Im Moment des unmittelbaren Ansetzens habe sich sein Tötungsvorsatz allein auf das in diesem Augenblick vor ihm befindliche Objekt gerichtet; nur dieses Objekt habe er verletzen wollen. Aufgrund dieser *raum-zeitlichen Konkretisierung* habe der Täter letztendlich genau das Objekt getroffen, gegen welches sich sein Angriff richtete[509]. Mit anderen Worten: der Täter hat genau den Menschen, den er anvisiert hat, auch getötet[510]. Dafür spricht auch, dass der Täter zunächst davon ausgehen werde, sein Ziel (Tötung des Motivobjekts) erreicht zu haben, bis er auf die Personenverwechslung aufmerksam werde[511].

Der Vorsatz resultiere demnach nicht aus der gattungsmäßigen Übereinstimmung von Motiv- und Verletzungsobjekt, sondern allein aus der Identität von Angriffs- und Verletzungsobjekt[512].

III. Stellungnahme

Beide Ansichten führen letztlich zum selben Ergebnis (Vollendungsstrafbarkeit). Wie sich im Folgenden allerdings zeigen wird[513], hat die Gegenüberstellung beider Ansätze jedenfalls bei der Rechtsfigur der *aberratio ictus* sehr wohl Gewicht, da sie dort zu unterschiedlichen Ergebnissen führt. Da zur Begründung dieser Ergebnisse die Argumentation zum *error in persona* herangezogen wird, erscheint es sinnvoll, bereits an dieser Stelle kurz auf die einzelnen Ansätze einzugehen.

Zunächst muss man mit der überwiegenden Ansicht zu der Einsicht gelangen, dass der *error in persona* nicht als Irrtum über den Kausalverlauf zu qualifizieren ist[514]. Denn wie oben bereits aufgezeigt, liegt dieser Konstellation gerade kein abweichender Kausalverlauf zugrunde. Im Erfolg realisiert sich ohne Änderung der Kausalkette die vom Täter geschaffene Gefahr, er tritt erwartungsgemäß genau auf die vom Täter intendierte Weise ein; nur das getroffene Objekt hat ei-

---

509 Vgl. z. B. LK-*Vogel*, § 16 Rn. 74; *Fischer*, § 16 Rn. 6; NK-*Puppe*, § 16 Rn. 93; *Wessels/Beulke*, Rn. 247; *Jakobs*, 8. Abschnitt Rn. 82; *Kühl*, § 5 Rn. 18; *Roxin*, § 12 Rn. 193.
510 Vgl. *Fischer*, § 16 Rn. 5, *Kühl*, § 5 Rn. 18ff; *Roxin*, § 12 Rn. 193ff.
511 Argument u. a. von *Kühl*, § 5 Rn. 26.
512 Vgl. ausdrücklich z. B. *Wessels/Beulke*, Rn. 247; *Kindhäuser*, § 27 Rn. 40.
513 Siehe unten Teil 3 § 10 B.
514 Zustimmend *Baumann*, § 21 Rn. 10; *Noack*, S. 12; *Rath* 1996, S. 10; anderer Ansicht z. B. *Puppe*, GA 81, 1, 3.

ne andere Identität[515]. Der Täter irrt sich folglich nicht über die Kausalität, sondern bereits über die Auswahl des Zielobjekts, auf welches sich der Kausalverlauf beziehen soll. Dafür spricht auch das bereits oben angeführte Argument, der Täter würde sein Ziel für erreicht halten, bis er die Personenverwechslung bemerkt.

Der unbestrittenen Qualifizierung der Identität des Opfers als außertatbestandliches Merkmal, welches § 16 StGB nicht unterfällt, ist nichts entgegenzuhalten. Der *error in persona* wird zutreffend als *unbeachtlicher* „Motivirrtum" eingeordnet.

Sofern der *Gleichwertigkeitstheorie* vorgeworfen wird, sie unterstelle dem Täter einen „generellen" Vorsatz bezüglich sämtlicher Objekte einer Gattung[516], beruht diese Auslegung auf einem Missverständnis. Wie bereits oben ausgeführt[517] sind die Anhänger dieser Theorie keineswegs der Auffassung, im Entschluss, einen konkreten Menschen zu töten, sei immer auch der abstrakte Vorsatz zur Tötung jedes beliebigen Menschen enthalten. Es wird anerkannt, dass die Tötung des Verletzungsobjekts für den Täter nicht von Interesse sein mag. So „will" der gedungene Mörder selbstverständlich nur die Zielperson töten, da nur deren Tötung das Honorar einbringt. Unter Umständen kann dem Täter die Tötung einer anderen Person als des Motivobjekts auch äußerst ungelegen kommen[518], so z. B., wenn statt des vermeintlichen Feindes ein Familienmitglied getroffen wird.

Vor diesem Hintergrund erscheint die Argumentation der *Gleichwertigkeitstheorie* allerdings etwas vage. Denn ihr gelingt es nicht überzeugend darzulegen, warum der Täter, der eigentlich X töten wollte, nun Vorsatz bezüglich der Tötung Y`s gehabt haben soll. Der Wortlaut der §§ 211ff StGB kann hierbei nicht als Anknüpfungspunkt dienen; Straftatbestände müssen notgedrungen abstrakt gehalten werden.

Dementsprechend ist allein die Begründung der *Konkretisierungstheorie* überzeugend.

Genau durch den Akt der *raum-zeitlichen Konkretisierung* wird der Vorsatz des Täters quasi auf das Angriffsobjekt „übertragen". Ziel seiner Tat ist nun nicht mehr das Motivobjekt, sondern gerade das Angriffsobjekt. Dieses hat er auch verletzt bzw. getötet.

---

515 Vgl. bereits *Noack*, S. 12.
516 Vgl. z. B. die Darstellung der *Gleichwertigkeitstheorie* bei LK-*Vogel*, § 16 Rn. 74, *Roxin*, § 12 Rn. 194.
517 Siehe oben Teil 3 § 10 A. I.
518 Vgl. z. B. „Verfolgerfall" BGHSt 11, 268 270: Die Täter eines bewaffneten Raubüberfalls hatten vorher abgesprochen, nötigenfalls auf Verfolger zu schießen. Auf der Flucht schoss einer der Täter auf einen vermeintlichen Verfolger, welcher sich allerdings als sein Mittäter entpuppte.

Nur das Abstellen auf die raum-zeitliche Konkretisierung vermag die Annahme des Vorsatzes bezüglich des Angriffsobjekts überzeugend zu begründen. Der Täter hat eben nicht nur ein Objekt verletzt, welches mit dem Motivobjekt identisch war; er hat vielmehr gerade dasjenige Objekt, gegen welches sich sein Angriff richtete, getroffen. Die Konkretisierungstheorie erspart sich durch ihre Argumentation umständliche Erklärungen zum Gattungsvorsatz und stellt lieber auf das objektiv wahrnehmbare äußere Tatgeschehen ab.

IV. Ergebnis zum error in persona vel obiecto

Da beim *error in persona vel obiecto* der tatbestandsmäßige Vorsatz zum Zeitpunkt der Tathandlung vorlag und auch im Laufe der Tat nicht abgeändert wird, handelt es sich bei dieser Konstellation streng genommen um keinen Fall der Diskongruenz von Tatverlauf und Vorsatz.

Der Täter irrt sich hierbei auch nicht über den Kausalverlauf oder die Wirksamkeit seines bisherigen Tatbeitrags, sondern trifft nur im Vorfeld noch vor dem unmittelbaren Ansetzen zur Tathandlung (z. B. Schuss), also bereits im Vorbereitungsstadium, eine falsche Objektauswahl; denn der Irrtum des Täters erfolgte bereits bei der Auswahl des Zielobjektes. Zum gemäß § 8 S. 2 StGB für eine Strafbarkeit maßgeblichen Zeitpunkt der Tathandlung hatte der Täter seinen Vorsatz aber auf das Angriffsobjekt konkretisiert. Daher kann man auch nicht von einem *Tatbestands*irrtum sprechen, da die fehlerhafte Auswahl bereits im Vorbereitungsstadium getroffen wurde. Da der Erfolg jedoch genau bei jenem Tatobjekt, welches der Täter raum-zeitlich konkretisiert hatte, eintritt, steht einer Verurteilung wegen vorsätzlicher Begehung nichts entgegen.

In dieser Konstellation entspricht der Erfolgseintritt voll und ganz dem Tatentschluss des Täters; er hat dasjenige Objekt, zu dessen Verletzung er unmittelbar angesetzt hat, auch getroffen. Der Tatverlauf war also gerade deckungsgleich mit dem subjektiven Tatbeststand; eine Diskongruenz von Tatverlauf und Vorsatz liegt in dieser Fallgruppe nicht vor. Hierin liegt der Unterschied zum *misslungenen Rücktritt*, welcher gerade hinsichtlich des subjektiven Tatbestands defizitär ist, also einen „Irrtum über die Wirksamkeit des bereits Getanen" beinhaltet.

Der Irrtum des Täters ist insofern als bloßer Motivirrtum unbeachtlich. Obwohl beide hier dargestellten Lösungsansätze zu diesem Ergebnis führen, erscheint die *Konkretisierungstheorie* in ihrer Argumentation überzeugender[519].

---

519 Siehe oben Teil 3 § 10 A. III.

B. Die aberratio ictus

Im Gegensatz zum *error in persona vel obiecto* beschreibt die klassische Konstellation der *aberratio ictus* eine Abirrung des Angriffs *ohne* Personenverwechslung[520].

Beispielsweise will der Täter A den B, welchen er auch einwandfrei als solchen identifiziert, erschießen, sein Schuss verfehlt jedoch das anvisierte Ziel und trifft zufällig den danebenstehenden C.

Anders als beim *error in persona vel obiecto* stimmen also gerade Angriffs- und Verletzungsobjekt nicht überein; der Angriff des Täters richtet sich vielmehr gegen das Motivobjekt. Der Täter visiert folglich genau dasjenige Objekt an, welches er nach seinem Tatplan auch treffen wollte; der Erfolg tritt nur bei einem anderen Objekt ein.

Hinsichtlich der rechtlichen Bewertung dieser Rechtsfigur haben sich zwei kontradiktorische Lösungsansätze entwickelt, von denen einer bisweilen modifiziert wird. Da sich beide Meinungen aus den bereits im Rahmen des *error in persona* dargestellten Ansichten[521] entwickelt haben und deren Argumentationsstränge weiterführen, könnte man sie weiterhin als „Gleichwertigkeitstheorie" und „Konkretisierungstheorie" führen. Da diese Namensgebung jedoch bisweilen als irreführend oder präjudiziell aufgefasst wird[522], bietet sich eine neutrale, lösungsorientierte Terminologie an. Entsprechend dem jeweilig postulierten Ergebnis soll im Folgenden die überwiegende Auffassung als *Versuchslösung*[523], die Gegenansicht als *Vollendungslösung*[524] tituliert werden.

Bevor eine detaillierte Auseinandersetzung mit den beiden Ansätzen erfolgen kann, sollte zunächst noch auf einige Abwandlungsfälle der „klassischen" *aberratio ictus* hingewiesen werden, von denen einige hinsichtlich der Lösung unstreitig, andere wiederum umstritten sind.

Einigkeit besteht hinsichtlich der Beachtlichkeit der „ungleichwertigen" *aberratio ictus*[525]. Gehörten das Motiv-/Angriffsobjekt und das Verletzungsobjekt nicht derselben tatbestandsmäßigen Gattung an, so gilt nichts anderes als beim tatbestandlich „ungleichwertigen" *error in persona,* da sich der Vorsatz des Täters nur auf ein der einen Gattung zugehöriges Objekt bezog. Hatte der Täter also wie im obigen Beispiel auf ein Reh angelegt und traf der Schuss tatsächlich ein

---

520 Grundlegend zur Unterscheidung vgl. bereits *Loewenheim*, JuS 66, 310ff.
521 Siehe bereits oben Teil 3 § 10 A. I./II.
522 Vgl. z. B. *Puppe*, GA 81, 1, 3.
523 Siehe unten Teil 3 § 10 B. III.
524 Siehe unten Teil 3 § 10 B. II.
525 Vgl. nur LK-*Vogel*, § 16 Rn. 78; *Roxin*, § 12 Rn. 162; *Kühl*, § 5 Rn. 29; *Hettinger*, GA 90, 531, 535; *Noack*, S. 20; *Puppe*, GA 81, 1, 18.

Gebüsch, in welchem sich der Förster versteckt gehalten hatte, so wäre er nur wegen fahrlässiger Tötung des F zu verurteilen[526].

Ebenfalls unumstritten, allerdings mit unterschiedlichen Begründungen, ist die Fallgestaltung der fehlgehenden Notwehr[527]. Verfehlt die erforderliche und angemessene Notwehrhandlung den Angreifer und trifft stattdessen einen unbeteiligten Dritten, so haftet der sich Wehrende höchstens wegen fahrlässiger Verletzung des Letzteren; der Versuch hinsichtlich des Angreifers war schließlich gerechtfertigt[528].

Treffen *error in persona vel obiecto* und *aberratio ictus* im selben Sachverhalt zusammen, so soll diese Konstellation nach einhelliger Auffassung als Fall der *aberratio ictus* behandelt werden[529]. Auch eine solche Koinzidenz von Personenverwechslung und Abirrung ist nicht ganz fernliegend. So ist denkbar, dass der Täter dem A auflauert, um diesen zu töten, in der Dunkelheit jedoch den B für A hält und auf diesen anlegt, der Schuss allerdings den B verfehlt und statt dessen den daneben stehenden C trifft.

Nach der *„Vollendungslösung"*, welche *error und persona* und *aberratio ictus* gleich behandeln will, ist diese Konstellation nicht anders zu beurteilen als die klassischen Fälle.

Nach der *„Versuchslösung"* liegt hier nur ein Fall der *aberratio ictus* vor; allein maßgeblich sei, dass der Täter das anvisierte Ziel verfehlt habe, die Personenverwechslung wirke sich daher nicht aus[530]. Innerhalb dieser Theorie umstritten ist allerdings die Konstellation, in welcher die Abirrung schließlich zufällig das Motivobjekt trifft. Wäre im eben genannten Beispiel das Motivobjekt A in Begleitung des B am Tatort erschienen, hätte der Täter den B für A gehalten und auf diesen angelegt, den B jedoch verfehlt und den A getroffen[531], so könnte man dem Täter entgegenhalten, letztendlich sein Ziel erreicht zu haben. Dieses berücksichtigend wollen einige Stimmen in der Literatur den Täter wegen vorsätzlichen Delikts bestrafen[532]. Andere wollen keine Ausnahme von der Rechtsfolge

---

526 Außerdem wegen Wilderei in Form des „Nachstellens" und eventuellen Verstößen gegen das WaffenG.
527 Siehe dazu auch Teil 3 § 10 B. I. 2.
528 Vgl. bereits RGSt 58, 27ff; ebenfalls S/S-*Sternberg-Lieben*, § 15 Rn. 57; *Roxin*, § 12 Rn. 162; *Jakobs*, 8. Abschnitt Rn. 81; *Koriath*, JuS 97, 901, 904; NK-*Puppe*, § 16 Rn. 101.
529 Vgl. S/S-*Sternberg-Lieben*, § 15 Rn. 57; *Wessels/Beulke*, Rn. 257.
530 Vgl. S/S-*Sternberg-Lieben*, § 15 Rn. 57; *Wessels/Beulke*, Rn. 257.
531 Zur Illustration des Zusammentreffens von *error in persona* und *aberratio ictus* könnte man auch die berühmten Rechtsprechungsfälle abwandeln. So könnte z. B. der Sohn im „Hoferbenfall" von den Mordplänen seines Vaters gewusst haben und bewusst ein anderes „Opfer" zum Tatort geschickt haben, während er sich selbst im Gebüsch versteckte, um das Geschehen zu beobachten. Der Schuss verfehlte aber den „Köder" und traf den Hoferben selbst.
532 Vgl. z. B. S/S-*Sternberg-Lieben*, § 15 Rn. 57; *Schroth,* S. 104.

der *aberratio ictus* zulassen, da die Abirrung nur *zufällig* das Motivobjekt getroffen hatte[533].

Klar von der *aberratio ictus* zu trennen sind solche Varianten der Abirrung, in welchen es dem Täter nicht auf die Verletzung eines konkreten, individualisierten Objekts ankommt, sondern die Miteinbeziehung gleichwertiger Objekte von vornherein geplant oder in Kauf genommen wurde. Als Beispiel kann hier der Bombenleger genannt werden, dem es gleich ist, ob durch die Explosion der Passant A oder der Passant B getötet wird[534]. Ebenfalls in diese Kategorie gehört das „Schneeballbeispiel"[535]: Ein Schuljunge wirft einen Schneeball nach dem erstbesten Passanten. Duckt sich dieser jedoch mit dem Ergebnis, dass der hinter ihm Stehende getroffen wird, so ist auch dieses vom Vorsatz des Werfers umfasst.

Solche Fälle, bei welchen es dem Täter nicht auf die Identität des Opfers ankommt, kann man über den „dolus eventualis" bzw. den „dolus alternativus" lösen, je nachdem, ob der Täter die Verletzung anderer Objekte in Kauf genommen oder gar einkalkuliert hat[536]. Ist die Verletzung anderer Objekte beinahe genauso wahrscheinlich wie die des Angriffsobjekts, so wird ein Eventualvorsatz regelmäßig anzunehmen sein.

Trotzdem sollte die Abgrenzung zwischen der *aberratio ictus* und diesen Konstellationen nicht vorschnell und pauschal erfolgen. Vielmehr sollte im Einzelfall jeweils geklärt werden, ob der Täter tatsächlich hinreichenden Vorsatz aufweist.

I. Rechtsprechung

Bevor eine Streitentscheidung hinsichtlich der *aberratio ictus* erfolgen kann, sollen zunächst exemplarisch einige grundlegende höchstrichterliche Entscheidungen zu dieser Rechtsfigur vorgestellt werden.

---

533 Vgl. z. B. *Wessels/Beulke*, Rn. 257.
534 Beispiel vgl. *Loewenheim*, JuS 66, 310, 312; NK-*Puppe*, § 16 Rn. 102.
535 Vgl. z. B. *Roxin*, § 12 Rn. 162.
536 Für diese Lösung z. B. *Fischer*, § 16 Rn. 6; *Wessels/Beulke*, Rn. 256; *Roxin*, § 12 Rn. 162,166; *Kühl*, § 5 Rn. 29; *Hettinger*, GA 90, 531, 535; *Noack*, S. 24; *Schlehofer*, S. 172.

1. Der „Kellenwurffall"[537]

Der „Kellenwurffall" von 1881 beschreibt einen der ersten Fälle zur *aberratio ictus*, die beim Reichsgericht zur Entscheidung anstanden.

Laut Sachverhalt hatte der Angeklagte mit einer Maurerkelle nach seinem Widersacher geworfen, dabei aber einen Unbeteiligten getroffen. Es handelte sich demnach um einen klassischen Fall der *aberratio ictus* („Fehlgehen des Wurfs"). Bereits damals hatte das Gericht eine Verurteilung wegen Vorsatzes und damit eine Gleichstellung mit dem *error in persona* abgelehnt.

2. Der „Notwehrfall"[538]

Diese Reichsgerichtsentscheidung aus dem Jahr 1923 behandelt das oben bereits angesprochene Thema der fehlgehenden Notwehr. Der Angeklagte war von seinem Vermieter mitten in der Nacht in seinem Schlafzimmer tätlich angegriffen worden und versuchte, sich mittels eines Wanderstocks zu wehren. Der Schlag traf jedoch nicht den Angreifer, sondern dessen Ehefrau, welche ihren Ehemann zurückzuhalten versuchte, so unglücklich am Auge, dass diese erblindete.

Das Reichsgericht hatte den Angeklagten von einer Strafbarkeit freigesprochen, da die beabsichtigte Verletzung des Angreifers durch Notwehr gedeckt gewesen sei.[539].

3. Der „Fangbrieffall"[540]

In einer Firma war es wiederholt zu Diebstählen, auch von Geld, gekommen. Daher legte die Polizei sogenannte „Fangbriefe", also Umschläge, welche mit einem roten Farbmittel präpariert waren, das beim Öffnen Spuren hinterließ, aus. Die Angeklagte, eine Angestellte der Firma, wollte den ihr verhassten Prokuristen P in Verdacht bringen und legte einen der Fangbriefe in dessen Schreibtisch. Der Brief wurde jedoch nicht von P, sondern von dessen Sekretärin S geöffnet, welche in Folge dessen von der Polizei verdächtigt wurde.

---

537 Vgl. RGSt 3, 384.
538 Vgl. RGSt 58, 27ff.
539 Weiterhin wurde eine Strafbarkeit wegen fahrlässiger Verletzung der Ehefrau abgelehnt, da der Angeklagte diese im dunklen Zimmer überhaupt nicht wahrgenommen hatte.
540 Vgl. BGHSt 9, 240ff.

Der BGH hatte zunächst entschieden, dass die Tatsache, dass die S anstelle von P verdächtigt worden war, keinen *error in persona*, sondern eine *aberratio ictus* dargestellt habe.

Entgegen der bisherigen Rechtsprechung von RG und BGH sollten die Rechtsfolgen der *aberratio ictus* (Versuch in Tateinheit mit Fahrlässigkeit) jedoch nicht zur Anwendung kommen. Zwar habe der Angriff der Angeklagten offensichtlich sein Ziel verfehlt, indem die S und nicht der P verdächtigt wurde. Schutzgut des § 164 StGB sei jedoch die staatliche Rechtspflege. Damit schütze die Vorschrift nicht den Einzelnen, sondern die Gemeinschaft des Rechtsstaats. Demnach könne es – aus Sicht des betroffenen Rechtsguts – keinen Unterschied machen, ob das Individuum P oder das Individuum S falsch verdächtigt werde. Der von der Angeklagten angestrebte Erfolg, nämlich die Gefährdung der Rechtspflege, sei so oder so eingetreten. Eine wesentliche Abweichung liege auch aus Sicht der Angeklagten nicht vor.

Der BGH kam schließlich zu einer Verurteilung wegen vollendeten Delikts. Diese in der Literatur heftig kritisierte[541] BGH-Entscheidung stellt jedoch keine Wende in der Rechtsprechung dar. Diese Idee der „materiellen Gleichwertigkeitstheorie"[542] wurde in späteren Entscheidungen nicht mehr weitergeführt und kann daher nur als Einzelfallentscheidung angesehen werden.

II. Die Vollendungslösung

Entgegen der gefestigten Rechtsprechung von RG und BGH[543] fordern beachtliche Stimmen in der Literatur die Bestrafung des Täters bei Vorliegen der *aberratio ictus* wegen vollendeter Tat. Die Vertreter dieses Lösungsansatzes sind der Ansicht, die *aberratio ictus* stelle keinen *beachtlichen* Irrtum dar, vielmehr handele es sich auch bei dieser Konstellation um einen bloßen *Motivirrtum* gleich dem *error in persona*. Zum Vorsatz des Täters sei mithin auch die Verletzung des tatsächlich getroffenen Objekts zuzurechnen.

Diese Literaturmeinung zur *aberratio ictus* wird u. a. ausführlich bei *Loewenheim*[544] besprochen. *Puppe*[545] galt lange Zeit als Hauptvertreterin, bevor sie Mitte

---

541 Siehe dazu unten Teil 3 § 10 B. V. 2 zur auf dieser Entscheidung aufbauenden *Materiellen Gleichwertigkeitstheorie.*
542 So benannt nach *Hillenkamp*; siehe unten Teil § 3 10 B. IV.
543 Siehe oben Teil 3 § 10 B. I.
544 Vgl. *Loewenheim,* JuS 66, 310ff.
545 Vgl. grundlegend *Puppe*, GA 81, 1ff; *dies.* GA 84, 101ff; JZ 89, 728ff.

der 90er Jahre ihre Ansicht modifizierte[546]. In jüngerer Zeit sind unter anderem *Kuhlen*[547], *Schroth*[548] und zuletzt *Heuchemer*[549] dieser Meinung beigetreten.

1. Die klassische Gleichwertigkeitstheorie

Die Bezeichnung „Gleichwertigkeitstheorie" mag zwar umstritten sein[550], treffend ist sie trotzdem. Denn sie umschreibt sowohl das Hauptargument dieses Ansatzes, die gattungsmäßige Gleichwertigkeit der Tatobjekte, als auch die Rechtsfolge, nämlich die Gleichbehandlung von *error in persona* und *aberratio ictus*. Die Argumentation leitet sich demnach auch direkt aus der bereits im Rahmen des *error in persona* vorgetragenen Theorie[551] ab.

a. Überblick

Nach dieser Ansicht stellen sowohl der *error in persona* als auch die *aberratio ictus* lediglich unbeachtliche Irrtümer da[552], welche den Vorsatz nicht auszuschließen vermögen. Dabei sollen die beiden Konstellationen nicht nur die gleiche Rechtsfolge nach sich ziehen, sie seien überdies auch strukturell identisch. Die *aberratio ictus* sei demnach nichts weiter als ein *Unterfall des Kausalitätsirrtums*, keinesfalls sei ihr der Status einer eigenständigen Rechtsfigur zuzubilligen[553].

b. Die aberratio ictus als unbeachtlicher Motivirrtum

Seine Argumentation versucht dieser Lösungsansatz auf die Hinzuziehung des Gesetzeswortlauts und wertender Gesichtspunkte, insbesondere aber auf den Vergleich mit der Rechtsfigur des *error in persona,* zu stützen. Daher finden hier viele Argumente, welche bereits zum *error in persona* angeführt wurden, erneut Verwendung.

---

546 Dazu siehe unten Teil 3 § 10 B. II. 2.
547 Vgl. *Kuhlen*, S. 483ff, 492ff.
548 Vgl. *Schroth*, S. 100ff.
549 Vgl. *Heuchemer*, JA 05, 275ff.
550 *Puppe* lehnt diese Terminologie als irreführend ab, siehe GA 81, 1, 3.
551 Siehe oben Teil 3 § 10 A. I.
552 Zur Einordnung des *error in persona vel obiecto* als unbeachtlicher Irrtum siehe bereits oben Teil 3 § 10 A. IV.
553 Vgl. z. B. *Puppe*, GA 81, 1, 20; *Schroth*, S. 104.

Wie bereits beim *error in persona* wird die Irrtumsregelung des § 16 StGB zu Grunde gelegt. Demnach sind Fehlvorstellungen des Täters nur dann beachtlich und schließen den Vorsatz aus, wenn sie sich auf *Tatbestandsmerkmale* beziehen[554]. Tatbestandsmerkmal z. B. der Tötungsdelikte sei aber allein die Zugehörigkeit des Tatobjekts zur *Gattung* Mensch. Die *Identität* des Tatobjekts hingegen sei im Hinblick auf den Rechtsgüterschutz ohne Belang. Selbst wenn sich der Tatplan des Täters zweifelsfrei auf ein bestimmtes, individualisiertes Tatobjekt beziehen sollte und die Verletzung eines anderen, aber gleichwertiges Objekts den Zielen des Täters gerade widersprechen würde, könne diese Tatsache nicht darüber hinwegtäuschen, dass der Täter ein Objekt der tatbestandsmäßigen Gattung habe verletzen wollen und auch verletzt habe[555]. Der Tatbestand beispielsweise der §§ 211ff StGB verlange schließlich nicht mehr, aber auch nicht weniger, als dass ein *Mensch* getötet werde. Diese Voraussetzung sei aber schon dann erfüllt, wenn der Erfolg nicht beim Motivobjekt, sondern bei irgendeinem anderen gleichwertigen Objekt eingetroffen sei. Mit anderen Worten wird die Fixierung des Täters auf ein individuell bestimmtes Motivobjekt als außertatbestandliches und damit rechtlich unerhebliches Merkmal angesehen[556].

Im Ergebnis soll die Konkretisierung des Tatobjekts bei der *aberratio ictus* ebenso wenig von Belang sein wie beim *error in persona*[557].

c. Kritik an der Versuchslösung

Dass eine gewisse Abstraktheit in der Formulierung der Tatbestände des Besonderen Teils des StGB zur Erfassung möglichst vieler Lebenssachverhalte unumgänglich ist und die bloß gattungsmäßige Umschreibung des Tatobjekts im Gesetz daher nicht überinterpretiert werden darf, bestreitet auch die *Vollendungslösung* nicht[558]. Indes stützt sie ihre Argumentation nicht allein auf diesen Gesichtspunkt:

Zum einen werden die bereits oben dargestellten „Bombenleger-" und „Schneeballfälle" zur Illustration eines falschen Vorsatzverständnisses der Gegenansicht herangezogen[559]. Die *Versuchslösung* gehe von einem verengten Vorsatzbegriff aus, wenn sie hervorhebe, der Täter habe nicht das Verletzungsobjekt treffen wollen, sondern das Motiv-/Angriffsobjekt, sei also der Verwechslung er-

---

554 Vgl. z. B. *Puppe,* GA 81, 1, 2.
555 Vgl. z. B. Loewenheim, JuS 66, 310, 312.
556 Ausführlich siehe bereits oben Teil 3 § 10 A. I.; weiterhin *Loewenheim,* JuS 66, 310, 312ff; *Puppe,* GA 81, 1, 2ff; *Heuchemer,* JA 05, 275, 279ff.
557 Vgl. *Loewenheim,* JuS 66, 310, 313; *Puppe,* GA 81, 1, 5ff, *Heuchemer,* JA 05, 275, 279f.
558 Vgl. explizit *Loewenheim,* JuS 66, 310, 312.
559 Vgl. z. B. *Loewenheim,* JuS 66, 310, 312; NK-*Puppe,* § 16 Rn. 102.

legen und habe daher ohne Vorsatz gehandelt[560]. Denn wie diese Beispiele zeigten, sei für die Annahme vorsätzlichen Handelns gerade keine Individualisierung des Tatobjekts von Nöten. Wenn aber in diesen Fällen auf das Vorliegen eines individualisierten Vorsatzes verzichtet werde, so sei nicht logisch begründbar, warum dieses Merkmal bei der *aberratio ictus* eine Rolle spielen solle. Wenn ein individualisierter Vorsatz hier für obsolet gehalten werde, könne er nicht dort als Hauptargument zur Begründung der Strafbarkeit herangezogen werden[561].

Zwar sei der *Versuchslösung* zuzugestehen, dass spontan ein qualitativer Unterschied empfunden werde zwischen der Personenverwechslung des *error in persona*, bei welcher das anvisierte Objekt getroffen werde, und der *aberratio ictus* mit Fehlgehen des Angriffs[562]. Solche „vorstrafrechtlichen" Bewertungen und ergebnisorientierten Überlegungen dürften allerdings keine Grundlage der Argumentation bilden, zumal sie im Gesetzestext keine Stütze fänden[563]. Irrtümer könnten schließlich nicht jenseits der §§ 16 f StGB beliebig generiert werden.

Zum anderen baut die Argumentation der *Vollendungslösung* auf einer systematischen Kritik der Versuchslösung auf:

Insbesondere wird die Einordnung der *aberratio ictus* als *wesentliche Kausalabweichung* kritisiert[564]. Nach den hergebrachten Kriterien zum Kausalitätsirrtum könne von einer wesentlichen Abweichung des Kausalverlaufs nämlich nur dann gesprochen werden, wenn der konkrete Erfolgseintritt außerhalb der Grenzen allgemeiner Lebenserfahrung liege, also vollkommen unvorhersehbar sei[565]. Gerade das sei bei der *aberratio ictus* aber in vielen Fällen nicht der Fall. Oftmals sei für den Täter die Gefahr für andere gleichwertige Objekte absehbar gewesen; gerade an diese Voraussehbarkeit knüpft schließlich die von der *Versuchslösung* geforderte Fahrlässigkeitsstrafbarkeit an. Wer beispielsweise auf eine Person schieße, müsse damit rechnen, dass auch andere Umstehende getroffen werden könnten. Auch soweit die Gegenansicht hinzufüge, die Kausalabweichung sei jedenfalls immer dann als wesentlich anzusehen, wenn der Erfolg bei einem anderen Tatobjekt eintrete[566], so bliebe sie doch eine logische Begründung für diese Annahme schuldig[567]. Hier würden letztendlich wieder Billigkeitsgesichtspunkte in die Argumentation eingebracht.

---

560 Ausführlich siehe unten unter Teil 3 § 10 B. III.
561 Vgl. *Loewenheim*, JuS 66, 310, 312; NK-*Puppe*, § 16 Rn. 102.
562 Vgl. z. B. *Puppe*, GA 81, 1, 14f.
563 Vgl. *Puppe*, JZ 89, 728, 730f.
564 Vgl. z. B. *Puppe*, GA 81, 1, 14f; ebenso *Schroth*, S. 101.
565 Siehe bereits ausführlich Teil 2 § 7 B. I. 1. a.
566 Siehe bereits ausführlich Teil 2 § 7 B. I. 1. a.
567 Vgl. z. B. *Puppe*, GA 81, 1, 14f; ebenso *Schroth*, S. 101.

Gänzlich Abstand zu nehmen von ergebnisorientierten Argumenten vermag allerdings auch die *Vollendungslösung* nicht. Sie erhebt eine Reihe Einwände gegen die Rechtsfolgen der *Versuchslösung* in bestimmten Konstellationen: Insbesondere unbefriedigend sei das *Ergebnis* der *Versuchslösung* (Versuch in Tateinheit mit Fahrlässigkeit) in Konstellationen wie dem „Fangbrieffall", i. e. bei Tatbeständen wie z. B. § 164 StGB, bei welchen weder der Versuch noch die fahrlässige Begehungsweise mit Strafe bedroht sind[568]. Hier würde die Versuchslösung zur Straflosigkeit des Täters führen.

Als ähnlich ungerecht wird die bloße Versuchsstrafbarkeit in den Fällen empfunden[569], in welchen bei einem Zusammentreffen von *error in persona* und *aberratio ictus* zufällig das ursprüngliche Motivobjekt dem Angriff zum Opfer fällt[570]. In diesem Fall würde der Täter nach der Ansicht einiger Anhänger der *Versuchslösung* nur wegen Versuchs bestraft werden, obwohl letztendlich genau der intendierte Erfolg eingetreten sei.

Als ungeeignetes Argument gegen die *Vollendungslösung* erweise sich dagegen der „Notwehrfall". Anhänger der *Versuchslösung* betonen häufig, hier führe die *Vollendungslösung* zu unbilligen Ergebnissen, weil die Handlung gegen das Verletzungsobjekt mangels Angriffs von diesem nicht durch Notwehr gedeckt sei[571]. Diesen Einwand versucht beispielsweise *Puppe*[572] zu entkräften mit dem Hinweis, bei dieser Konstellation unterliege der Täter einem Erlaubnistatbestandsirrtum; dementsprechend wäre auch nach der *Vollendungslösung* nicht von einer Strafbarkeit wegen vollendeten Delikts auszugehen.

Schlussendlich dürfe auch nicht außer Acht gelassen werden, dass die Rechtsfigur der *aberratio ictus* insgesamt unscharf und verschwommen bliebe. Zwar gelinge die Unterscheidung zwischen *error in persona* und *aberratio ictus* in den klassischen Fällen, in welchen der Täter das Opfer *sinnlich wahrnimmt*, unproblematisch. Jenseits dieser Standardfälle aber sei seit jeher die Zuordnung einzelner Sachverhalte zu den Kategorien *error in persona* und *aberratio ictus* heftig umstritten[573]. Eine über den Standardfall hinausgehende Definition der *aberratio ictus* einerseits und des *error in persona* andererseits vermöge auch die *Versuchslösung* nicht zu liefern. Daher rechtfertige sich der Schluss, mangels sauberer Abgrenzbarkeit der Fallgruppen sei eine einheitliche Behandlung von *error in persona* und *aberratio ictus* unerlässlich[574].

---

568 Vgl. bereits *Loewenheim*, JuS 66, 310, 315.
569 Gegen eine Versuchslösung in diesem Fall z. B. *Schroth*, S. 104.
570 Ausführlich siehe bereits oben Teil 3 § 10 B.
571 Nachweise siehe unten Teil 3 § 10 B. III.
572 Vgl. NK-*Puppe*, § 16 Rn. 101.
573 Siehe insbesondere unten Teil 3 § 10 C.
574 Vgl. *Puppe*, GA 81, 1, 3ff, 15ff, *dies*. JZ 89, 728, 730ff; NK, § 16 Rn. 95ff; ebenso *Schroth*, S. 103ff.

d. Rechtsfolge

Im Ergebnis wird somit die Existenz der *aberratio ictus* als eigenständige Rechtsfigur negiert. Es soll sich vielmehr um einen Unterfall des Kausalitätsirrtums handeln, welcher regelmäßig, i. e. wenn sich die Abweichung innerhalb der Grenzen der allgemeinen Lebenserfahrung hält, den Vorsatz nicht auszuschließen vermöge. Da die Identität des Opfers keinen Tatumstand im Sinne des § 16 StGB bilde, sei auch diese Regelung nicht anwendbar. Als unbeachtlicher Motivirrtum soll die *aberratio ictus* gleich dem *error in persona* behandelt werden.

Rechtsfolge der *aberratio ictus* wäre demnach eine Strafbarkeit wegen vollendeten Delikts. Berücksichtigung könnte die Abirrung lediglich im Rahmen der Strafzumessung finden[575].

2. Der modifizierte Ansatz *Puppes*

Während *Puppe* seit den frühen 80er Jahren als hauptsächliche Verfechterin der „Gleichwertigkeitstheorie" galt[576], hat sie ihre Ansicht in späteren Veröffentlichungen[577] modifiziert. Ihr Lösungsansatz bildet insofern eine Annäherung an die überwiegende Auffassung, als sie eine Strafbarkeit wegen nur versuchten Delikts nicht mehr explizit ablehnt[578].

Ohne sich auf eine Diskussion über die Abgrenzbarkeit der *aberratio ictus* vom *error in persona* im Einzelnen einzulassen, beschreibt *Puppe* ihre Ansicht von der Behandlung des *Standardfalls* der *aberratio ictus* (sinnliche Wahrnehmung) als Kausalitätsirrtum[579]. Damit knüpft sie unmittelbar an ihre früheren Ausführungen an[580] und führt diese konsequent weiter.

Dabei zieht sie zur Bestimmung des Vorsatzes ein objektives Kriterium heran, die *Vorsatzgefahr*[581]. Wie bei allen Kausalitätsirrtümern soll allein maßgeblich sein, ob die Abweichung nach allgemeiner Lebenserfahrung vorhersehbar gewesen war oder nicht.

Hielte sich das vom Täter anvisierte Opfer beispielsweise in unmittelbarer Nähe zu anderen Personen auf, so sei selbst für einen geübten Schützen die Möglichkeit, dass der Schuss einen anderen Menschen würde treffen können, ersichtlich. In der Verletzung des Dritten habe sich dementsprechend eine Gefahr, wel-

---

575 Vgl. den Vorschlag *Kuhlens*, S. 493.
576 Vgl. *Puppe*, GA 81, 1ff; dies. GA 84, 101ff; JZ 89, 728ff.
577 Grundlegend vgl. *Puppe* 1992, S. 49ff; dies. NK, § 16 Rn. 95ff; 104ff.
578 Vgl. *Puppe* 1992, S. 49ff; dies. NK, § 16 Rn. 104ff.
579 Vgl. *Puppe* 1992, S. 49ff; dies. NK, § 16 Rn. 104ff.
580 Ausführlich siehe bereits oben Teil 3 § 10 B. II. 1.
581 So bezeichnet bei *Puppe* 1992, S. 49ff; dies. NK, § 16 Rn. 104ff.

che der vorsätzlichen Handlung des Täters innewohnte, verwirklicht, die *Vorsatzgefahr*. Daher müsse es in diesen Fällen bei einer Verurteilung wegen vorsätzlicher Begehung bleiben[582].

Müsse der Täter hingegen nicht mit der Anwesenheit anderer Personen am Tatort rechnen (z. B. in einer unbewohnten Gegend), so träfe ihn lediglich der Vorwurf der Fahrlässigkeit, falls der Erfolg dennoch eintrete. Hier habe der Täter den Kausalverlauf tatsächlich nicht beherrschen können[583].

Der Ansatz *Puppes* baut mithin auf der Argumentation der Vollendungslösung auf, differenziert aber hinsichtlich der Voraussetzungen sowie der Rechtsfolgen.

III. Die Versuchslösung

Die überwiegende Ansicht in der Literatur[584] schließt sich der Sichtweise der Rechtsprechung zur *aberratio ictus* an. Danach sei diese als eigenständige Rechtsfigur anzusehen, die sich strukturell und bezüglich der Rechtsfolgen von der Konstellation des *error in persona* unterscheide. Da ein tatbestandsmäßiger Vorsatz bezüglich des Verletzungsobjekts negiert wird, bleibt es bei einer Strafbarkeit wegen *Versuchs* am Motiv-/Angriffsobjekt, gegebenenfalls in Tateinheit mit *fahrlässiger* Begehung bezüglich des Verletzungsobjekts.

Bereits im „Kellenwurffall"[585] hatte das Reichsgericht die Konstellation der *aberratio ictus* (wenn auch noch nicht unter dieser Vokabel) als den Vorsatz ausschließende Kausalabweichung beschrieben. Eine nicht gewollte Verletzung (des Verletzungsobjekts) dürfe nicht als vorsätzlich zugerechnet werden; denn „der verbrecherische Vorsatz […] setze die Richtung auf ein bestimmtes Objekt voraus "[586]. Gerade das *Verletzungsobjekt* habe der Täter aber nicht angreifen wollen, sein Wille sei allein auf das *Motivobjekt* gerichtet gewesen. Insbesondere rechtfertige auch die gattungsmäßige Gleichwertigkeit der Tatobjekte keine anderweitige Bewertung. Damit spricht sich das Reichsgericht explizit gegen die Theorie des Gattungsvorsatzes aus.

Die Behandlung der *aberratio ictus* als Versuch in Tateinheit mit Fahrlässigkeit wurde vom Reichsgericht und auch dem BGH im Folgenden weiterge-

---

582 Vgl. *Puppe* 1992, S. 50; dies. NK, § 16 Rn. 105.
583 Vgl. *Puppe* 1992, S. 50, 52; dies. NK, § 16 Rn. 106.
584 Vgl. nur LK-*Vogel*, § 16 Rn. 78ff; *Fischer*, § 16 Rn. 6ff; S/S-*Sternberg-Lieben*, § 15 Rn. 57ff; SK-*Rudolphi*, § 16 Rn. 33ff; *Wessels/Beulke*, Rn. 250ff; *Roxin*, § 12 Rn. 160ff; *Kühl*, § 5 Rn. 29ff; *Jakobs*, 8. Abschnitt Rn. 80ff; *Herzberg*, JA 81, 469ff; *Hettinger*, GA 90, 535ff; *Toepel*, JA 96, 886, 887; *Koriath*, JuS 97, 910; *Prittwitz*, GA 83,110, 114ff; *Gropp*, Lenckner-FS, 55ff; *Noack*, S. 20ff; *Schlehofer*, S. 172ff; *Frisch*, S. 616ff.
585 Siehe oben Teil 3 § 10 B. I. 1.
586 RGSt 3, 384.

führt[587] (mit Ausnahme des „Fangbrieffalls"[588]) und gilt als gefestigte Rechtsprechung.

Wie bereits bei der *Vollendungslösung* bildet auch bei der *Versuchslösung* die Unbeachtlichkeit des *error in persona vel obiecto*[589] das Fundament für die Argumentation hinsichtlich der *aberratio ictus*. Wo die *Vollendungslösung* jedoch die Vergleichbarkeit, ja sogar Kongruenz beider Fallgruppen statuiert, stützt sich die *Versuchslösung* gerade auf die strukturelle und wertungsmäßige Unterschiedlichkeit der Sachverhaltskonstellationen[590].

Wie bereits beim *error in persona* dargestellt, nehme der Täter, indem er ein bestimmtes Angriffsobjekt anvisiert, eine *raum-zeitliche Konkretisierung*[591] vor. Allein die Verletzung des Angriffsobjekts sei demnach vom Vorsatz des Täters umfasst. Ein Gattungsvorsatz zur Verletzung eines beliebigen gleichwertigen Objekts könne ihm dagegen nicht unterstellt werden. Insbesondere könne die Figur des Gattungsvorsatzes auch nicht durch Hinzuziehung des Wortlauts des jeweiligen Tatbestands des Besonderen Teils des StGB konstruiert werden; die Abstraktheit dieser Formulierungen sei unerlässlich, um dem Bestimmtheitsgebot Genüge zu tun; eine darüber hinausgehende Schlussfolgerung könne daraus nicht gezogen werden[592].

Auch dass der Literatur Fallgestaltungen bekannt seien, in welchem der Täter das Tatobjekt gerade nicht individualisiert habe („Bombenlegerfälle", „Schneeballfälle"[593]), aber trotzdem der Vorsatz unproblematisch bejaht worden sei, rechtfertige keine anderweitige Beurteilung der *aberratio ictus*. Denn die *Versuchslösung* fordere keinesfalls die Individualisierung des Tatobjekts als Essentialium des Vorsatzes; sie sei lediglich der Ansicht, wo eine solche Konkretisierung vorliege, dürfe sie nicht als unbeachtlich angesehen werden. Denn es bestehe doch ein merklicher Unterschied zwischen den Fällen des Bombenlegers, welchem letztlich egal ist, welcher Passant durch die Explosion verletzt wird, und dem Täter, der seinen Feind töten will und seinen Freund trifft. Während für den einen tatsächlich die Identität des Opfers unerheblich sein möge, bilde sie für den anderen das Leitmotiv seines Handelns. Die Fälle der *aberratio ictus* seinen mithin streng von denen des *dolus eventualis* bzw. *alternativus* zu trennen[594].

---

587 Vgl. nur RGSt 2, 335; 3, 384; 19, 179; 54, 349; BGH 37, 214, 219 (Hoferbenfall).
588 Vgl. BGHSt 9, 240ff; siehe bereits oben Teil 3 § 10 B. I. 3.
589 Siehe bereits oben Teil 3 § 10 A. II.
590 Vgl. explizit z. B. *Toepel*, JA 96, 886, 893; ebenso *Koriath*, JuS 97, 901, 904.
591 Vgl. explizit z.B. *Hettinger*, GA 90, 531, 535; *Frisch*, S. 616f; *Grotendiek*, S. 93.
592 Vgl. z. B. bereits *Noack*, S. 9.
593 Siehe bereits oben Teil 3 § 10 B.
594 Vgl. die gute Argumentation bei *Hsu*, S. 82f.

Doch auch die Annahme eines qualitativen Unterschieds zwischen *aberratio ictus* und *error in persona vel obiecto* basiere nicht hauptsächlich (so der Vorwurf der *Vollendungslösung*[595]) auf „vorrechtlichen Bewertungen" und Billigkeitserwägungen.

Vielmehr weise die *aberratio ictus* im Standardfall der sinnlichen Wahrnehmung des Tatobjekts eine deutlich andere Struktur auf als der *error in persona*[596]:

Während beim *error in persona vel obiecto* der Erfolg auch bei dem tatsächlich anvisierten Objekt eintrete, das *Verletzungsobjekt* also auch *Angriffsobjekt* sei, treffe der Erfolg bei der *aberratio ictus* im Standartfall gerade nicht das Angriffsobjekt. Statt einer Personalunion von Angriffs- und Verletzungsobjekt läge die Einheit von Motiv- und Angriffsobjekt vor. Mit anderen Worten habe der Täter beim *error in persona* genau dasjenige Opfer, auf welches sich sein unmittelbares Ansetzen zur Tathandlung gerichtet habe, auch getroffen; man könne also durchaus sagen, er habe sein Ziel erreicht. Bei der *aberratio ictus* dagegen sei der Angriff fehlgegangen. Zu einem Angriff auf das Verletzungsobjekt habe der Täter nie angesetzt, weder wissentlich noch willentlich. Hinsichtlich des Verletzungsobjekts komme daher höchstens Fahrlässigkeit in Frage.

Dass die Rechtsfolge der *aberratio ictus* in dieser Form den allgemeinen Regeln über die Kausalitätsirrtümer widerspreche[597], bestreitet die *Versuchslösung*. Diese Regeln seien nämlich auf die *aberratio ictus* nicht unmittelbar übertragbar[598]. Diese Rechtsfigur stelle vielmehr einen *Sonderfall der Kausalabweichung*[599] dar. Dass eine Kausalabweichung jedenfalls immer dann als erheblich anzusehen sei, wenn der Taterfolg ein anderes als das *Angriffsobjekt* treffe[600], wird als selbstverständlich vorausgesetzt.

Gegen die *Vollendungslösung* wird des Weiteren vorgebracht, sie führe zuweilen zu unbilligen Ergebnissen, beispielsweise im Fall der fehlgehenden Notwehr[601]. Wenn in solchen Fällen dem Täter ein Vorsatz auch bezüglich des Verletzungsobjekts unterstellt würde[602], würden die Grenzen dieses Rechtfertigungsgrundes eingeengt.

---

595 Vgl. z.B. *Puppe*, JZ 89, 728, 731.
596 Vgl. ausdrücklich *Toepel*, JA 96, 886, 893.
597 Vgl. für die Gegenansicht z. B. *Puppe*, GA 81, 1, 3ff; *Kuhlen*, S. 492; *Schroth*, S. 100.
598 Vgl. auch *Noack*, S. 23; *Gropp*, Lenckner-FS, 55, 60.
599 Vgl. den BGH im Hoferbenfall BGHSt 37, 214, 219.
600 Grundlegend vgl. *Toepel*, JA 96, 886, 890.
601 Vgl. z. B. bei S/S-*Sternberg-Lieben*, § 15 Rn. 57; *Jakobs*, 8. Abschnitt Rn. 81; *Koriath*, JuS 97, 901, 904.
602 Dieser Schluss wird zutreffend auch von der Vollendungslösung *nicht* gezogen; siehe bereits oben Teil 3 § 10 B. II. 1; ebenso auch NK-*Puppe*, § 16 Rn. 101.

Eine Vollendungsstrafbarkeit soll nach einigen Vertretern der Versuchslösung auch dann ausgeschlossen sein, wenn bei Zusammentreffen von *error in persona* und *aberratio ictus* das Verletzungsobjekt mit dem Motivobjekt übereinstimmt, also das Motivobjekt von der Abirrung getroffen wird. Die Übereinstimmung zwischen Motiv- und Verletzungsobjekt entspreche zwar dem Tatplan des Täters, sei für den Täter aber nicht vorhersehbar gewesen. Dass die Abirrung tatsächlich das Motivobjekt und nicht ein beliebiges anderes Objekt getroffen habe, sei vielmehr reiner Zufall[603].

Hinzunehmen sei hingegen, dass die *Versuchslösung* bei Tatbeständen, welche weder den Versuch noch die Fahrlässigkeit unter Strafe stellen, zur Straflosigkeit des Täters führt. Wenn der Gesetzgeber bei manchen Delikten nur die vorsätzliche Begehung für strafwürdig halte, so dürfe man sich über diese Entscheidung nicht hinwegsetzen[604].

Im Ergebnis erkennt die *Versuchslösung* somit die Divergenz zwischen Tatverlauf und Vorsatz bei der *aberratio ictus* im Gegensatz zum *error in persona vel obiecto* als beachtlich an. Dem Täter wird die Verletzung des tatsächlich getroffenen Objekts nicht als vorsätzlich zugerechnet.

IV. Die materielle Gleichwertigkeitstheorie

Neben den beiden klassischen Theorien haben sich mehrere Ansätze herausgebildet, welche die Abgrenzung zwischen *error in persona vel obiecto* und *aberratio ictus* über den Standardfall der sinnlichen Wahrnehmung hinaus verbindlich bestimmen wollen, so z. B. das Tatplankriterium *Roxins*[605] und die Ansätze von *Gropp*[606] und *Hsu*[607]. Auf diese Lösungsansätze, wird im Rahmen der *Distanzdelikte* ausführlich eingegangen werden.

Bereits an dieser Stelle hervorzuheben ist allerdings der Ansatz *Hillenkamps*[608].

Den „Aufhänger" für seine Theorie der *„materiellen Gleichwertigkeit"* bildet die bereits dargestellte Entscheidung des BGH im „Fangbrieffall"[609]. Dort hatte das Gericht ausgeführt, bei der Vorschrift des § 164 StGB stehe der Schutz nicht des Individuums, sondern der staatlichen Rechtspflege im Vordergrund. Daher

---

603 Vgl. mit dieser Schlussfolgerung z. B. *Wessels/Beulke*, Rn. 257; dagegen z. B. S/S-Sternberg-Lieben, § 15 Rn. 57.
604 Vgl. z. B. *Noack*, S. 25.
605 Vgl. *Roxin*, § 12 Rn. 160ff.
606 Vgl. *Gropp*, Lenckner-FS, 55ff.
607 Vgl. *Hsu*, S. 128f, 201ff.
608 Ausführlich vgl. *Hillenkamp*, S. 102ff.
609 Vgl. BGHSt 9, 240, siehe die Darstellung oben Teil 3 § 10 B. I. 3.

könne es im Hinblick auf den Schutzzweck der Norm keinen Unterschied machen, ob die Tat das Angriffsobjekt oder ein anderes gleichwertiges Objekt treffe. In diesem Fall stehe die *aberratio ictus* dem *error in persona vel obiecto* gleich.

Hillenkamp will aus dieser Konstruktion eine allgemeine Regelung für die Handhabung der *aberratio ictus* ableiten.

Zunächst hebt er hervor, dass die Versuchslösung nach seiner Ansicht bisweilen zu unbilligen Ergebnissen führe, insbesondere bei Delikten, welche den Versuch und die fahrlässige Begehung straflos stellen. Hier ergäben sich nach der *Versuchslösung* nicht hinnehmbare Strafbarkeitslücken[610]. Der vom BGH entwickelte Lösungsweg – die Verurteilung wegen vollendeten Delikts, da Schutzzweck des § 164 StGB die Rechtspflege sei und es für eine Rechtsgutverletzung daher nicht auf die Identität des Verdächtigten ankomme – vermöge hingegen diese Lücken zu schließen und so zu befriedigenden Ergebnissen zu führen.

Dabei will *Hillenkamp* jedoch auch keine Lanze für den Gattungsvorsatz brechen; für den Täter eines Tötungsdelikts mache es in der Regel einen immensen Unterschied, ob er das Motivobjekt oder ein beliebiges gleichwertiges Objekt treffe[611]. Es gebe allerdings Tatbestände, für deren Verwirklichung es nicht auf die Identität des Tatobjekts ankomme, es vielmehr bezüglich des Schutzzweckes gleichgültig sei, bei welchem Objekt der Taterfolg eintrete. In diesen Fällen läge eine „materielle Gleichwertigkeit" der Objekte vor[612].

Dieses soll nach *Hillenkamp* bei denjenigen Delikten der Fall sein[613], welche ausschließlich oder vornehmlich Allgemeinrechtsgüter schützen. Dagegen sollen bei Angriffen gegen Personalrechtsgüter die herkömmlichen Regeln über die *aberratio ictus* gelten[614].

Je nach Delikt ist die Rechtsfolge der *aberratio ictus* demnach entweder Versuch in Tateinheit mit Fahrlässigkeit oder Strafbarkeit wegen vollendeter Tat. Ob der Erfolgseintritt dem Täter als vorsätzlich zuzurechnen ist, soll vom jeweilig verwirklichten Straftatbestand abhängen.

---

610 Vgl. *Hillenkamp*, S. 103ff.
611 Vgl. *Hillenkamp*, S. 109f.
612 Vgl. *Hillenkamp*, S. 109ff, 112ff.
613 Vgl. *Hillenkamp*, S. 116ff.
614 Vgl. *Hillenkamp*, S. 113ff.

V. Stellungnahme

1. Zur Vollendungslösung

Obwohl die *Vollendungslösung* durchaus beachtliche Argumente aufweist, vermag sie doch im Ergebnis nicht zu überzeugen.

Zunächst muss festgestellt werden, dass sich die Konstellationen der *aberratio ictus* und des *error in persona vel obiecto* zumindest im *Standardfall* (bei sinnlicher Wahrnehmung) im Sachverhalt deutlich unterscheiden. Zwar mag der Vorwurf der Unschärfe[615] in den Randbereichen dieser Rechtsfiguren gerechtfertigt sein, für die klassischen Fälle des *error in persona vel obiecto* und der *aberratio ictus*, wie sie beispielsweise dem „Hoferbenfall"[616] und dem „Kellenwurffall"[617] zugrunde lagen, findet sich jedoch auf Anhieb eine brauchbare Definition: ein *error in persona vel obiecto* liegt vor, wenn der Täter aufgrund einer *Objektsverwechslung* statt des Motivobjekts ein gleichwertiges Angriffsobjekt anvisiert und der Erfolg bei diesem Objekt eintritt; dagegen handelt es sich um eine *aberratio ictus*, wenn der Täter den Angriff gegen das ggf. vermeintliche Motivobjekt richtet, der Erfolg jedoch ob einer *Abweichung des Kausalverlaufs* bei einem anderen Verletzungsobjekt eintritt. Diese Zuordnung bestreitet auch die *Vollendungslösung* letztendlich nicht. Welche Schlüsse daraus allerdings bezüglich der *Distanzdelikte* zu ziehen sind, muss an dieser Stelle noch nicht geklärt werden[618].

Die Überzeugungskraft der *Vollendungslösung* hängt davon ab, ob man dem Täter der *aberratio ictus* wie beim *error in persona* die Verletzung des tatsächlich getroffenen Tatobjekts als vorsätzlich zurechnen kann. Die *Vollendungslösung* argumentiert hier abermals mit dem *Gattungsvorsatz*. Dieser wurde jedoch bereits für die Rechtsfigur des *error in persona vel obiecto* abgelehnt[619]. Bei der *aberratio ictus* verkennt die Lehre von Gattungsvorsatz zudem, dass der Kausalverlauf einer (wenn auch unter Umständen vorhersehbaren) Abweichung unterliegt. Diese Abweichung findet bei der *Vollendungslösung* gar keine Berücksichtigung.

Dass der Gesetzeswortlaut selbst weder als Anhaltspunkt für noch gegen die Existenz eines Gattungsvorsatzes dienen kann, muss selbst die *Vollendungslösung* einräumen[620]. Doch auch Beispiele wie der „Bombenleger-" oder der

---

615 Vgl. z. B. *Puppe*, GA 81, 1, 3ff; dies. JZ 89, 728, 730; NK, § 16 Rn. 95ff; ebenso *Schroth*, S. 103.
616 Vgl. BGHSt 37, 214ff.
617 Vgl. RGSt 3, 384; siehe auch oben Teil 3 § 10 B. I. 1.
618 Dazu siehe unten Teil 3 § 10 C.
619 Ausführlich siehe oben Teil 3 § 10 A. III.
620 Vgl. bereits *Loewenheim*, JuS 66, 310, 312ff.

„Schneeballfall"[621] führen an dieser Stelle, wie die *Versuchslösung* zutreffend einwendet, nicht weiter. Denn, wie oben bereits ausgeführt, rechtfertigt die Tatsache, dass die Individualisierung des Tatobjekts nicht zwingend nötig ist, nicht auch den Rückschluss, eine solche Konkretisierung müsse auch stets unbeachtlich sein. Die Fälle des *dolus eventualis* bzw. *alternativus* sind daher streng von denen der *aberratio ictus* zu trennen. Nur dann, wenn man zu dem Schluss kommen muss, der Täter habe die Verletzung eines anderen als des Angriffsobjekts zumindest *billigend in Kauf genommen,* darf von einer vorsätzlichen Begehung hinsichtlich des Verletzungsobjekts gesprochen werden. War für den Täter aber die Fixierung auf das Angriffsobjekt essentiell, wäre der Erfolgseintritt beim Verletzungsobjekt z. B. sinnlos oder gar unerwünscht, so kann man ihm keinen diesbezüglichen Vorsatz unterstellen. Wie dünn die Trennlinie zwischen Eventualvorsatz und (bewusster) Fahrlässigkeit mitunter sein kann, zeigt sich bereits durch eine leichte Abwandlung der Beispielsfälle. Dem Schneeballwerfer, der auf den erstbesten Passanten zielt, mag es gleich sein, wenn statt dem A der B getroffen wird, nicht aber, wenn stattdessen seine Mutter, die zufällig um die Ecke kommt, den Schneeball abbekommt.

Dass ein sogenannter „genereller" Vorsatz existiert, heißt demnach nicht, dass ein solcher Gattungsvorsatz stets vorliegen muss.

Dass die *Vollendungslösung* zu unbefriedigenden Ergebnissen führt, zeigt sich im Übrigen auch bei der fehlgegangenen Notwehr[622]. Entgegen der Ansicht *Puppes*[623] kann hier auch nicht eine Strafbarkeit über die Rechtsfigur des Erlaubnistatbestandsirrtums ausgeschlossen werden. Denn der Erlaubnistatbestandsirrtum ist nur dann einschlägig, wenn der Täter irrig von einem Sachverhalt ausgeht, bei dessen tatsächlichem Vorliegen sein Handeln gerechtfertigt wäre[624]. Das wäre beispielsweise der Fall, wenn der Angeklagte im „Notwehrfall" die Ehefrau des Aggressors (ebenfalls) für den Angreifer gehalten und sich ihres Angriffs hätte erwehren wollen.

Auch der modifizierte Ansatz *Puppes* überzeugt in der Konsequenz nicht, denn einige der von ihr geschilderten Sachverhalte könnten bereits nach herkömmlichen Kriterien auf der Ebene der objektiven Zurechnung „ausgefiltert" werden. Je unwahrscheinlicher nämlich die *Vorsatzgefahr* für die Verletzung anderer gleichwertiger Objekte wäre, desto eher müsste man von einer Unvorhersehbarkeit des Kausalverlaufs ausgehen. Wenn der Täter dem potenziellen Opfer in einer unbewohnten Wüste auflauert, der Schuss aber hinter einer Sanddüne einen Beduinen trifft, der sich als einziges anderes menschliches Wesen innerhalb

---

621 Ausführlich siehe bereits oben Teil 3 § 10 B.
622 Ausführlich siehe bereits oben Teil 3 § 10 B.: „Notwehrfall" RGSt 58, 27f.
623 Vgl. NK-*Puppe*, § 16 Rn. 101.
624 Vgl. nur *Fischer*, § 16 Rn. 20ff.

eines Umkreises von mehreren Kilometern aufhält, so muss man einen atypischen Kausalverlauf annehmen.

Doch auch dort, wo die Verletzung eines gleichwertigen Objekts noch innerhalb der allgemeinen Lebenserfahrung liegt, kann das Kriterium *Puppes* lediglich Auskunft über die Strafbarkeit wegen Fahrlässigkeit geben. Ihr Ansatz vermag höchstens zu erklären, warum der Täter den Erfolgseintritt beim Verletzungsobjekt hätte vorhersehen müssen, nicht aber, warum er die Verletzung des Verletzungsobjekts *gewollt* hat. Auf Aussagen bezüglich des Vorliegens eines voluntativen Vorsatzelements will sich *Puppe* auch gar nicht einlassen, da sie dieses Kriterium für unzulänglich hält.

2. Zur materiellen Gleichwertigkeitstheorie

Die Tragfähigkeit von *Hillenkamps* Theorie der *„materiellen Gleichwertigkeit"*[625] erscheint schon insofern fraglich, als sie maßgeblich auf der Entscheidung des BGH im „Fangbrieffall"[626] basiert. Zum einen stellt diese Entscheidung bisher einen Einzelfall dar, zum anderen ist sie in der Literatur auf heftige Kritik gestoßen[627].

Als „Angriffspunkte" sowohl der BGH-Entscheidung als auch *Hillenkamps* Theorie bieten sich logische Schwachstellen an[628].

Selbst wenn man eine Differenzierung anhand des Rechtsgutes zulassen will, erklärt sich dadurch aber noch nicht, warum die Identität des Opfers auch für den Täter erheblich oder unerheblich sein solle. Denn gerade am Wissen und Wollen des Täters muss sich der Vorsatz bemessen. Nun kann man aber nicht sagen, dass es für den Täter einer Körperverletzung wie im „Kellenwurffall" erheblich sei, ob das Motivobjekt oder ein beliebiges anderes getroffen werde, während es der Täterin im „Fangbrieffall" egal sei, ob ihr verhasster Vorgesetzter oder eine völlig unbeteiligte Kollegin Opfer der Verdächtigung geworden sei. Die Täterin wollte hier ebenso eine ganz bestimmte Person schädigen wie der Täter eines Totschlags.

Letztendlich räumt *Hillenkamp* selbst ein, dass „sich die These von der Unvergleichbarkeit höchstpersönlicher Rechtsgutverletzungen und die damit ver-

---

625 Hillenkamp, S. 102ff.
626 Vgl. BGHSt 9, 240; siehe bereits oben Teil 3 § 10 B. I. 3.
627 Ausführlich vgl. *Herzberg*, ZStW 85, 867, 887ff.
628 Ausführlich zu der Thematik vgl. *Herzberg*, ZStW 85, 867, 887ff; ferner *Frisch*, S. 600ff; *Schreiber*, JuS 85, 873, 875.

bundene Absage an die Behauptung der Gleichwertigkeit einer rational zwingenden Begründbarkeit entzieht[629].

3. Zur Versuchslösung

Wie bereits beim *error in persona vel obiecto* vermag allein die *„Konkretisierungstheorie"* zu überzeugen. Nur dieser Ansatz beschreibt den tatbestandsmäßigen Vorsatz zutreffend. Es bleibt daher entsprechend der Rechtsprechung bei einer Strafbarkeit - soweit strafbewehrt -wegen Versuchs am Motiv-/Angriffsobjekt in Tateinheit mit fahrlässiger Begehung bezüglich des Verletzungsobjekts.

Nur diesem Ansatz gelingt es überzeugend, die Eigenheiten der *aberratio ictus* im *Standardfall* herauszuarbeiten und die deutlichen Unterschiede zum *error in persona vel obiecto* zu würdigen: Denn der Unterschied zwischen *error in persona vel obiecto* und *aberratio ictus* liegt nun einmal darin begründet, dass der Täter beim ersten genau jenes Objekt, auf welches sich sein Wissen und Wollen im Zeitpunkt der Tathandlung, also beim unmittelbaren Ansetzen, richtet, auch trifft, während bei der *aberratio ictus* der Erfolg bei einem Tatobjekt eintritt, dessen Gefährdung der Täter zwar gegebenenfalls vorausgesehen, aber nicht gebilligt hat. Bezüglich des *Verletzungsobjekts* hat der Täter mithin nicht einmal unmittelbar angesetzt; wenn aber bereits der Versuch ausscheidet, bleibt für eine Vollendungsstrafbarkeit erst recht kein Raum. Mangels Vorsatzes bleibt nur noch die Annahme von Fahrlässigkeit.

Gleichzeitig kann nicht bestritten werden, dass der Täter bezüglich des Angriffsobjekts zum Versuch unmittelbar angesetzt hat.

Da sich die von der *Versuchslösung* geforderte Rechtsfolge bereits aus den allgemeinen Regeln des Vorsatzes ergibt, sollte darauf verzichtet werden, sich auf „vorstrafrechtliche Bewertungen"[630] zu berufen. Diese Argumentation wird von der *Vollendungslösung* zu Recht kritisiert. Da Billigkeitserwägungen zur Begründung nicht herangezogen werden können, ist auch der Einwand der *Vollendungslösung*, die *Versuchslösung* führe mitunter zu unbefriedigenden Ergebnissen, wenig zielführend. Die gesetzliche Regelung der Versuchsstrafbarkeit ist zu akzeptieren, auch wenn dadurch Strafbarkeitslücken entstehen mögen.

Auf die *Wesentlichkeit der Kausalabweichung* sollte sich die Versuchslösung zur Begründung der Beachtlichkeit der *aberratio ictus* allerdings nicht beziehen. Wie bereits im Rahmen des „misslungenen Rücktritts" dargestellt[631], ist die Leh-

---

629 Vgl. explizit *Hillenkamp*, S. 114.
630 So aber z. B. *Herzberg*, JA 81, 369ff, 470ff, welcher sich auf „Vernunft, Sachgerechtigkeit und Lebensnähe" beruft.
631 Siehe bereits oben Teil 2 § 7 B. II. 2 b.

re vom abweichenden Kausalverlauf viel zu vage, als dass sie als Kriterium heranzuziehen wäre. Zu Recht wenden Anhänger der *Vollendungslösung* und selbst Befürworter der *Versuchslösung*[632] ein, die Einordnung der *aberratio ictus* als wesentliche Kausalabweichung überzeuge nicht. Zumeist wird der Erfolgseintritt beim Verletzungsobjekt nicht außerhalb jeglicher Lebenserfahrung liegen[633]; schließlich knüpft der Vorwurf der Fahrlässigkeit, welcher den Täter der *aberratio ictus* regelmäßig trifft, gerade an die objektive und subjektive Voraussehbarkeit an. Kausalverläufe, die tatsächlich atypisch sind (z. B. das Wüstenbeispiel[634]), würden aber bereits auf der Ebene der objektiven Zurechnung ausscheiden. Soweit bisweilen herausgestellt wird, eine Abweichung bezüglich des Tatobjekts sei stets als wesentlich anzusehen[635], so wird diese Ansicht zwar intuitiv als richtig empfunden, logisch begründet wird sie aber durch ihre Vertreter nicht.

Daher sollte auf die Berufung auf diesen Argumentationsstrang verzichtet werden.

Für die verschiedenen Fallgestaltungen der *aberratio ictus* ergibt sich mithin Folgendes: Im Standardfall ist der Täter wegen *Versuchs* am Angriffsobjekt und *fahrlässiger Begehung* bezüglich des Verletzungsobjekts zu bestrafen (sofern beides strafbar ist).

War die Tathandlung gegen das Angriffsobjekt durch Notwehr gedeckt, so bleibt der Täter bezüglich dieses Objekts straflos, bezüglich des Verletzungsobjektes kommt nach den Umständen des Einzelfalls Fahrlässigkeit in Frage.

Tritt bei einem Zusammentreffen von *aberratio ictus* und *error in persona vel obiecto* der Erfolg *zufällig* beim Motivobjekt, welches nicht das Angriffsobjekt ist, ein (siehe abgewandelter Hoferbenfall[636]), so gilt nichts anderes, als wenn das Verletzungsobjekt nicht das Motivobjekt gewesen wäre. Zwar hat der Täter letztendlich genau das Objekt, welches er nach seinem Tatplan verletzen wollte, auch getroffen; gleichwohl hat er unmittelbar nur auf das Angriffsobjekt angesetzt. Dass der Erfolg hierbei zufällig beim ursprünglichen Motivobjekt und nicht bei einem beliebigen anderen Objekt eingetreten ist, kann dem Täter nicht zugerechnet werden. Zum einen hatte der Täter seinen Vorsatz bereits auf das verfehlte Angriffsobjekt *konkretisiert*. Zum anderen hätte er zwar gegebenenfalls vorhersehen können, dass durch eine Abirrung andere Objekte getroffen werden

---

632 Vgl. z. B. *Prittwitz*, GA 83, 110, 114; *Gropp*, Lenckner-FS, 55, 60.
633 Vgl. *Prittwitz*, GA 83, 110, 114; *Gropp*, Lenckner-FS, 55, 60; ebenso bereits *Noack*, S. 23.
634 Siehe oben Teil 3 § 10 B. II. 2.
635 Vgl. ausführlich *Toepel*, JA 96, 886, 890; ebenso *Mayer*, S. 96.
636 Siehe bereits Fn. 571; Teil 3 § 10 B.

könnten, nicht aber das *Motivobjekt*, welches er ja als Angriffsobjekt vor sich zu sehen glaubte[637].

VI. Ergebnis zur aberratio ictus

Bei der *aberratio ictus* handelt es sich also im Gegensatz zum *error in persona* um einen *beachtlichen* Fall der *Diskongruenz von Tatverlauf und Vorsatz*. Der Täter befindet sich im Irrtum über das Objekt des Erfolgseintritts, nicht aber – wie beim *misslungenen Rücktritt* vom unbeendeten Versuch – über die Wirksamkeit des bisher Getanen.

Der tatbestandliche Erfolg tritt gerade nicht bei demjenigen Tatobjekt, welches der Täter anvisiert hatte (Angriffsobjekt) ein, sondern bei einem anderen (Verletzungsobjekt). Bezüglich des Verletzungsobjekts wies der Täter der *aberratio ictus* gerade keinen Vorsatz auf. Diese Diskrepanz begründet den Unterschied der beiden Fallgruppen.

Weder die klassische *Gleichwertigkeitstheorie* noch der modifizierte Ansatz *Puppes* überzeugen, da sie diese Diskrepanz negieren. Allein die *Versuchslösung* führt zu einer adäquaten Bewertung dieser Fallgruppe[638].

Im Gegensatz zum *error in persona vel obiecto* ist der Täter nur wegen Versuchs am Angriffsobjekt in Tateinheit mit fahrlässiger Begehung hinsichtlich des Verletzungsobjekts zu bestrafen (soweit jeweils strafbar).

Die Kernproblematik des *misslungenen Rücktritts* stellt sich allerdings bei dieser Fallgruppe nicht. Auf die Vorhersehbarkeit des tatsächlichen Erfolgseintritts, also auf das *kognitive* Vorsatzelement, kommt es bei der *aberratio ictus* nicht an, weil die zum Erfolgseintritt führende Handlung bereits aus anderen Gründen, nämlich mangels des Vorliegens des *voluntativen* Vorsatzelements, als unvorsätzlich eingestuft wird. Der Täter wollte nämlich gerade den Erfolgseintritt beim Verletzungsobjekt nicht.

Obwohl es sich also in beiden Fällen um Vorsatzproblematiken handelt, sind die Konstellationen der *aberratio ictus* und des *misslungenen Rücktritts* dennoch nicht vergleichbar.

---

637 Hierbei könnte es sich tatsächlich einmal um eine wesentliche Abweichung vom Kausalverlauf handeln.
638 Siehe oben Teil 3 § 8 B. V. 3.

C. Die Distanzdelikte

Wie bereits oben aufgezeigt[639] bietet die Abgrenzung zwischen *error in persona vel obiecto* und *aberratio ictus* im *Standardfall* keine Schwierigkeiten. Hat der Täter das Angriffsobjekt *sinnlich wahrgenommen*, so kann unterschieden werden, ob er dasjenige Objekt, auf welches er seinen Tatwillen konkretisiert hatte, getroffen oder verfehlt hat.

Doch wie stellt sich die Sachlage dar, wenn der Täter das Angriffsobjekt gerade nicht sinnlich wahrgenommen, sondern auf andere Art und Weise individualisiert hat? Als klassisches Beispiel für diese Konstellation dient der „Autobombenfall" (auch „Sprengfalle")[640]: Der Täter installiert am PKW seines Feindes F einen Sprengsatz, welcher bei Betätigen der Zündung explodieren soll. Tatsächlich benutzt am nächsten Tag nicht der F, sondern dessen Ehefrau E das Fahrzeug und wird durch die Explosion getötet.

Spontan wird man sagen, es müsse sich doch um eine *aberratio ictus* handeln, da sich der Angriff gegen F und nicht gegen E gerichtet habe und insofern fehlgegangen sei. Andererseits hat der Täter den F nicht sinnlich wahrgenommen, sondern ihn nur anhand seines PKW identifiziert. Man kann also ebenso zu dem Ergebnis kommen, es liege eine Personenverwechslung vor, denn es sei hier nicht anders, als wenn der Täter einen Menschen vor sich sähe, den er beispielsweise aufgrund seiner Kleidung für das Motivobjekt halte. Wenn der Täter das Angriffsobjekt nur mittelbar, also durch äußere Umstände - wie die Zugehörigkeit zu bestimmten Gegenständen oder eine bestimmte Stellung im Kausalverlauf - identifiziere, müsse sein Vorsatz jedes gleichwertige Objekt umfassen, welches diese Kriterien erfülle. Im Fall der Autobombe richte sich der Vorsatz des Täters auf den ersten Benutzer des PKW, und das war die E[641].

Somit hängt die Abgrenzung von *error in persona* und *aberratio ictus* bei den sogenannten *Distanzdelikten* (die Bezeichnung rührt daher, dass der Täter im Tatzeitpunkt keinen sinnlichen Kontakt zu dem Tatobjekt hatte, meist nicht einmal am Tatort anwesend war), maßgeblich davon ab, welches Objekt das *Angriffsobjekt* war. Denn an diesem Punkt unterscheiden sich die beiden Rechtsfiguren deutlich: stimmt das Angriffsobjekt mit dem Verletzungsobjekt überein, liegt *error in persona vel obiecto* vor, anderenfalls eine *aberratio ictus*.

Zunächst sollen zur weiteren Illustration der Problematik einige Fallbeispiele aus Rechtsprechung und Literatur vorgestellt werden. Sodann werden verschiedene Ansichten zu der Thematik diskutiert; dabei werden die differenzierten Lö-

---

639 Siehe bereits oben Teil 3 § 10 B. V.
640 Ausführlich siehe unten Teil 3 § 10 C. I. 2.
641 Ausführlich zu dieser Argumentation siehe unten Teil 3 § 10 C. II.

sungsansätze von *Roxin, Herzberg, Prittwitz, Hsu* und *Gropp* besonders hervorgehoben. Schließlich wird ein eigener Lösungsweg präsentiert.

I. Fallbeispiele

1. Der „Fangbrieffall"[642]

Diese BGH-Entscheidung aus den 50er Jahren wurde bereits oben[643] ausführlich dargestellt und besprochen. Bereits dort stellte sich die Frage, ob die Tatsache, dass die Sekretärin anstelle des Prokuristen in den Verdacht des Diebstahls geriet, für die Täterin nur eine unerhebliche Personenverwechslung oder eine erhebliche Kausalabweichung darstellt.

2. Der „Autobombenfall"[644] (auch „Sprengfalle")

A will F töten und installiert an dessen PKW einen Sprengsatz, welcher bei Betätigen der Zündung ausgelöst wird. Das Fahrzeug wird am nächsten Tag aber nicht von F, sondern von E (Ehefrau) benutzt, welche dabei getötet wird.
Variante: A installiert den Sprengsatz versehentlich nicht an dem PKW des F, sondern an dem des *Nachbarn* D, welchen er für das Fahrzeug des F hält. Der Nachbar D kommt daraufhin ums Leben[645].

3. Der „Enzianschnapsfall"[646]

Die A will ihren Ehemann B, der bei der Bundeswehr stationiert ist, töten. Sie schickt ihm daher eine Flasche vergifteten Enzianschnapses in die Kaserne mit

---

642 Vgl. BGHSt 9, 240ff, besprochen unter anderem bei *Herzberg*, ZStW 85, 867ff; *Prittwitz*, GA 83, 110, 130; *Noack*, S. 30; *Hsu*, S. 24; *Jakobs*, 8. Abschnitt Rn. 81; *Kühl*, § 13 Rn. 40.
643 Siehe bereits oben Teil 3 § 10 B. I. 3.
644 Zu dieser Thematik siehe bereits oben Teil 3 § 10 C; besprochen bei LK-*Vogel*, § 16 Rn. 86; S/S-*Sternberg-Lieben*, § 15 Rn. 59; *Wessels/Beulke*, Rn. 255; *Kindhäuser*, § 13 Rn. 16; *Herzberg*, JA 81, 470, 472; *Prittwitz*, GA 84, 110, 118; *Toepel*, JA 96, 886, 887; *Schlehofer*, S. 174; *Hsu*, S. 20, 217; ähnlich auch das „Brückenbeispiel" von *Jakobs*, 8. Abschnitt Rn. 80.
645 Diese Variante der „Sprengfalle" hatte der BGH 1998 zu entscheiden, allerdings wurde das Opfer dort nicht getötet, siehe BGH NStZ 98, 294ff.
646 Vgl. S/S-*Sternberg-Lieben*, § 15 Rn. 59; *Jakobs*, 8. Abschnitt Rn. 80; *Gropp*, Lenckner-FS, 55, 62; *Hsu*, S. 26.

der Aufforderung, er solle diesen „schön alleine trinken". Wider Erwarten überlässt B den ersten Schluck aus der Flasche seinem Kameraden C, welcher daraufhin verstirbt.

4. Der „Platztauschfall/Hotelzimmerfall"[647]

A will seinen Kollegen B töten. Daher stellt er einen Teller mit vergifteten Speisen an den Platz in der Kantine, an welchem er B hat sitzen sehen. Von A unbemerkt tauscht der B jedoch den Platz mit C, der daraufhin die vergifteten Speisen isst.

Variante: A will B töten. Da er weiß, dass der B im Hotel in einem bestimmten Zimmer residiert, lässt er eine Flasche vergifteten Sekts auf dieses Zimmer schicken. Zuvor hatte der B jedoch von A unbemerkt das Zimmer mit einem anderen Gast C getauscht, welcher nun den vergifteten Sekt trinkt.

5. Der „Heckscheibenfall"[648]

A will B töten, welcher im PKW vor ihm flieht. Schließlich findet A den PKW des B im Wald abgestellt. Als A aus einiger Entfernung eine Bewegung im Wageninneren wahrnimmt, schießt er mehrmals durch die Heckscheibe. Tatsächlich war B aber zu Fuß geflüchtet und der verlassene Wagen war von einem Obdachlosen (alternativ einem Liebespaar) als Übernachtungsmöglichkeit genutzt worden.

6. Der „Telefonbeleidigerfall[649]/Briefbombenfall"

Der A will seinem Vorgesetzten B am Telefon mal gehörig die Meinung sagen. Als er bei B anruft, nimmt jedoch der Sohn C den Hörer ab (alternativ die Ehefrau, Haushälterin etc.). Ohne sich zu vergewissern, wer am anderen Ende der Leitung ist, lädt A seine Beschimpfungen ab.

---

647 Vgl. *Jakobs*, 8. Abschnitt Rn. 80; *Herzberg*, JA 81, 470, 472; *Noack*, S. 16; *Grotendiek*, S. 103; *Hsu*, S. 26, 220.
648 Vgl. *Jakobs*, 8. Abschnitt Rn. 80; *Prittwitz*, GA 83, 110, 132; *Kuhlen*, S. 487.
649 Vgl. BGH JZ 86, 911f; besprochen bei LK-*Vogel*, § 16 Rn 78; *Jakobs*, 8. Abschnitt Rn. 80; *Backmann*, JuS 71, 113, 119; *Herzberg*, JA 81, 470, 472ff; *Prittwitz*, GA 83, 110, 134; *Kuhlen*, S. 487; *Grotendiek*, S. 103; *Noack*, S. 28; *Hsu*, S. 23.

Variante: Der A hat sich verwählt und ruft gar nicht bei B an, sondern bei dem unbeteiligten D, welchen er beschimpft.

Variante: Der A will B mittels einer Briefbombe töten. Den an B persönlich adressierten Brief öffnet aber ein Familienmitglied. Oder der Brief wird durch eine falsche Adresse oder durch ein Versehen des Postboten beim Nachbarn D eingeworfen.

7. Der „Urkundenfall"[650]

Der Schüler A versteht sich meisterhaft auf das Fälschen von Unterschriften. Sein Mitschüler B will diese Fertigkeit ausnutzen. Er legt dem A ein abgedecktes Papier vor, welches dieser mit der Handschrift des Vaters von B unterschreiben soll; dabei spiegelt er dem A vor, es handele sich um ein Entschuldigungsschreiben, welches er am nächsten Tag seinem Lehrer vorlegen will. In Wirklichkeit unterschreibt A aber eine Einzugsermächtigung für das Konto von B`s Vater.

8. Die „Einbrecher- oder Diebesfälle"[651]

A will seine Ehefrau B töten und vergiftet daher den Cognac, welchen sie allabendlich als Schlaftrunk zu sich zu nehmen pflegt. Bevor B den Cognac aber zu sich nehmen kann, wird dieser durch den Einbrecher C entwendet und getrunken.

Variante: Der A installiert wie in Fall 2 eine Bombe am PKW des F. Bevor F den PKW benutzen kann, wird der Mechanismus durch den Autodieb C ausgelöst.

II. Rechtsprechung und Literaturmeinungen

1. Rechtsprechung

Die Entscheidung des BGH im „Fangbrieffall[652]" und die Reaktion der Literatur wurden oben bereits ausführlich dargestellt. Die Rechtsprechung hatte sich aber im Laufe der Jahre noch mit anderen Fällen von Distanzdelikten zu beschäftigen.

In jüngerer Zeit ist insbesondere die Entscheidung des BGH in einer Variante des „Autobombenfalls" hervorzuheben[653], welche von *Herzberg*[654] und *Schlie-*

---

650 Vgl. *Herzberg*, JA 81, 470, 472; auch *Kuhlen*, S. 487.
651 Vgl. *Jakobs*, 8. Abschnitt Rn. 80; *Hsu*, S. 26, 216.
652 Vgl. BGHSt 9, 240ff.

127

bitz[655] kritisch besprochen wurde. In dem BGH-Fall war der Sprengkörper durch die beauftragten Täter versehentlich am PKW eines Nachbarn des ursprünglichen Tatobjekts angebracht worden. Glücklicherweise war die Bombe jedoch bei der Nutzung des PKW durch den Nachbarn nicht detoniert[656].

Der BGH war von einen unbeachtlichen *error in persona* ausgegangen. Durch die Anbringung am PKW haben die Täter das Tatopfer mittelbar individualisiert. In einem solchen Fall gelte „im Ergebnis nichts anderes als bei optischer Wahrnehmung des Opfers selbst. Die Angeklagten haben das als Tatmittel benutzte Fahrzeug der falschen Person zugeordnet"[657]. Da die Benutzung des PKW als einziges Kriterium zur Identifizierung des Tatobjekts diente, habe „eine Konkretisierung des Tötungsvorsatzes [...] von vornherein nur auf diejenige Person erfolgen können, welche zuerst das Auto benutzt"[658]. Das Gericht war mithin der Ansicht, das Angriffsobjekt sei von Anfang an der erste Benutzer des PKW und somit der Nachbar gewesen. Da der Angriff auch gerade dieses Objekt getroffen habe, sei von einem *error in persona* auszugehen[659].

2. Literatur

Der BGH hatte seine Argumentation in dieser Entscheidung unter anderem auf Nachweise aus der Literatur gestützt[660]. Tatsächlich hatten zahlreiche Stimmen in der Literatur diesen Ansatz unabhängig vom BGH bereits zuvor vertreten[661]. Gemeinsam ist ihnen, dass die Bestimmung des Tatobjekts über die Zugehörigkeit zu Gegenständen oder Kausalabläufe als *raum-zeitliche Konkretisierung* gleichsam wie bei der sinnlichen Wahrnehmung angesehen wird. Der Täter habe das Angriffsobjekt mittelbar durch seine Stellung im Kausalverlauf konkretisiert. Sein Vorsatz habe sich auf jedes Objekt, welches die vom Täter vorgegebenen Kriterien erfülle, konkretisiert. Ziel des Angriffs sei mithin immer die Person,

---

653 Vgl. BGH NStZ 98, 294f.
654 Vgl. *Herzberg*, NStZ 99, 217ff; ders. JuS 99, 224ff.
655 Vgl. *Schliebitz*, JA 98, 833ff.
656 Zuvor hatten die Täter ein anders Motivobjekt gewählt. Hierbei war die Bombe am richtigen Auto angebracht worden, jedoch von Opfer entdeckt und entschärft worden.
657 BGH NStZ 98, 295.
658 BGH NStZ 98, 295.
659 Allerdings nur mit der Rechtsfolge der versuchten Tötung des Nachbarn, da der Erfolg ja ausgeblieben war.
660 Vgl. *Prittwitz*, GA 84, 110, 130, *Geppert*, Jura 92, 163, 165.
661 Vgl. beispielsweise LK-*Vogel*,§ 16 Rn. 78, 84; *Wessels/Beulke*, Rn. 255; *Jakobs*, 8. Abschnitt Rn. 80; *Kindhäuser*, § 13 Rn. 16; *Toepel*, JA 96, 886, 887, 891; *Noack*, S. 16, 27ff.

welche den PKW als erstes benutze, den Telefonhörer abnehme, die vergifteten Speisen zu sich nehme etc.

Ergebnis dieser Schlussfolgerung wäre allerdings, dass in Fällen der mittelbaren Konkretisierung in aller Regel ein unerheblicher *error in persona* vorliegen würde. Denn das tatsächlich verletzte Objekt wäre, da es die Kriterien des Täters erfüllen würde, immer auch das Angriffsobjekt. Wenn Verletzungs- und Angriffsobjekt jedoch in aller Regel übereinstimmten, bliebe für die *aberratio ictus* aber kein Raum. Es wäre kaum ein Fall denkbar, in dem der Angriff das Angriffsobjekt verfehlte, außer bei sehr ungewöhnlichen Kausalverläufen (die Autobombe explodiert vorzeitig und verletzt einen Passanten[662]). Daher drängt sich der Schluss auf, eine *aberratio ictus* könne nach dieser Ansicht nur beim Standardfall der *sinnlichen Wahrnehmung* angenommen werden[663].

Aus diesen und anderen Gründen wurde die von der Rechtsprechung und Teilen der Literatur vertretene Ansicht ob ihrer unflexiblen Ergebnisse kritisiert. Während einige Autoren ganz eigene Abgrenzungskriterien entwickelten[664], wollen andere den Ansatz des BGH grundsätzlich übernehmen, modifizieren ihn aber teilweise.

Kritisiert wird beispielsweise, dass nicht dahingehend differenziert wird, ob die Verletzung eines anderen als des Motivobjekts für den Täter vorhersehbar war oder nicht[665]. Es sei ungerecht, den Fall, in dem der Täter, der eine Bombe am PKW des B anbringe, obwohl er wisse oder hätte wissen müssen, dass auch andere Familienmitglieder das Fahrzeug zuweilen benutzen, abgesehen von einer eventuellen Fahrlässigkeitsstrafbarkeit genauso zu behandeln wie den des Täters, welcher sich zuvor davon überzeugt hat, dass B eingefleischter Junggeselle ist und seinen PKW auch nie zu verleihen pflegt oder jemanden darin mitnimmt. Im ersten Fall sei das Risiko des Erfolgseintritts an einem anderen als dem Motivobjekt mehr als wahrscheinlich, während bei der zweiten Alternative der Täter alles unternommen habe, um das Risiko für andere Objekte auszuschließen. Wenn aber der Täter die Gefahr für andere Objekte als das Motivobjekt weder gekannt habe noch hätte kennen können, so könne man ihm deren Verletzung mangels kognitiven Vorsatzelements auch nicht als vorsätzlich bewirkt zurechnen. Der Erfolgseintritt am Verletzungsobjekt könne dann als Zielverfehlung gewertet werden. Es müsse daher in diesen Fällen bezüglich der Rechtsfolge bei der Versuch/Fahrlässigkeitskombination der *aberratio ictus* bleiben. Nur wenn der Täter

---

662 Vgl. das Beispiel von *Hsu*, S. 31.
663 Dieses Kriterium wird unter anderem von *Herzberg* und *Prittwitz* aufgenommen; siehe unten Teil 3 § 10 III. 2./3.
664 Siehe unten Teil 3 § 10 C. III.
665 Vgl. beispielsweise bei LK-*Vogel*, § 16 Rn. 78; *Jakobs*, 8. Abschnitt Rn. 80; *Toepel*, JA 96, 886, 893; *Schlehofer*, S. 174.

auch um die Gefahr für das Verletzungsobjekt hätte wissen müssen, bliebe Raum für die Annahme eines Vorsatzes[666].

In den Rechtsprechungs- und Beispielsfällen wäre nach der Ansicht der Rechtsprechung und Teilen der Literatur je nach Einzelfall danach abzugrenzen, ob der Täter das Risiko, auch ein anderes gleichwertiges Objekt als das Motivobjekt zu treffen, erkannt hatte.

III. Differenzierende Ansätze

Neben dem Ansatz, welcher auf die Voraussehbarkeit der Gefährdung des Verletzungsobjekts abstellt[667], existieren noch mehrere weitere Ansichten, welche die Abgrenzung von *error in persona* und *aberratio ictus* bei den *Distanzdelikten* nach objektiven oder subjektiven Kriterien bestimmen wollen.

Als für die Untersuchung besonders relevant sollen an dieser Stelle die viel diskutierten Lösungsansätze von *Roxin*[668], *Herzberg*[669], *Prittwitz*[670] und *Gropp*[671] sowie der Ansatz von *Hsu*[672] vorgestellt werden[673].

1. Das „Tatplankriterium" nach *Roxin*[674]

Roxin sieht in der *aberratio ictus* keine eigenständige Rechtsfigur, sondern einen Sonderfall des Kausalverlaufsirrtums, welcher grundsätzlich nach denselben Regeln zu behandeln sei wie jener, allerdings mit abweichendem Ergebnis[675].

Als maßgebliches Kriterium zur Bestimmung des Vorsatzes soll nach *Roxin* der *Tatplan* des Täters dienen. Grundsätzlich sei der Tatwille des Täters auch bei objektiver Betrachtung auf ein bestimmtes Tatobjekt, das Motivobjekt, fixiert. Allein diese Person habe der Täter töten wollen, ein abstrakter Tatvorsatz bezüglich der Verletzung eines beliebigen gleichwertigen Objekts könne hingegen nicht ohne weiteres unterstellt werden. Deshalb sei bei einer unzweifelhaften In-

---

666 Ausführlich vgl. *Jakobs*, 8. Abschnitt Rn. 80; ähnlich *Schlehofer*, S. 174.
667 Siehe oben Teil 3 § 10 C. II. 2.
668 Siehe unten Teil 3 § 10 C. III. 1.
669 Siehe unten Teil 3 § 10 C. III. 2.
670 Siehe unten Teil 3 § 10 C. III. 3.
671 Siehe unten Teil 3 § 10 C. III. 4.
672 Siehe unten Teil 3 § 10 C. III. 5.
673 Diese Aufzählung soll keinesfalls als abschließend angesehen werden; siehe ferner die Ansätze von *Stratenwerth*, Baumann-FS, 57, 58; *Rath* 1993, S. 283ff und *Grotendiek*, S. 103ff.
674 Vgl. *Roxin*, § 12 Rn. 160ff; *ders.* Würtenberger-FS, 109, 120ff.
675 Vgl. *Roxin*, § 12 Rn. 166.

dividualisierung und Konkretisierung auf ein bestimmtes Motivobjekt der Konkretisierungstheorie zuzustimmen, mit der Rechtsfolge der *aberratio ictus*[676].

Etwas anderes müsse aber gelten, sofern es dem Täter gerade nicht auf die Identität des Angriffsobjekts ankäme. Als Beispiel nennt *Roxin* den bereits oben dargestellten „Schneeballfall". Hier war es dem Werfer letztendlich gleichgültig, ob der Passant mit der Identität A oder der Passant mit der Identität B getroffen wurde. In diesem Fall sei auch nach objektiver Bewertung im Erfolgseintritt beim Verletzungsobjekt B noch die Verwirklichung des Tatplans zu sehen. Das Treffen *irgendeines beliebigen* Passanten stelle für den Täter die Zielerreichung dar[677].

Ob der Täter das Motivobjekt hinreichend individualisiert habe, sei daran festzumachen, ob der Täter gleichwohl gehandelt hätte, wenn er die Abweichung vorausgesehen hätte. Dabei sei allerdings nicht auf die objektive ex post-Perspektive abzustellen, sondern auf den Willen des Täters zum Tatzeitpunkt (Tatplan). Wenn der Täter die Tathandlung vornehme, und es ihm dabei nach seinem Tatplan *gleichgültig* gewesen sei, ob noch ein anderes gleichwertiges Tatobjekt gefährdet wurde, sei ihm hinsichtlich der Verletzung des tatsächlich getroffenen Objekts der Vorwurf vorsätzlichen Handelns zu machen; es liege also nur ein (unbeachtlicher) *error in persona* vor[678].

Bei unseren Beispielsfällen käme es demnach im Einzelfall darauf an, ob dem Täter der Erfolgseintritt beim Verletzungsobjekt gleichwohl recht gewesen wäre. Dies war aber in keinem der Beispiele der Fall; immer kam es dem Täter explizit darauf an, das konkrete Motivobjekt zu treffen (A will *B* töten, beleidigen, zum Gegenstand polizeilicher Ermittlungen machen). Anders will *Roxin* allerdings den Autobombenfall beurteilen: weil hier der Täter das Opfer nicht sinnlich wahrgenommen hätte, sei hier mit dem BGH[679] von einem *error in persona* auszugehen[680]. Ob dies für sämtliche Fälle gelten soll, in welchen der Täter das Motivobjekt nicht sinnlich wahrnimmt (wie in den Bespielsfällen 1, 2, 3, 7 und 8) lässt sich den Ausführungen Roxins an dieser Stelle nicht entnehmen.

---

676 Vgl. *Roxin*, § 12 Rn. 165.
677 Vgl. *Roxin*, § 12 Rn. 166.
678 Vgl. *Roxin*, § 12 Rn. 166; zustimmend LK-*Vogel*, § 16 Rn. 84, 86.
679 BGH NStZ 98, 294.
680 vgl. *Roxin*, § 12 Rn. 197ff.

2. Die „geistige Identitätsvorstellung" nach *Herzberg*[681]

Herzberg versucht, seinen Ansatz für die Distanzdelikte aus den *Standardfällen* von *error in persona* und *aberratio ictus* abzuleiten. In den Standardfällen gelinge die Unterscheidung zwischen den beiden Rechtsfiguren deshalb so einfach, weil der Täter das/die Tatobjekt/e *sinnlich wahrnehme*[682]. Daher könnte einwandfrei bestimmt werden, auf welches Objekt sich der Angriff des Täters beziehe. Beim *error in persona* greife der Täter genau dasjenige Objekt an, welches er vor sich sähe, während bei der *aberratio ictus* der Täter das Angriffsobjekt verfehle. *Herzberg* folgert daraus, die *sinnliche Wahrnehmung* müsse das maßgebliche Abgrenzungskriterium zwischen den beiden Rechtsfiguren bilden.

Habe der Täter also das Angriffsobjekt auch nur auf irgendeine Weise sinnlich wahrgenommen (z. B. der Täter im Telefonbeleidigerfall hört, wie sich am anderen Ende der Leitung jemand mit „Hallo" meldet), sei sein Vorsatz auf dieses Objekt konkretisiert, ein Erfolgseintritt bei diesem Objekt müsse daher als vorsätzlich bewirkt im Sinne des *error in persona* gelten[683].

Als problematisch erweisen sich *Herzberg* zufolge nur jene Sachverhaltskonstellationen, in welchen der Täter das Tatobjekt gerade *nicht sinnlich wahrgenommen* habe. Dann müsse darauf abgestellt werden, welche Person sich der Täter bei Vornahme der Tathandlung quasi vor seinem „geistigen Auge" vorgestellt habe, auf die „geistige Identitätsvorstellung"[684]. Wenn der Täter bei Vornahme der Tathandlung an das Motivobjekt denke, so sei auch nur dieses als Angriffsobjekt anzusehen, mit dem Ergebnis, dass der Erfolgseintritt bei jedem anderen Objekt als *aberratio ictus* gelten müsse[685].

Daher kommt *Herzberg* beispielsweise im „Autobombenfall" zu dem Ergebnis einer *aberratio ictus*, wenn ein Familienmitglied statt des Motivobjekts dem Sprengsatz zum Opfer fällt[686]. In den anderen Beispielsfällen wäre infolge dessen dahingehend abzugrenzen, ob der Täter das Verletzungsobjekt irgendwie sinnlich wahrgenommen hat. Das wird bei den Distanzdelikten im eigentlichen Sinne, wie den „Auto- oder Briefbombenfällen" oder auch dem „Enzianschnapsfall" schon allein ob der zeitlich-räumlichen Trennung von Tathandlung und Erfolgseintritt bzw. wegen der Abwesenheit des Täters vom Tatort re-

---

681 Vgl. *Herzberg*, JA 81, 369ff, 470ff.
682 Vgl. *Herzberg*, JA 81, 470, 472.
683 Vgl. *Herzberg*, JA 81, 470, 473ff.
684 *Herzberg*, JA 81, 470, 473.
685 Vgl. *Herzberg*, JA 81, 470, 473.
686 Vgl. *Herzberg*, JA 81, 470, 473.

gelmäßig nicht der Fall sein. In anderen Fällen hingegen besteht durchaus die Möglichkeit einer sinnlichen Wahrnehmung (z. B. der „Heckscheibenmörder" nimmt eine Bewegung im PKW wahr, der Täter sieht den B auf seinem angestammten Platz sitzen, hört ihn durch die Hotelzimmertür singen). Nach *Herzberg* wäre folglich eine Abgrenzung anhand des Einzelfalles vorzunehmen[687].

Allerdings, so gesteht sich *Herzberg* selbst ein, führe eine solche Abgrenzung nicht in jedem Fall zu befriedigenden Ergebnissen. Gerade in den Randbereichen sei daher eine „*korrigierende Wertung*" vorzunehmen. Es seien nämlich sowohl Sachverhaltskonstellationen denkbar, in denen dem Täter auch der Erfolgseintritt beim Verletzungsobjekt, welches nicht das Motivobjekt sei, als vorsätzlich zugerechnet werden müsse („Volldelikt trotz *Zielverfehlung*"), als auch solche, in welchen der Täter das Motivobjekt zwar verletzt, eine Verurteilung wegen Vorsatzes jedoch ausscheiden müsse („kein Volldelikt trotz *Zielerreichung*")[688]. Ersteres will *Herzberg* für Fälle wie den „Schneeballfall" gelten lassen, weil hier auch der Erfolgseintritt beim Verletzungsobjekt im Sinne des Täters sei[689]. Den umgekehrten Fall sieht er im (von ihm entwickelten) „Urkundenfall"[690] verwirklicht. Denn die Fälschung einer Einzugsermächtigung habe eine ganz andere Unrechtsqualität als die Fälschung eines Entschuldigungsschreibens, auch wenn beide Handlungen demselben Straftatbestand unterfallen. Zwar könne man bei den Tötungsdelikten sagen, ein Menschenleben wiege genauso schwer wie ein anderes, bei Urkunden aber ebenso wie bei Gegenständen dagegen nicht. Bei der Fälschung einer Einzugsermächtigung handele es sich demnach sowohl aus Sicht des Täters als auch des allgemeinen Rechtsempfindens um eine „andere Tat", die Konstellation gleiche eher jener der *aberratio ictus*.[691]

Bei solchen Grenzfällen sei mithin nicht allein auf die sinnliche Wahrnehmung oder geistige Vorstellung des Täters abzustellen; um ungerechtfertigte Ergebnisse zu vermeiden, sollte vielmehr auch danach *wertend* geurteilt werden, welcher Rechtsfigur der einzelne Fall am nächsten komme.

---

687 Vgl. *Herzberg* JA 81, 470, 473ff.
688 Vgl. *Herzberg*, JA 81, 470, 473ff.
689 Vgl. *Herzberg*, JA 81, 470, 473.
690 *Herzberg*, JA 81, 470, 474.
691 Vgl. *Herzberg*, JA 81, 470, 474.

3. Der Ansatz von *Prittwitz*[692]

Auch *Prittwitz* knüpft bei seinem Lösungsansatz an die *sinnliche Wahrnehmung* an, allerdings mit anderem Ergebnis. Auf ein subjektives Kriterium wie die geistige Identitätsvorstellung nach *Herzberg* will er nicht abstellen[693].

Zwar sei der „Gleichwertigkeitstheorie" von *Loewenheim, Puppe* etc. insoweit zuzustimmen, als die sinnliche Wahrnehmung nur eines von mehreren denkbaren Identifizierungskriterien bilde. Dass dieses Kriterium aber als entscheidendes gelten müsse, lasse sich durch eine einfache Überlegung begründen. Der Täter, welcher das Tatobjekt sinnlich wahrnehme, vermöge den Tatverlauf ungleich besser zu steuern als der Täter eines Distanzdeliktes im eigentlichen Sinne, welcher oft nicht einmal am Tatort anwesend sei. Diese Kontrollmöglichkeit bedeute eine geringere Gefährlichkeit der Tat für andere Objekte als das Motivobjekt. Daraus ergebe sich ein „wertungsrelevanter Unterschied"[694].

Aus der sinnlichen Wahrnehmung als objektives Abgrenzungskriterium entwickelt *Prittwitz* dann folgenden Ansatz: Eine (erhebliche) *aberratio ictus*, welche den Vorsatz ausschließt, könne nur dann vorliegen, *wenn die Tathandlung das sinnlich wahrgenommene Tatobjekt verfehle*[695].

Im Einzelnen bedeute das für den Standardfall nichts anderes als von der „Konkretisierungstheorie" gefordert; da hier das Tatobjekt immer visualisiert wird, stelle ein Erfolgseintritt beim anvisierten (falschen) Objekt einen *error in persona* und nur die Verfehlung des Angriffsobjekts eine *aberratio ictus* dar.

Dasselbe müsse dann für andere Fälle gelten, in denen die sinnliche Wahrnehmung eine Rolle spielt, so z. B. im „Heckscheibenfall", sofern der Täter eine Bewegung im Wagen wahrnimmt[696].

Nehme der Täter hingegen das Tatobjekt, wie z. B. im „Autobombenfall", überhaupt nicht sinnlich wahr, komme von vornherein nur ein (unerheblicher) *error in persona* in Frage[697].

Ebenso wie bei *Herzberg* wäre demnach in den Beispielsfällen danach zu unterscheiden, ob der Täter das Tatobjekt *sinnlich wahrgenommen* hat, jedoch ohne Herzbergs Erfordernis einer „geistigen Identitätsvorstellung" oder wertenden Korrektur.

Für den „Autobombenfall" muss demnach ebenso wie für den „Briefbombenfall", den „Fangbrieffall"[698], den „Urkundenfall" und den „Enzianschnapsfall"

---

692 Vgl. *Prittwitz*, GA 83, 110ff.
693 Vgl. die ausdrückliche Kritik am Ansatz von *Herzberg* bei *Prittwitz*, in GA 83, 110, 120ff.
694 *Prittwitz*, GA 83, 110, 128.
695 Vgl. *Prittwitz*, GA 83, 110, 127f.
696 Vgl. *Prittwitz*, GA 83, 110, 132.
697 Vgl. *Prittwitz*, GA 83, 110, 130.

ein *error in persona* angenommen werden, da der Täter das Opfer ohne sinnliche Wahrnehmung identifiziert hat.

Beim „Platztauschfall", dem „Hotelzimmerfall", dem „Heckscheibenfall" sowie dem „Telefonbeleidigerfall"[699] sei sowohl eine Identifizierung mit als auch ohne sinnliche Wahrnehmung möglich; allerdings wäre das Ergebnis stets das gleiche: Habe der Täter das Objekt sinnlich wahrgenommen und trete der Erfolg an diesem Objekt ein, so liege ein *error in persona* vor, habe der Täter das Objekt nicht sinnlich wahrgenommen, erst recht.

Nach *Prittwitz* bleibt für eine (erhebliche) *aberratio ictus* folglich nur innerhalb der Grundkonstellation Raum.

4. Das „Zufallskriterium" nach *Gropp*[700]

Auch *Gropp* will den *error in persona vel obiecto* und die *aberratio ictus* anhand eines *objektiven Kriteriums* abgrenzen. Dieses leitet er aus einem Strukturvergleich der beiden Rechtsfiguren her.

Die Besonderheit der *aberratio ictus* liege nämlich in der *Zufälligkeit des Erfolgseintritts* am gleichwertigen Objekt. Unter Zugrundelegung des Standardfalls ergebe sich folgender Unterschied zwischen den beiden Rechtsfiguren: Beim (gleichwertigen) *error in persona vel obiecto* nehme der Täter ein Objekt wahr, welches zu einer bestimmten tatbestandlichen Gattung (z. B. Mensch) gehört, er irre sich nur über die Identität dieses Objekts. Folge seines Irrtums sei logischerweise, dass auch ein Objekt dieser Gattung getroffen werde, nämlich das Angriffsobjekt.

Bei der *aberratio ictus* hingegen verfehle die Tathandlung das Angriffsobjekt. Dass der tatbestandliche Erfolg dann bei einem gleichwertigen Objekt eintrete, sei bloßer Zufall, ebenso könne der Angriff ein ungleichwertiges Objekt treffen oder gar ins Leere gehen. Wenn der Wilderer W beispielsweise im Wald den Förster F erschießen wolle, aber sein Ziel verfehle, so sei die Wahrscheinlichkeit, dass der Schuss den im Gebüsch lauernden Jagdgefährten J treffe, ebenso groß wie wenn die Kugel ein Reh töte oder wirkungslos in einen Baum einschlage[701].

Den Täter hier wegen Totschlags zu bestrafen, bloß weil „das letztlich getroffene Tatobjekt *zufällig* demselben Tatbestandsmerkmal unterfällt wie das anvisierte", wäre im Ergebnis reine Zufallshaftung, denn der Erfolgseintritt bei ei-

---

698 Vgl. *Prittwitz*, GA 83, 110, 131.
699 Vgl. *Prittwitz*, GA 83, 110, 134f.
700 Ausführlich vgl. *Gropp*, § 5 Rn. 75ff; *ders.* Lenckner-FS, 55ff.
701 Vgl. das Beispiel von *Geppert*, Jura 92, 163, 165.

nem gleichwertigen Tatobjekt passierte hier nicht in Ausübung, sondern nur „*bei Gelegenheit*" der Tat. Der Zufall dürfe dem Täter aber nicht – außer im Rahmen einer eventuellen Fahrlässigkeitsstrafbarkeit – zur Last gelegt werden[702].

Für unsere Beispielsfälle würde das bedeuten, dass bei allen Delikten, welchen naturgemäß nur eine bestimmte Objektgattung zum Opfer fallen kann, nur ein *error in persona* in Betracht käme. Das wäre beispielsweise beim „Telefonbeleidigerfall" der Fall, da das Tatobjekt einer Beleidigung nur ein Mensch sein kann; ebenso beim „Fangbrieffall".

Auch der Zündmechanismus eines PKW oder die Öffnung eines Briefes werden grundsätzlich nur von Menschen beherrscht, ebenso wie im „Enzianschnapsfall" ist der Erfolgseintritt bei einem ungleichwertigen Tatobjekt sehr unwahrscheinlich[703]. Daher muss auch in den Vergiftungsfällen („Platztausch-/Hotelzimmerfall) nach *Gropp* wohl von einem *error in persona* ausgegangen werden. Im „Heckscheibenfall" wäre ein *error in persona* anzunehmen, wenn der Täter davon ausgehen musste, dass in einem Auto nur Menschen sitzen (können).

Mithin geht auch *Gropp* in der Mehrzahl der Fälle von einem den Vorsatz nicht ausschließenden *error in persona* aus.

5. Der „Doppelindividualisierungsirrtum" nach *Hsu*[704]

Hsu lehnt eine Einordnung der einzelnen Sachverhalte in die Kategorien *error in persona* und *aberratio ictus* prinzipiell ab[705]. Er will die Distanzdelikte vielmehr quasi als Irrtum sui generis nach eigenen Regeln lösen[706].

Eine eindeutige Klassifizierung der Distanzdelikte als zum *error in persona vel obiecto* oder der *aberratio ictus* zugehörig führe nicht nur zu unflexiblen, schematischen Ergebnissen, sondern müsse bereits im Ansatz scheitern, da diese Sachverhaltskonstellationen naturgemäß sowohl Merkmale der einen als auch der anderen Rechtsfigur in sich vereinigten[707].

Den Irrtümern über das Objekt des Erfolgseintritts sei gemeinsam, dass der Täter quasi zwei Individualisierungen vornehme („Doppelindividualisierungsirrtum"): zuerst bestimme er ein konkretes Motivobjekt, auf das sich sein Tatplan

---

702 Vgl. *Gropp*, § 5 Rn. 77f, *ders*. Lenckner-FS, 55, 60, 63f; zustimmend S/S-*Sternberg-Lieben*, § 16 Rn. 59; *Geppert*, Jura 92, 163, 165.
703 Außer z. B. die Flasche fällt auf den Boden und das Gift wird von einem Hund aufgeleckt, der daraufhin eingeht.
704 Ausführlich vgl. *Hsu*, S. 19ff.
705 Vgl. *Hsu*, S. 28.
706 Vgl. *Hsu*, S. 201ff; 210ff, 216ff.
707 Vgl. *Hsu*, S. 28.

beziehe, dann bestimme er ein Angriffsobjekt, auf welches seine Tathandlung abziele, von dem er aber glaubt, es stimme mit dem Motivobjekt überein. Damit, dass ein anderes als das Motivobjekt das Angriffsobjekt sein könne, rechne er grundsätzlich nicht[708].

Demnach könne der Vorsatz des Täters bezüglich des tatsächlichen Verletzungsobjekts auch nicht an subjektiven Kriterien wie der Vorstellung oder dem Tatplan des Täters festgemacht werden. Vielmehr sei dem Täter der Erfolgseintritt nur dann als vorsätzlich bewirkt zuzurechnen, wenn er ihn hätte vorhersehen können. Es wird somit auf eine *abstrakte (objektive) Kenntnis der Tatbestandsverwirklichung* abgestellt[709].

Wisse der Täter also, oder hätte er wissen müssen, dass der tatbestandliche Erfolg seiner Handlung *regelmäßig* auch andere Tatobjekte treffen könne, so sei Vorsatz anzunehmen. Ihm würde dann „*Gleichgültigkeit als Tatwille*"[710] bezüglich des Verletzungsobjekts unterstellt. So müsse der Täter, der eine Autobombe installiert, regelmäßig damit rechnen, dass diese auch durch andere Personen als das Motivobjekt ausgelöst werden könne, wenn ein PKW mehreren Personen zur Verfügung stehe[711].

Sei der Erfolgseintritt bei einem anderen Objekt hingegen nur *möglich*, könne nicht von Vorsatz ausgegangen werden, so z. B. wenn die Autobombe versehentlich zu früh explodiere und einen Passanten verletze[712].

Hsu versucht des Weiteren, eine befriedigende Lösung für die „Einbrecher-/ und Diebesfälle" zu finden. Bei derart außergewöhnlichen und unvorhersehbaren Fallgestaltungen sei bereits die objektive Zurechnung auszuschließen. Das Vergiften von Lebensmitteln oder das Installieren einer Autobombe setze nur ein unerlaubtes Risiko für die regulären Nutzer, nicht aber für Dritte, welche sich unerlaubt Zugang verschafften[713].

In unseren Beispielsfällen kommt *Hsu* mithin zu dem Ergebnis, dass im „Autobombenfall"[714], im Fangbrieffall"[715] im „Platztausch- und Hotelzimmerfall"[716] und im „Telefonbeleidiger- und Briefbombenfall" die Gefährdung jedes Objekts, welches regulär mit dem Tatmittel in Verbindung kommen kann, vorhersehbar und damit vorsätzlich war.

---

708 Vgl. *Hsu*, S. 19.
709 Vgl. *Hsu*, S. 201ff, 204 f, 221f.
710 *Hsu*, S. 210.
711 Vgl. *Hsu*, S. 217.
712 Vgl. *Hsu*, S. 220.
713 Vgl. *Hsu*, S. 217, 220.
714 Vgl. *Hsu*, S. 217f.
715 Vgl. *Hsu*, S. 219f.
716 Vgl. *Hsu*, S. 220.

Etwas anderes würde ihm zufolge nur für den „Enzianschnapsfall" gelten[717], weil hier für die Täterin aufgrund der Bitte, der Ehemann solle die Flasche allein trinken, der Erfolgseintritt bei dessen Kameraden nicht konkret vorhersehbar war.

IV. Stellungnahme

1. Zur Rechtsprechung

Diese Lösung erscheint allzu schematisch. Indem die Rechtsprechung stets von der Rechtsfigur des *error in persona* ausgeht, impliziert sie, ohne dieses allerdings explizit zu sagen, dass eine *aberratio ictus* eigentlich nur im Standardfall sinnlicher Wahrnehmung existieren könne.

Zudem könnte man einwenden, die Individualisierung über den Kausalverlauf sei eben nicht gleichwertig der Konkretisierung durch sinnliche Wahrnehmung. Während man beim klassischen *error in persona vel obiecto* objektiv feststellen kann, welches Objekt der Täter vor Augen hat, kann man letztendlich nur mutmaßen, nach welchen Kriterien er das Angriffsobjekt ausgewählt hat. Die *raumzeitliche Konkretisierung* kann hierbei höchstens als Anhaltspunkt dienen. Je nach Sichtweise kann der Fall ganz anders beurteilt werden[718].

Auffallend ist außerdem, dass es für den BGH offensichtlich keinen Unterschied macht, dass die Bombe nicht am PKW des Motivobjekts, sondern des Nachbarn angebracht wurde. Betrachtet man die Situation nämlich aus dem Blickwinkel des Motivobjekts, so ergeben sich hier deutliche Unterschiede. Während das Motivobjekt einer Bombe an seinem eigenen PKW ebenso wie jedes andere nutzungsbefugte Familienmitglied hätte zum Opfer fallen können, bestand durch die Verwechslung der PKW von vornherein keine Gefahr für das Motivobjekt. Es wird im Weiteren auszuführen sein, inwiefern dieser Unterschied für die Abgrenzung von *error in persona vel obiecto* und *aberratio ictus* von Bedeutung ist[719].

2. Zur modifizierenden Literaturansicht

Dieser Meinung ist zuzugeben, dass sie versucht, die schematischen Ergebnisse der Rechtsprechung zu vermeiden. Dieses gelingt allerdings nur bedingt.

---

717 Vgl. *Hsu*, S. 220f.
718 Vgl. z. B. *Puppe*, GA 81, 1, 4ff; *Herzberg*, JA 81, 470, 473.
719 Ausführlich siehe unten Teil 3 § 10 C. IV. 8.

Als Ansatzpunkt für die Bestimmung des Vorsatzes soll ein *subjektives Kriterium*, das kognitive Vorsatzelement, dienen. Problematisch an solchen subjektiven Kriterien ist jedoch immer ihre gerichtliche Überprüfbarkeit. So könnte der Täter des „Autobombenfalls" im Grundfall immer sagen, er habe nichts von der Mitbenutzung des PKW durch andere Familienmitglieder gewusst und daher eine Gefahr für diese nicht vorhergesehen, was das Gericht freilich nicht unbedingt glauben müsste.

Das gewichtigste Argument gegen diese Lösung ergibt sich allerdings aus einem Vergleich mit den Standardfällen des *error in persona vel obiecto* und der *aberratio ictus*.

Auf einen Nenner gebracht lautet die These der modifizierten Literaturansicht in etwa folgendermaßen: Hat der Täter das Risiko, dass seine Tathandlung fehlgehen und ein anderes als das Tatobjekt treffen könnte, gekannt, so liegt ein *error in persona* (oder gar kein Irrtum) vor; nur wenn der Täter eine Gefahr für andere gleichwertige Objekte nicht gesehen hatte, kann man von einer *aberratio ictus* ausgehen. Das widerspricht aber gerade der Konstellation der beiden Rechtsfiguren im Standardfall. Denn nur der *aberratio ictus* ist die konkrete Gefahr immanent, dass durch das Fehlgehen des Angriffs auch andere Objekte als das Angriffsobjekt getroffen werden (nämlich das Verletzungsobjekt). Ob dieses Risiko vorhersehbar war oder nicht, muss im Rahmen der Fahrlässigkeit entschieden werden. Beim *error in persona vel obiecto* hingegen sieht der Täter nicht voraus, ein anderes als das Motivobjekt zu treffen; er geht ja gerade davon aus, dieses vor Augen zu haben. Warum aber bei den Distanzdelikten im Vergleich mit dem Standardfall etwas anderes gelten soll, ist nicht ersichtlich.

3. Zum „Tatplankriterium" *Roxins*

Hinsichtlich *Roxins* „Tatplankriterium" wird oftmals bezweifelt, ob dieses überhaupt auf die Situation der Distanzdelikte anwendbar sei. Schließlich habe *Roxin* diese Theorie anhand der *dolus generalis*-Fälle entwickelt und die Anwendung erst im Nachhinein auch auf die Abgrenzung von *error in persona* und *aberratio ictus* erweitert[720].

Das mag zwar zutreffen, ist aber an sich noch kein Argument gegen *Roxins* Ansatz.

Zum einen könnte man gegen das „Tatplankriterium" einwenden, dass es *subjektiv* und damit gerichtlich nicht überprüfbar ist[721]. Der Beweis, dass es dem Täter gleichgültig gewesen ist, bei welchem Objekt der tatbestandliche Erfolg ein-

---

720 Vgl. z. B. *Prittwitz*, GA 83, 110, 117; *Herzberg*, JA 81, 470, 475; *Schroth*, S. 105.
721 Vgl. *Prittwitz*, GA 83, 110, 116f.

tritt, wird wohl nur in Ausnahmefällen zu erbringen sein; allzu leicht können hier Schutzbehauptungen vorgeschoben werden.

Doch selbst wenn dieser Nachweis gelingen sollte, bedarf es nicht *Roxins* „Tatplankriteriums", um zu einer Verurteilung wegen vorsätzlicher Begehung zu gelangen. Denn die Fälle, auf welche *Roxin* sein Kriterium anwenden will, der „Schneeballfall" oder der „Attentäterfall", sind, wie oben bereits ausführlich dargestellt[722], bereits über den *dolus alternativus* oder *dolus eventualis* zu lösen. In diesen Fallgestaltungen rechtfertigen schon die allgemeinen Regeln die Annahme von Vorsatz. Ein „Tatplankriterium" braucht man dazu nicht.

Im Ergebnis geht der Ansatz *Roxins* also über die Aussagen der herrschenden Meinung nicht hinaus.

4. Zur „geistigen Identitätsvorstellung" *Herzbergs*

Der Ansatz *Herzbergs* wird überwiegend abgelehnt[723].

Wirft man bereits dem Tatplankriterium *Roxins* mangelnde gerichtliche Überprüfbarkeit vor, so muss dies für das subjektive Kriterium *Herzbergs* ebenso gelten. Denn während objektiv feststellbar ist, welches Objekt der Täter sinnlich wahrgenommen hat, kann nicht überprüft werden, wen der Täter „geistig vor Augen" hatte, da nur die Einlassung des Angeklagten als „Beweismittel" zur Verfügung steht.

Überdies weicht *Herzberg* durch seine weiteren Ausführungen das von ihm eigens entwickelte Abgrenzungskriterium bis zur Unbrauchbarkeit auf[724]. Indem er in schwierigen Fällen eine „korrigierende Wertung[725]" entscheiden lassen will, führt er letztendlich seine eigene Argumentation ad absurdum. Denn nun wird die Zuordnung zu *error in persona* oder *aberratio ictus* rein willkürlich und wertungsabhängig[726]. Von einem verbindlichen Abgrenzungskriterium kann man dann wahrlich nicht mehr sprechen[727].

---

722 Siehe bereits oben Teil 3 § 10 B.
723 Vgl. nur *Prittwitz*, GA 83, 110, 120ff; *Rath* 1993, S. 286ff; *Kuhlen*, S. 487ff; *Hsu*, S. 34f.
724 Vgl. *Herzberg*, JA 81, 470, 473.
725 *Herzberg*, JA 81, 470, 473.
726 So soll beispielsweise beim „Heckscheibenfall" zwar dogmatisch eine *aberratio ictus* vorliegen, wegen der Ähnlichkeit zur Grundkonstellation des *error in persona* aber eine Erheblichkeit verneint werden. Ähnliche Korrekturen sollen im „Urkundenfall" und dem „Telefonbeleidigerfall" vorgenommen werden; Einzelheiten siehe *Herzberg*, JA 81, 474, 475.
727 Ebenso vgl. *Prittwitz*, GA 83, 110, 127; *Kuhlen*, S. 488.

5. Zum Ansatz von *Prittwitz*

Mag man auch der Ansicht sein, *Prittwitz*' Argument, der Täter schaffe bei sinnlicher Wahrnehmung eine geringere Abweichungsgefahr, überzeuge nicht[728], so liefert er doch zumindest als erster ein *objektives* – wenn auch eventuell schwer nachweisbares – Abgrenzungskriterium. Es soll demnach nicht darauf abgestellt werden, was der Täter geplant oder sich vorgestellt hat, sondern es kommt allein darauf an, ob der Täter das Tatobjekt sinnlich wahrgenommen hat.

In den Fällen der Distanzdelikte im engeren Sinne, bei denen der Täter meist nicht einmal am Tatort anwesend ist („Autobombenfall", „Briefbombenfall"), funktioniert diese Abgrenzung auch unproblematisch. In allen anderen Fällen allerdings, in welchen eine sinnliche Wahrnehmung möglich, aber nicht zwingend ist (siehe nur den „Telefonbeleidigerfall"), ergeben sich wiederum Beweisschwierigkeiten.

Letztlich ist jedoch zu bedenken, dass *Prittwitz*' Lösungsvorschlag im Endeffekt fast immer auf dasselbe Ergebnis hinausläuft: den *error in persona*. Nach seinem Ansatz kann eine *aberratio ictus* nur im Standardfall vorliegen, i. e. wenn der Täter das sinnlich wahrgenommene Angriffsobjekt verfehlt. Auch er scheint keinen Unterschied zwischen den zu Beginn dargestellten Sachverhaltsvarianten zu sehen.

6. Zum „Doppelindividualisierungsirrtum" von *Hsu*

Hsu ist ebenfalls darin zu folgen, dass er mit der Vorhersehbarkeit des Erfolgseintritts beim Verletzungsobjekt ein *objektives* Abgrenzungskriterium wählt.

Allerdings erscheint seine Ablehnung einer Zuordnung der Distanzdelikte zu *error in persona* oder *aberratio ictus* und die Statuierung einer eigenständigen Rechtsfigur etwas vorschnell. Wie unten noch ausführlich dargestellt wird, gelingt eine Abgrenzung nämlich auch bei diesen Fallgruppen.

Des Weiteren kann dem Ansatz *Hsus* entgegen gehalten werden, dass das voluntative Vorsatzelement nicht ausreichend begründet wird. Bloßes Weiterhandeln trotz Kenntnis der Wahrscheinlichkeit des Erfolgseintritts kann zwar Fahrlässigkeit begründen, nicht aber Vorsatz. Um wenigstens zu einem Eventualvorsatz hinsichtlich der Verletzung des tatsächlich getroffenen Objekts zu gelangen, müsste der Täter dieses Ergebnis billigend in Kauf genommen haben; solches

---

728 Vgl. explizit *Geppert*, Jura 92, 163, 165.

kann aber dem Täter, dem es (anders als beim „Schneeballfall") in der Regel darauf ankommen wird, ein ganz bestimmtes Motivobjekt zu treffen, nicht ohne weiteres unterstellt werden.

Als zutreffend erweisen sich hingegen die Ausführungen *Hsus* bezüglich der „Einbrecher- und Diebesfälle". Hier wird bereits nach allgemeinen Regeln die objektive Zurechnung ausscheiden, so es sich um atypische Kausalverläufe handelt; das wird zumindest beim Einbrecher, der den vergifteten Cognac trinkt, der Fall sein.

7. Zum „Zufallskriterium" von *Gropp*

Gropp wählt ebenfalls ein *objektiv überprüfbares* Kriterium, die Zufälligkeit des Erfolgseintritts an einem gleichwertigen Tatobjekt.

Das Besondere an diesem Ansatz ist die Ableitung eines Abgrenzungskriteriums anhand eines *Strukturvergleichs* der Rechtsfiguren des *error in persona vel obiecto* und der *aberratio ictus*. Dies hatten bereits *Jakobs* u.a. versucht[729], allerdings ohne nachvollziehbares Ergebnis.

Dabei leuchtet ein, dass eine erfolgreiche Zuordnung nur dann gelingen kann, wenn man einen Ansatzpunkt findet, welcher dem Standardfall und den Distanzdelikten gemeinsam ist. Auf die sinnliche Wahrnehmung kann man aber - wie gesagt[730] - nicht abstellen, da diese gerade nicht bei allen Distanzdelikten gegeben ist.

Gropp sieht diesen Ansatzpunkt in der Vorhersehbarkeit des Erfolgseintritts bei einem gleichwertigen Tatobjekt. Überzeugend führt er dazu aus, dass anhand dieses Kriteriums die *aberratio ictus* vom *error in persona vel obiecto* auch beim Fehlen sinnlicher Wahrnehmung unterschieden werden kann. Tatsächlich ist beim Standardfall des gleichwertigen *error in persona* die gattungsmäßige Übereinstimmung von Motiv- und Verletzungsobjekt „vorprogrammiert"[731], während sie bei der klassischen *aberratio ictus* rein zufällig ist.

Fraglich erscheint allerdings, ob dieses Kriterium auch das richtige für die Abgrenzung bei den *Distanzdelikten* ist.

Zu einer eindeutigen Differenzierung führt die Zufälligkeit des Erfolgseintritts unmittelbar nämlich nur bei Konstellationen, welche dem „klassischen" *error in persona vel obiecto* bzw. *aberratio ictus* ähnlich sind, i. e. bei Schlägen, Schüssen oder anderen Gewalttaten. Ein Schuss kann beispielsweise sowohl einen Menschen oder ein Tier verwunden, als auch zur Beschädigung einer Sache füh-

---

729 Siehe bereits oben Teil 3 § 10 C. II. 2.
730 Siehe bereits oben Teil 3 § 10 C. IV. 5.
731 *Gropp*, Lenckner-FS, 55, 65.

ren. Die Explosion eines Sprengsatzes mit Zeitzünder kann ebenfalls unter Umständen nur zu einer Sachbeschädigung führen. In allen anderen Fällen handelte es sich um Angriffe, denen von vornherein nur ein Mensch zum Opfer fallen konnte (abgesehen vielleicht noch von den Vergiftungsfällen). Eine Beleidigung kann eben nur von einem Menschen verstanden werden, Opfer einer Falschverdächtigung kann eben nur ein Mensch, Tatobjekt einer Urkundenfälschung nur eine Urkunde sein. Auch in den „Auto- und „Briefbombenfällen" konnte der den Erfolg auslösende Mechanismus nur von einer Person aktiviert werden.

Die *aberratio ictus* wäre demnach mehr oder weniger auf den Standardfall beschränkt. Für die Mehrzahl der Fälle wäre das Ergebnis fraglich.

8. Eigener Ansatz

Tatsächlich kann man, *Gropp* folgend, eine Abgrenzung zwischen *error in persona vel obiecto* und *aberratio ictus* bei den Distanzdelikten nur aus einem *Strukturvergleich* der beiden Rechtsfiguren herleiten.

Doch bei der Betrachtung der beiden Rechtsfiguren im Standardfall fällt noch ein weiterer struktureller Unterschied auf, nämlich die *objektive Gefährdung des Motivobjekts*.

Beim *error in persona vel obiecto* im Standardfall beschränkt sich die Gefahr des tatbestandlichen Erfolgseintritts von vornherein allein auf das Angriffs-/Verletzungsobjekt. Nur bezüglich dieses Objekts hat der Täter nach seiner Vorstellung zur Ausführung der Tat angesetzt (A schießt auf den *B*, den er für C hält). Das *Motivobjekt* (C) hingegen war objektiv nie in Gefahr, zumeist wird es nicht einmal in der Nähe des Tatorts gewesen sein. *Der Angriff konnte also das Motivobjekt nicht erreichen*. So bestand beispielsweise für den Sohn im „Hoferbenfall" zum Zeitpunkt der Tatausführung keinerlei Gefahr, da der Täter ja den Nachbarn anvisiert hatte. Selbst bei einem Fehlgehen hätte der Schuss nicht den abwesenden Sohn treffen können.

Bei der *aberratio ictus* dagegen setzt der Täter unmittelbar zur Verletzung des *Motivobjekts* an und macht dieses zum Ziel seines Angriffs. Das *Motivobjekt* wird also objektiv durch die Tathandlung gefährdet. *Der Angriff hätte aber ebenso gut das Motivobjekt wie das Verletzungsobjekt erreichen können*. Wenn A auf B zielt, danebenschießt und C trifft, dann hätte der Schuss ebenso wahrscheinlich B treffen können.

Auf einen Nenner gebracht kann das Abgrenzungskriterium zwischen *error in persona vel obiecto* und *aberratio ictus* folgendermaßen umschrieben werden: Ein *error in persona vel obiecto* kann nur dann angenommen werden, wenn die Tathandlung für das *Motivobjekt* keinerlei Risiko geschaffen hat, der Erfolg also gar nicht beim *Motivobjekt* hätte eintreten können; wäre hingegen der Erfolgseintritt beim *Motivobjekt* hypothetisch möglich gewesen, liegt eine *aberratio ictus* vor.

Im Unterschied zu *Jakobs* u.a. wird mithin nicht auf die Vorhersehbarkeit des Erfolgseintritts beim *Verletzungsobjekt* abgestellt, sondern auf die Möglichkeit des Erfolgseintritts beim *Motivobjekt*.

Dieses soll zunächst an einigen Standardfällen des *error in persona vel obiecto* und der *aberratio ictus* veranschaulicht werden. Im „Notwehrfall" beispielsweise bestand zum Tatzeitpunkt die Möglichkeit, dass, wie vom Täter beabsichtigt, statt der Ehefrau der angreifende Ehemann den Schlag abbekommen könnte. Beim „Hoferben-" und beim „Rose-Rosahl- Fall" hingegen war allein das Angriffsobjekt, die „falsche" Person, gefährdet.

Nach diesem Ansatz lässt sich auch erklären, warum bei einem Zusammentreffen von *error in persona vel obiecto* und *aberratio ictus* selbst dann nur Versuch in Tateinheit mit Fahrlässigkeit anzunehmen ist, wenn die Abirrung tatsächlich das ursprüngliche Motivobjekt trifft. Wenn A auf den B schießt, den er für C hält, der Schuss aber fehlgeht und tatsächlich den im Gebüsch versteckten C trifft, so war der C wegen seiner Anwesenheit am Tatort von vornherein dem Risiko ausgesetzt, dem Angriff zum Opfer zu fallen.

Dieses Kriterium bereitet auch bei der Übertragung auf die Distanzdelikte keine Schwierigkeiten, da es sich auf jede Fallgestaltung anwenden lässt. Bei den Beispielsfällen muss daher hinsichtlich der verschiedenen Tatbestandsvarianten danach differenziert werden, ob der Täter mittels des von ihm initiierten Kausalverlaufs ein Risiko auch für das *Motivobjekt* gesetzt hat.

Hat der Täter im Grundfall des „Autobombenfalls" den Sprengsatz am PKW des Motivobjekts B angebracht, so hat er dadurch auch eine Gefahr für dieses gesetzt. Denn es war hier nur Zufall, dass eine andere Person C den PKW als erster benutzte, ebenso hätte B dies selbst tun können. Der Angriff hätte also auch den B treffen können. Deshalb liegt hier eine *aberratio ictus* vor.

Hat der Täter dagegen den Sprengsatz wie im BGH-Fall versehentlich am PKW des Nachbarn angebracht, so bestand das Risiko, der Bombe zum Opfer zu fallen, nur für diesen, da der B den PKW gar nicht hätte nutzen können. Das wäre ein *error in persona*.

Das gleiche gilt für den Briefbombenfall" bzw. den „Telefonbeleidigerfall". Nur wenn der Täter die falsche Nummer oder Adresse gewählt hatte, der Anruf oder Brief demnach den B gar nicht hätte erreichen können, kann man von *error in persona* ausgehen. Ist der Anruf/Brief hingegen bei B angekommen und wird nur von einem anderen entgegengenommen, liegt nur eine *aberratio ictus* vor.

Den „Fangbrieffall" hat der BGH zutreffend als *aberratio ictus* eingeordnet. Da die Täterin den Fangbrief in den Schreibtisch des Prokuristen gelegt hatte, hätte dieser ihn theoretisch auch öffnen können. Etwas anderes würde gelten, wenn die Täterin den Brief in das falsche Zimmer gelegt hätte.

Bei den „Tauschfällen" (Platztausch, Hotelzimmer) liegt nur ein den Vorsatz nicht ausschließender *error in persona* vor, weil die vergifteten Speisen/Getränke nur vom Verletzungsobjekt C, nicht aber vom Motivobjekt B konsumiert werden konnten.

Im „Enzianschnapsfall" dagegen hätte der Ehemann den Schnaps auch selbst trinken können, weshalb eine *aberratio ictus* anzunehmen ist.

Der „Heckenschützenfall" ist indes überhaupt nicht problematisch, da er bei näherer Betrachtung nichts anderes ist als der Standardfall einer Verwechslung im Sinne des *error in persona vel obiecto*. Der Täter hat genau das Objekt, welches er anvisiert hat, auch getroffen. Die Situation ist nicht anders zu beurteilen, als wenn der Täter eine Person anhand ihrer Kleidung als A identifiziert hätte, wobei es sich in Wirklichkeit um B handelte.

Auch der „Urkundenfall" ist eigentlich unproblematisch zu lösen. Denn der Täter hat hier seine Unterschrift genau auf dem Stück Papier geleistet, auf welches er sie auch setzen wollte. Eine Verwechslung oder Abirrung liegt hier nicht vor. Geirrt hat sich der T nur über den Inhalt der Urkunde. Dieser ist aber kein Tatbestandsmerkmal des § 267 StGB, und damit liegt nur ein *unbeachtlicher Motivirrtum* vor. Der Fall ist zu vergleichen mit der Konstellation, dass A den B tötet, weil ihm jemand vorgespiegelt hat, dieser habe ein Verhältnis mit seiner Frau. Hier ist der Täter nur einem unbeachtlichen Irrtum über Eigenschaften des Tatobjekts (Inhalt der Urkunde, Beziehung zur Ehefrau) unterlegen.

Zu den „Einbrecher- und Diebesfällen" gilt das bereits zum Ansatz von *Hsu* Gesagte[732]. Sofern es sich um einen atypischen Kausalverlauf handelt, scheidet bereits die objektive Zurechenbarkeit aus. In den anderen Fällen ist ganz normal nach dem Risiko für das Motivobjekt abzugrenzen[733].

V. Ergebnis zu den Distanzdelikten

Die Abgrenzung zwischen *error in persona vel obiecto* und *aberratio ictus* kann bei den Distanzdelikten weder anhand der Wesentlichkeit der Kausalabweichung noch anhand subjektiver Kriterien gezogen werden; sie muss vielmehr *objektiv* festgestellt werden[734].

Aus dem *Strukturvergleich* der beiden Rechtsfiguren ergibt sich, dass die *Gefährdung des Motivobjekts* beim *error in persona vel obiecto* regelmäßig ausge-

---

732 Siehe bereits oben Teil 3 § 10 C. IV. 6.
733 Landet die Briefbombe beispielsweise ob eines Versehens des Postboten im falschen Briefkasten, so bleibt es bei einem *error in persona*, weil der ursprüngliche Empfänger (Motivobjekt) den Brief nicht öffnen wird.
734 Siehe oben Teil 3 § 10 C. IV. 8.

schlossen ist, während der Angriff bei der *aberratio ictus* dieses Objekt nur zufällig verfehlte.

Ein *error in persona vel obiecto* kann nach der hier vertretenen Ansicht somit immer dann angenommen werden, wenn die Tathandlung für das *Motivobjekt* keinerlei Risiko geschaffen hat, der Erfolg also gar nicht beim *Motivobjekt* hätte eintreten können. Wäre hingegen der Erfolgseintritt beim *Motivobjekt* hypothetisch möglich gewesen, liegt eine *aberratio ictus* vor.

Es wird ergo nicht auf die Vorhersehbarkeit des Erfolgseintritts beim *Verletzungsobjekt* abgestellt, sondern auf die Möglichkeit des Erfolgseintritts beim *Motivobjekt*[735].

D. Auswirkungen der Personenverwechslung des Haupttäters auf den Anstifter

Abschließend soll noch einmal kurz auf eine weitere umstrittene Problematik aus dem Bereich der *Irrtümer über das Tatobjekt* eingegangen werden. Es handelt sich um die den höchstrichterlichen Entscheidungen im „Rose-Rosahl-Fall", dem „Hoferbenfall" und dem „Autobombenfall" zugrundeliegende Konstellation, dass der Täter, welcher einer Personenverwechslung unterliegt, die Tat nicht in eigenem Interesse, sondern im Auftrag eines Hintermannes begeht. Dann stellt sich die Frage, ob und gegebenenfalls wie der Erfolgseintritt am „falschen" Objekt auch dem Hintermann zugerechnet werden kann.

Im Gegensatz zu der Konstellation der *aberratio ictus* des Haupttäters, welche nach einhelliger Ansicht auch für den Hintermann nur eine Strafbarkeit wegen (Anstiftung zum) Versuch am Angriffsobjekt und Fahrlässigkeit bezüglich des Verletzungsobjekts begründen soll[736], ist der Zusammenhang zwischen dem *error in persona* des Vordermanns und dem vorsätzlichen Handeln des Hintermanns bis dato umstritten. Die höchstrichterliche Rechtsprechung[737] und ein Teil der Literatur[738] wollen, wenn auch teilweise mit unterschiedlicher Argumentation, den Hintermann gleich dem Täter bestrafen, also wegen vorsätzlicher Begehung. Die Gegenansicht[739] sieht im *error in persona* des Täters nur eine *aberratio ictus* des Hintermanns. Ein vermittelnder Ansatz[740] schließlich versucht, die Zurechnung anhand des Verhaltens des Täters festzulegen, namentlich, ob sich der Täter an Anweisungen des Anstifters hält.

---

735 Siehe oben Teil 3 § 10 C. IV. 8.
736 Vgl. beispielsweise *Noack*, S. 41; *Hillenkamp*, S. 61; *Schreiber*, JuS 85, 873, 876.
737 Siehe unten Teil 3 § 10 D. I.
738 Siehe unten Teil 3 § 10 D. II.
739 Siehe unten Teil 3 § 10 D. III.
740 Siehe unten Teil 3 § 10 D. IV.

Zwar ist auch bei den Rechtsfiguren der Mittäterschaft, der mittelbaren Täterschaft und der Beihilfe die Frage nach der Strafbarkeit des Beteiligten oder Teilnehmers grundsätzlich gerechtfertigt; auf diese Themen soll an dieser Stelle allerdings nicht eingegangen werden, weil diese Konstellationen für die Untersuchung nicht relevant sind. Vielmehr soll sich die Darstellung auf den auch in der Rechtsprechung vorherrschenden Fall der Personenverwechslung bei *Anstiftung* beschränken.

Um genau diese Problematik ging es auch in den grundlegenden Rechtsprechungsfällen zu *error in persona* und *aberratio ictus*[741]. So hatten sowohl im „Rose-Rosahl-Fall"[742] als auch im „Hoferbenfall"[743] die Täter im Auftrag des Arbeitgebers bzw. Auftraggebers gehandelt. Auch im „Autobombenfall" des BGH[744] war einer von zwei Sprengsätzen am „falschen" PKW von beauftragten Tätern installiert worden[745].

I. Rechtsprechung

Der BGH war im „Hoferbenfall" und im „Autobombenfall" ebenso wie das Preußische Obertribunal im „Rose-Rosahl-Fall" zu der Auffassung gelangt, in Fällen des *error in persona vel obiecto* des Vordermanns müsse auch der Hintermann wegen Anstiftung bestraft werden.

Dieses ergebe sich bereits aus den allgemeinen Regeln der Akzessorietät, durch welche klargestellt werde, dass der Teilnehmer gemäß § 26 StGB gleich dem Täter zu bestrafen sei. Dem Hintermann solle keine Möglichkeit gelassen werden, sich durch die Einschaltung eines Mittelsmanns der Haftung zu entziehen[746]. Schließlich liege der Strafgrund der Anstiftung gerade in der Mitverursachung der Straftat durch den Anstifter[747]. Durch das Bestimmen des unmittelbaren Täters schaffe der Anstifter ein oft unbeherrschbares[748] Risiko, welches er sodann aber aus seinem Steuerungsbereich entlasse[749]. Zwar sei die Akzessorietät von Täterschaft und Teilnahme nicht absolut, doch Raum für eine Ausnahme bliebe in Konstellationen des *error in persona* des Vordermanns in der Regel

---

741 Um diese Konstellation ging es sowohl im „Rose-Rosahl-Fall" als auch im „Hoferbenfall" und im „Autobombenfall".
742 Vgl. Preuß. OT. GA 7, 332ff.
743 Vgl. BGHSt 37, 214.
744 Vgl. BGH NStZ 98, 294f.
745 Siehe oben Fn. 644..
746 Vgl. z. B. S/S-*Heine*, Vorbem. zu § 25 ff, Rn. 45.
747 Vgl. BGHSt 37, 214, 217.
748 So zumindest der BGH im „Autobombenfall" NStZ 98, 294f.
749 Ausführlich vgl. BGHSt 37, 214, 217ff.

nicht. Bereits nach den Regeln über die Kausalabweichung müsse von einer Zurechnung ausgegangen werden. Eine Personenverwechslung liege nämlich, wie die Sachverhalte demonstrierten, keinesfalls außerhalb jeglicher Lebenserfahrung, sondern sei oftmals sogar vorhersehbar[750].

Ergebnis dieser Überlegungen war jeweils eine Verurteilung des Hintermanns wegen Anstiftung zum (vollendeten) Tötungsdelikt.

Der BGH stützt seine Ansicht folglich hauptsächlich auf § 26 StGB und die Lehre von der Kausalabweichung.

II. Die Vollendungslösung

Der Lösung des BGH sind zahlreiche Stimmen in der Literatur beigetreten[751], obgleich die meisten davon nur dem Ergebnis, nicht aber der Argumentation des Gerichts zustimmen.

Wenn beim Haupttäter ein gattungsmäßiger Vorsatz ausreicht, so besteht nach dieser Ansicht kein Grund, für den Anstifter etwas anderes gelten zu lassen. Zu diesem Lösungsansatz wurde bereits oben abschließend Stellung genommen[752].

Die meisten Autoren versuchen jedoch, eine Lösung direkt über die Regeln der Akzessorietät (§§ 26 ff StGB) zu finden[753]. Auf die Lehre von der Kausalabweichung wird höchstens hilfsweise abgestellt[754].

Dabei wird maßgeblich anhand des Strafgrunds der Anstiftung argumentiert. Der Anstifter fördere nämlich nicht nur die strafbare Handlung eines anderen, er begehe vielmehr auch einen eigenen Angriff auf das geschützte Rechtsgut („Förderungstheorie"). *Puppe* spricht gar von einem „Unrechtspakt[755]" zwischen Täter und Anstifter. Solch eine Ebenbürtigkeit indiziere dann auch eine strafrechtliche Gleichbehandlung, wie sie von § 26 StGB gefordert werde.

Auch wenn der Anstifter nicht selbst einem Irrtum unterliege, initiiere er doch durch seine Anstiftungshandlung einen Kausalverlauf, welcher in den Erfolgseintritt beim Verletzungsobjekt münde[756].

---

750 Vgl. BGHSt 37, 214, 217ff.
751 Vgl. z. B. NK-*Puppe*, § 16 Rn. 107; *Loewenheim*, JuS 66, 310, 314; *Backmann*, JuS 71, 113, 119; *Puppe*, GA 84, 101, 120; *Geppert*, Jura 92, 163, 166f; *Gropp*, Lenckner-FS, 55, 65ff; *Schroth*, S. 107f; *Hsu*, S. 212ff.
752 Siehe oben Teil 3 § 10 B V.
753 Vgl. z. B *Backmann*, JuS 71, 113, 119; *Streng*, JuS 81, 910; *Geppert*, Jura 92, 163, 166f; *Hsu*, S. 212ff.
754 Vgl. zum Beispiel bei *Streng*, JuS 81, 910, 913.
755 *Puppe*, GA 84, 101, 120; *Schroth*, S. 109; ähnlich *Geppert*, Jura 92, 163, 166.
756 Explizit vgl. *Weßlau*, ZStW 104, 105, 125.

Schließlich sei auch die Rechtsfolge des *error in persona vel obiecto* die einzig angemessene, da eine versuchte Anstiftung nach § 30 StGB nur bei Verbrechen strafbar ist[757].

Auch *Gropp* kommt nach dem von ihm entwickelten Kriterium von der Zufälligkeit des Erfolgseintritts am gleichwertigen Objekt[758] in den Anstiftungsfällen zu einer Verurteilung wegen Anstiftung. Denn die Voraussetzung eines (vorsätzlichen) *error in persona vel obiecto* ist ja gerade, dass ein gleichwertiges Tatobjekt getroffen wird. Der Täter, welcher einer Personenverwechslung unterliegt, wird sicher, und nicht nur zufällig, eine andere Person zum Ziel des Angriffs machen. Das der *aberratio ictus* eigentümliche Merkmal der Zufälligkeit fehle bei derartigen Konstellationen vollends. Daher bleibe nur die Möglichkeit der Annahme eines *error in persona vel obiecto*[759].

III. Die Versuchslösung

Die Gegenansicht in der Literatur[760] sieht in dem *error in persona vel obiecto* des Täters eine *aberratio ictus* für den Anstifter. Der Hintermann soll demnach nur wegen *fahrlässiger Begehung* bezüglich des Angriffs-/Verletzungsobjekts und *versuchter Anstiftung* nach § 30 StGB[761] (vereinzelt auch wegen Anstiftung zum Versuch) zur Verletzung des Motivobjekts bestraft werden.

Aus den Vorschriften zur Teilnahme (§§ 26 ff StGB) kann auf eine Gleichbehandlung von Täter und Anstifter in diesen Sachverhaltskonstellationen nach dieser Ansicht nicht ohne weiteres geschlossen werden. Die dort statuierte Akzessorietät sei nämlich nicht absolut, sondern vielmehr nur limitiert; Durchbrechungen des Grundsatzes seien allgemein anerkannt[762]. Der Annahme, eine solche Akzessorietätslockerung könne auch beim Irrtum des Vordermanns einschlägig sein, stünde deswegen der Gesetzeswortlaut zumindest nicht im Wege[763].

Zum anderen stelle sich der Tatverlauf beim *error in persona* des Haupttäters aus der Sicht des Anstifters eher als *aberratio ictus* dar, nämlich als *Abirrung des*

---

757 Vgl. z. B. *Wessels/Beulke*, Rn. 577; *Loewenheim*, JuS 66, 310, 314.
758 Ausführlich siehe oben Teil 3 § 10 C. III. 4.
759 Ausführlich vgl. *Gropp*, Lenckner-FS, 55, 65f.
760 Vgl. u. a. SK-*Rudolphi*, § 16 Rn. 30; LK-*Vogel*, § 16 Rn. 89; *Schreiber*, JuS 85, 873, (876ff); *Roxin*, JZ 91, 680; *Schlehofer*, GA 92, 307, (310ff); *Noack*, S. 33ff.
761 Vgl. LK-*Vogel*, § 16 Rn. 89; SK-*Rudolphi*, § 16 Rn. 30; *Schreiber*, JuS 85, 873, (867f); *Roxin*, JZ 91, 680; *Schlehofer*, GA 92; 307, (310ff); *Noack*, S. 41.
762 Verwiesen wird dabei zumeist auf den „Agent provocateur", dem kein Vorsatz bezüglich eines vollendeten Delikts unterstellt werden soll.
763 Ausführlich vgl. u. a. SK-*Rudolphi*, § 16 Rn. 30; LK-*Vogel*, § 16 Rn. 89; *Schreiber*, JuS 85, 873, (876ff); *Roxin*, JZ 91, 680; *Schlehofer*, GA 92, 307, (310ff); *Noack*, S. 33ff.

Tatmittels. Vereinfacht gesagt könne man sich den Vordermann quasi als „verlängerten Arm" des Hintermanns vorstellen; richte sich der Angriff des Vordermanns gegen ein anderes Objekt als das Motivobjekt, so sei das für den Hintermann ein „Fehlgehen der Tat", genauso, als hätte er selbst danebengeschossen. Der Erfolgseintritt am Verletzungsobjekt weiche dermaßen von den Vorstellungen des Anstifters ab, dass von einer vorsätzlichen Tat hinsichtlich dieses Erfolgs nicht mehr gesprochen werden könne.

Ebenfalls oft herangezogen wird das sogenannte „Blutbadargument". Wenn dem Anstifter nämlich auch die Tötung des „falschen" Opfers zuzurechen wäre, so müsste er letztendlich auch dann haften, wenn der Täter, welcher die Personenverwechslung entdeckt hat, solange weiter tötet, bis er das „richtige" Opfer trifft. So würde dann den Anstifter unter Umständen die Verantwortung für ein ganzes Blutbad treffen[764].

Im Ergebnis soll der Anstifter wegen *versuchter Anstiftung* zur Tötung des Motivobjekts und fahrlässiger Tötung des Verletzungsobjekts strafbar sein. Die Fahrlässigkeitstat hat der Anstifter dabei durch die Initiierung des Kausalverlaufs mittels Bestimmen des Täters eigenhändig verwirklicht.

Eine Bestrafung des Anstifters wegen *Anstiftung zum Versuch* der Tötung des Motivobjekts wird mehrheitlich abgelehnt[765]. Beim *error in persona vel obiecto* des Haupttäters lag bezüglich des Motivobjekts nicht einmal ein unmittelbares Ansetzen zur Tat vor[766], weil dieses am Tatort nicht anwesend war.

IV. Differenzierende Einordnung

In letzter Zeit haben sich in der Literatur einige Lösungsansätze herausgebildet, welche die Fallgestaltung der Personenverwechslung des Vordermanns weder einheitlich der Rechtsfigur der *aberratio ictus* noch der des *error in persona vel obiecto* zuordnen wollen.

Schlehofer[767] beispielsweise geht grundsätzlich von der Annahme einer *aberratio ictus* des Anstifters aus, es sei denn, die Gefahr einer Personenverwechslung sei vorhersehbar gewesen. Dann müsse dem Anstifter auch ein Vorsatz bezüglich der Verletzung des Verletzungsobjekts unterstellt werden.

---

764 Vgl. SK-*Rudolphi*, § 16 Rn. 30; *Schreiber*, JuS 85, 873, 876.
765 Vgl. LK-*Vogel*, § 16 Rn. 89; SK-*Rudolphi*, § 16 Rn. 30; *Schreiber*, JuS 85, 873, 876f; *Roxin*, JZ 91, 680; *Schlehofer*, GA 92, 307, 310ff; *Noack*, S. 41; siehe auch oben Teil 3 § 10 B.
766 Vgl. *Schlehofer*, GA 92, 307, 317; *Schreiber*, JuS 85, 873, 877.
767 Vgl. *Schlehofer*, GA 92, 307ff.

In dieselbe Richtung geht *Toepel*[768]. Er will die Problematik über den *dolus eventualis* lösen. Habe der Anstifter wenigstens mit bedingtem Vorsatz die Möglichkeit einer Verwechslung erfasst oder sie gar durch unzureichende Instruktion des Vordermannes begünstigt, so sei ihm diese zuzurechnen.

Am meisten Anklang gefunden hat jedoch jener Ansatz, welcher auf das Verhalten des Haupttäters abstellt[769].

Zu beachten sei nämlich, dass dieser keinesfalls nur einen „verlängerter Arm" des Anstifters darstelle, sondern selbständig und eigenverantwortlich den Tatverlauf beeinflussen könne. Zwar solle der Anstifter grundsätzlich gleich dem Täter bestraft werden, für Eigenmacht des Täters treffe ihn jedoch keine Verantwortung. Daher soll der Anstifter wegen vorsätzlicher Tat bestraft werden, solange sich der Haupttäter im Rahmen der Anweisungen des Anstifters zur Identifizierung des Tatobjekts, mögen diese auch noch so unbestimmt sein, bewegt[770]. Weiche der Täter aber wissentlich und willentlich von diesen Anweisungen ab, so liege ein Täterexzess vor, welcher dem Anstifter nicht zuzurechnen sei. Gleiches müsse aber auch gelten, wenn sich der Täter unbewusst, z. B. aufgrund eines Missverständnisses, über die Anweisungen hinwegsetze. Denn in einem solchen Verhalten verwirkliche sich nicht mehr das vom Anstifter gesetzte Risiko[771].

Nach dieser Ansicht wäre in allen Rechtsprechungsfällen eine Verurteilung wegen Anstiftung nicht zu beanstanden gewesen, da die Täter jeweils gemäß den Instruktionen des Anstifters gehandelt hatten.

V. Stellungnahme

1. Zur Vollendungslösung

Soweit sich der BGH zur Begründung eines Vorsatzdeliktes auf die Lehre von der Wesentlichkeit der Kausalabweichung bezieht, gilt das bereits oben[772] zu dieser Theorie Gesagte. Das Kriterium der Wesentlichkeit ist viel zu schwammig, als dass daraus etwas abzuleiten wäre. Zudem wird zu bedenken sein, dass die Möglichkeit einer Personenverwechslung durch einen beauftragten Täter

---

768 Vgl. *Toepel*, JA 97, 248ff, 250ff, 255.
769 Vgl. u. a. S/S-*Sternberg-Lieben*, § 15 Rn. 59a; *Weßlau*, ZStW 104, 105, 125ff; *Wessels/Beulke*, Rn. 579.
770 Vgl. u. a. S/S-*Sternberg-Lieben*, § 15 Rn. 59a; *Wessels/Beulke*, Rn. 579; *Weßlau*, ZStW 104, 105, 125ff, 130f.
771 Vgl. u. a. S/S-*Sternberg-Lieben*, § 15 Rn. 59a; *Wessels/Beulke*, Rn. 579; *Weßlau*, ZStW 104, 105, 125ff, 131.
772 Siehe oben Teil 2 § 7 B. I. 2 b.

(welcher das Opfer unter Umständen noch nie gesehen hat) in den meisten Fällen nicht ganz fernliegen wird, so dass man nur bei äußerst ungewöhnlichen Sachverhalten zu einer wesentlichen Abweichung käme[773].

§ 26 StGB spricht zwar auf den ersten Blick für eine Gleichbehandlung von Täter und Teilnehmer. Jedoch wird zu Recht auch von Befürwortern einer Vollendungsstrafbarkeit darauf hingewiesen, dass die Akzessorietät zwischen Täterschaft und Teilnahme begrenzt ist[774]. Sie findet ihre Grenze am subjektiven Tatbestand der Teilnahmehandlung. Nur diejenigen Tathandlungen, welche der Anstifter in seinen Vorsatz aufgenommen hat, können ihm auch zugerechnet werden. Deshalb führt ein pauschaler Verweis auf die Strafbarkeit des Haupttäters nicht weiter.

Auch das Argument, der Anstifter dürfe schließlich nicht durch die Zwischenschaltung eines Mittelsmannes die Verantwortung für die Tat auf diesen abwälzen[775], überzeugt nicht. Zum einen wird hier wieder vom Ergebnis her argumentiert. Zum anderen hat der Hintermann die Tat nun einmal nicht ausgeführt, ihm kann nur der Tatbeitrag des Vordermannes zugerechnet werden.

Dass die *Versuchslösung* mitunter zu Strafbarkeitslücken führt, weil bei manchen Delikten weder der Versuch der Anstiftung noch die fahrlässige Begehungsweise unter Strafe gestellt sind, mag zwar ungerecht erscheinen, ist aber als gesetzgeberische Entscheidung hinzunehmen[776]. Ein Argument für die *Vollendungslösung* ist daraus jedenfalls nicht abzuleiten.

Zuzugeben ist diesem Lösungsansatz allerdings, dass der Anstifter tatsächlich durch das Bestimmen des Täters eine Kausalkette initiiert, welche letztendlich im Erfolgseintritt mündet[777]. Der Täter streut also ein Risiko, welches er dann bewusst aus seinen Händen in die Hände des Täters gibt. Dabei ist seine Steuerungsfähigkeit noch beschränkter als bei den Distanzdelikten, da bei diesen zwar auch ein abweichender Kausalverlauf aufgrund technischen Versagens oder höherer Gewalt denkbar ist, bei jenen aber immer die Möglichkeit der Eigenmacht des Vordermanns im Raum steht. Es muss also eine Lösung gefunden werden, welche sowohl die Streuung des Risikos als auch dessen Unbeherrschbarkeit berücksichtigt.

Gropps Begründung einer Vollendungsstrafbarkeit[778] ist logisch stringent. Wenn sich die Abgrenzung von *error in persona* und *aberratio ictus* allein nach einem objektiven Kriterium, der Zufälligkeit des Erfolgseintritts, bestimmt, muss

---

773 Vgl. auch *Hsu*, S. 212.
774 Vgl. z. B. *Schroth*, S. 107.
775 Vgl. z. B. BGHSt 34, 217; *Backmann*, JuS 71, 113, 119.
776 Ausführlich siehe bereits oben Teil 3 § 10 B. V.
777 Vgl. auch *Puppe,* GA 84, 101, 102.
778 Siehe oben Teil 3 § 10 D. II.

das Ergebnis für Täter und Teilnehmer stets dasselbe sein. Allerdings bedarf dieses Ergebnis einer vertieften Begründung zur Frage der Zurechenbarkeit des Erfolgseintritts für den Anstifter.

Zur Begründung der *Vollendungslösung* wurden bis dato noch keine ausreichenden Argumente vorgebracht.

2. Zur Versuchslösung

Dass er bisweilen zu Strafbarkeitslücken führen mag, kann diesem Ansatz wie gesagt[779] einerseits nicht entgegengehalten werden.

Allerdings kann dieser Lösungsweg andererseits auch keine überzeugenden Argumente für sich beanspruchen. Bereits das standardmäßig vorgebrachte „Blutbadargument" erweist sich als wenig stichhaltig. Denn wenn der Anstifter den Täter beauftragt hat, *einen* Menschen zu töten, so hatte er auch nur Vorsatz bezüglich der Tötung *eines* Menschen. Der dem Anstifter zurechenbare Beitrag des Teilnehmers ist mit der ersten Tötung aufgebraucht[780]. Sämtliche weiteren Ausführungshandlungen seitens des Täters sind vom Vorsatz des Anstifters nicht umfasst, sondern stellen vielmehr einen *Exzess* des Täters dar. Das „Blutbadargument" wird somit mit Recht überwiegend abgelehnt[781].

Dass der Täter auch nicht als „verlängerter Arm" des Anstifters gesehen werden kann, wurde bereits oben[782] angedeutet. Denn im Gegensatz zu der klassischen Konstellation der *aberratio ictus* muss der Anstifter nicht nur sein eigenes oder technisches Versagen einkalkulieren, sondern auch das Verhalten des Täters. Der Täter ist eben kein bloßes willenloses Werkzeug, welches der Anstifter beherrscht; die *Tatherrschaft* liegt immer beim Täter, nicht beim Teilnehmer. Der Anstifter haftet aber nur für Erfolge, die *er* objektiv und subjektiv voraussehen konnte. Deshalb muss streng abgegrenzt werden, welche Verhaltensweisen des Täters dem Anstifter noch zuzurechnen sind.

---

779 Siehe oben Teil 3 § 10 D. V. 1.
780 Anders vgl. BGHSt 37, 214ff.
781 Vgl. bereits BGHSt 37, 214, 217, ebenfalls NK-*Puppe*, § 16 Rn. 112; dies. GA 81, 1, 5, 19; *Roxin*, JZ 91, 680ff; *Geppert*, Jura 92, 163, 166.
782 Siehe oben Teil 3 § 10 D. V. 1.

3. Zu den differenzierenden Ansätzen

Der Ansatz *Schlehofers* wurde bereits im Rahmen der *Distanzdelikte* dargestellt und abgelehnt[783]. Seine Theorie steht im Widerspruch zur Struktur von *error in persona vel obiecto* und *aberratio ictus*. Tatsächlich ist der *aberratio ictus* die Gefahr für andere Objekte immanent, während sie beim *error in persona vel obiecto* fehlt.

Das Problematische am Ansatz *Toepels* ist die objektive Nachweisbarkeit des subjektiven Kriteriums. Hier kann der Anstifter durch eine geschickte, nicht zu widerlegende Einlassung die Feststellungen des Gerichtes beeinflussen.

Dem zu den *Distanzdelikten* entwickelten Ansatz[784] zufolge lassen sich die Rechtsfiguren des *error in persona vel obiecto* und der *aberratio ictus* anhand des *Erfolgsrisikos für das Motivobjekt* abgrenzen. Würde man diesen Ansatz unmittelbar auf die Fälle der Personenverwechslung durch den Vordermann übertragen, so käme man im „Rose-Rosahl-Fall" und dem „Hoferbenfall" wie der BGH zu dem Ergebnis, dass auch der Anstifter nur einem *error in persona* unterlag und daher wegen (vorsätzlicher) Anstiftung haftet. Im „Autobombenfall" des BGH hingegen, in dem der Sprengsatz am falschen PKW angebracht wurde, läge nach dem zuvor Gesagten für den Täter eine (vorsatzausschließende) *aberratio ictus* vor. Hier könnte auch der Anstifter nur wegen versuchter Anstiftung, gegebenenfalls in Tateinheit mit fahrlässiger Begehung, verurteilt werden.

Doch wie bereits oben ausgeführt, verbietet sich eine schematische Gleichsetzung der Strafbarkeit des Anstifters mit der des Täters. Ein überzeugender Lösungsansatz kann daher nicht allein aus den äußeren Tatumständen abgeleitet werden wie bei den Distanzdelikten. Denn bei der Anstiftung hat der Anstifter nicht die Herrschaft über das Geschehen inne, seine Tathandlung führt nur *mittelbar* zum Erfolg. Die Zurechnung kann daher auch nicht so weit gehen wie bei unmittelbarer Täterschaft. Vielmehr stößt sie dort an ihre Grenze, wo der Täter eigenverantwortlich handelt. Es gilt auch hier wieder der Grundsatz, dass der Verantwortungsbereich eines jeden dort endet, wo der Bereich eines anderen beginnt.

Mithin vermag jener Ansatz, welcher die Zurechnung des Erfolgs für den Anstifter an die Befolgung von Weisungen durch den Täter koppelt[785], am ehesten zu überzeugen.

Befolgt der Täter demnach die Anweisungen des Anstifters zur Identifizierung des Angriffsobjekts und unterliegt er trotzdem einer Personenverwechslung, so kann man daraus schließen, dass die Beschreibung des Vordermanns ungenau

---

783 Ausführlich siehe oben Teil 3 § 10 C. II. 2. und IV. 2.
784 Ausführlich siehe oben Teil 3 § 10 C. IV. 8.
785 Ausführlich zum Ganzen *Weßlau*, ZStW 104, 105, 125ff.

oder irreführend war. Die Gefahr einer Personenverwechslung durch den Täter war also von vornherein immanent. Trifft der Täter nun aber ein Objekt, welches dieser Beschreibung entspricht, so ist der Erfolg an einem tatbestandsmäßigen Objekt eingetroffen; im tatbestandsmäßigen Erfolg hat sich genau die durch den Anstifter initiierte Gefahr (einer Personenverwechslung) realisiert. Hier kann letztendlich nichts anderes gelten, als wenn der Anstifter selbst die Tathandlung ausgeführt hätte[786]. Hier war bereits die „Programmierung des Tatmittels"[787] (des Vordermannes) fehlerhaft.

Weicht der Täter hingegen von den Anweisungen des Anstifters ab, so kann dem Anstifter der Erfolg nicht zugerechnet werden, mochte der Täter nun willentlich oder versehentlich gehandelt haben. Bei vorsätzlicher Übertretung liegt im Alleingang des Täters ein Exzess, für den der Anstifter bereits nach den allgemeinen Regeln von Täterschaft und Teilnahme nicht haftet. Doch auch wenn der Täter nur aufgrund eines Missverständnisses die Anweisungen nicht befolgt, kann dem Anstifter der Erfolgseintritt am „falschen" Objekt nicht zugerechnet werden. Denn wenn der Täter ein Objekt verletzt, auf das die Beschreibung des Anstifters nicht passt, so hat sich in diesem Erfolg nicht mehr die durch die Anstiftungshandlung geschaffene Gefahr realisiert.

Der Anstifter setzt durch seine Tathandlung folglich nur eine Gefahr für Objekte, welche seiner Beschreibung entsprechen, nicht aber für jedes beliebige gleichwertige Objekt.

Daher ist anhand des Einzelfalles zu untersuchen, ob der Täter die Anweisungen des Anstifters befolgt hat, also ob das Verletzungsobjekt noch der Beschreibung des Anstifters entsprach. Das war im „Rose-Rosahl-Fall" und dem „Hoferbenfall" unbestreitbar der Fall. Hier hatten sich die Täter jeweils genau an die detaillierten Angaben der Auftraggeber gehalten. Rose und der Vater des Hoferben waren mithin zu Recht wegen Anstiftung zum vollendeten Delikt verurteilt worden. Im „Autobombenfall" des BGH hatte die Anweisung der Anstifter wohl recht lapidar gelautet, „X" umzubringen; dabei war die nähere Ausführung der Tat und wohl auch die Identifizierung des Opfers den Tätern überlassen worden. Je vager jedoch die Anweisungen des Anstifters ausfallen, desto eher haftet er auch für den Erfolg. Hier war die Beschreibung derart ungenau, dass auch noch das tatsächliche Verletzungsobjekt (der Nachbar) in dieses Raster passte.

Dem Anstifter ist der Erfolgseintritt aufgrund der Personenverwechslung durch den Täter also regelmäßig als vorsätzlich bewirkt zuzurechnen, es sei

---

786 So wäre es durchaus denkbar, dass der *Vater* im „Hoferbenfall" als unmittelbarer Täter ob der schlechten Lichtverhältnisse und der frappierenden Ähnlichkeit des Nachbarn mit dem Motivobjekt ebenfalls einer Verwechslung unterlegen wäre.
787 Um eine Formulierung *Toepels* aufzugreifen, vgl. JA 97, 248, 250ff.

denn, der Täter hat sich bewusst oder unbewusst über die Anweisungen des Anstifters hinweggesetzt.

Dieser Lösungsvorschlag wäre letzten Endes sogar mit dem „Wesentlichkeitskriterium" des BGH vereinbar: eine Personenverwechslung durch den Täter liegt nie außerhalb der Lebenserfahrung, die Eigenmacht des Täters unter Umständen sehr wohl.

VI. Ergebnis zur Auswirkung der Personenverwechslung des Haupttäters auf den Anstifter

Während bei einer *aberratio ictus* des Haupttäters nach allgemeiner Ansicht auch der Hintermann nur wegen Anstiftung zum Versuch in Tateinheit mit Fahrlässigkeit zu bestrafen ist[788], vermag eine derart schematische Lösung nicht zu überzeugen, wenn der Vordermann einem *error in persona vel obiecto* unterlag.

Aus § 26 StGB kann eine bedingungslose Gleichbehandlung von Täter und Teilnehmer bezüglich der Strafbarkeit nicht abgeleitet werden[789].

Auch der zu den *Distanzdelikten* entwickelte Grundsatz ist auf die Konstellation des Irrtums des Angestifteten nicht unmittelbar übertragbar. Denn bei der Anstiftung hat der Anstifter nicht die Herrschaft über das Geschehen inne, seine Tathandlung führt nur mittelbar zum Erfolg. Mithin ist die Eigenmacht des Haupttäters ein weiterer Faktor, welcher zu berücksichtigen ist[790].

Es ist danach zu unterscheiden, ob sich der Haupttäter bei der Tatausführung an die Anweisungen des Hintermannes gehalten hat oder nicht. Befolgt der Täter die Anweisungen des Anstifters zur Identifizierung des Angriffsobjekts und unterliegt er trotzdem einer Personenverwechslung, so kann man daraus schließen, dass die Gefahr einer Personenverwechslung durch den Täter von vornherein immanent war. Trifft der Täter ein Objekt, welches dieser Beschreibung entspricht, so ist der Erfolg an einem tatbestandsmäßigen Objekt eingetroffen; im tatbestandsmäßigen Erfolg hat sich genau die durch den Anstifter initiierte Gefahr (einer Personenverwechslung) realisiert.

Weicht der Täter hingegen von den Anweisungen des Anstifters ab, so kann dem Anstifter der Erfolg nicht zugerechnet werden. Bei vorsätzlicher Übertretung liegt im Alleingang des Täters ein Exzess, für welchen der Anstifter bereits nach den allgemeinen Regeln von Täterschaft und Teilnahme nicht haftet. Doch auch wenn der Täter nur aufgrund eines Missverständnisses die Anweisungen nicht befolgt, kann dem Anstifter der Erfolgseintritt am „falschen" Objekt nicht

---

788 Siehe oben Teil 3 § 10 D.
789 Siehe Teil 3 § 10 D. V. 3.
790 Siehe Teil 3 § 10 D. V. 3.

zugerechnet werden. Wenn der Täter ein Objekt verletzt, auf welches die Beschreibung des Anstifters nicht passt, so hat sich in diesem Erfolg nicht mehr die durch die Anstiftungshandlung geschaffene Gefahr realisiert.

In der Tat realisiert sich demnach nur dann die vorsätzliche Teilnahmehandlung des Anstifters, wenn die Ausführung seinen Anweisungen, mithin der „Programmierung" durch den Anstifter [791] entspricht[792].

E. Ergebnis zu den Irrtümern über das Objekt des Erfolgseintritts

Bei der Rechtsfigur des *error in persona vel obiecto*[793] entspricht nach allgemeiner Ansicht der Taterfolg dem Tatentschluss des Täters. Es handelt sich somit weder um einen beachtlichen Irrtum über den Kausalverlauf noch um einen Fall der Diskongruenz von Tatverlauf und Vorsatz, sondern vielmehr um einen unbeachtlichen Motivirrtum.

Bei der *aberratio ictus*[794] dagegen hat sich der Vorsatz des Täters auf das verfehlte Angriffsobjekt konkretisiert. Der Erfolgseintritt beim Verletzungsobjekt stellt daher keine vorsätzliche Verwirklichung dar. Der Erfolg tritt nur zufällig an einem gleichwertigen Objekt ein, im Gegensatz zum *misslungenen Rücktritt*, bei welchem der Täter über die Wirksamkeit des bisher Getanen irrt, nicht aber über das Verletzungsobjekt. Es kommt nur eine Verurteilung wegen Versuchs in Tateinheit mit Fahrlässigkeit in Betracht.

In Fallgestaltungen, in denen der Täter das Angriffsobjekt nicht sinnlich wahrnimmt (*Distanzdelikte*)[795], kann zwischen *error in persona* und *aberratio ictus* anhand der Gefährdung des Motivobjekts differenziert werden. Nur wenn der Erfolgseintritt beim Motivobjekt ausgeschlossen ist, kann von einem *error in persona vel obiecto* ausgegangen werden, sonst liegt eine *aberratio ictus* vor.

Unterliegt der Haupttäter einer Personenverwechslung[796] in Form des *error in persona vel obiecto*, so ist der Erfolgseintritt dem Anstifter nur dann zuzurechnen, wenn die Tatausführung seinen Anweisungen entsprach. Denn nur dann hat sich ein durch die fehlerhafte Instruktion geschaffenes Risiko verwirklicht.

Ein unmittelbarer Vergleich mit dem *misslungenen Rücktritt* lässt sich allerdings weder beim *error in persona vel obiecto* noch bei der *aberratio ictus* ziehen. Beim *error in persona vel obiecto* handelt es sich um keine strafrechtlich

---

791 Vgl. *Gropp*, Lenckner-FS, 55, 65.
792 Siehe oben Teil 3 § 10 D. V. 3.
793 Siehe oben Teil 3 § 10 A.
794 Siehe oben Teil 3 § 10 B.
795 Siehe oben Teil 3 § 10 C.
796 Siehe oben Teil 3 § 10 D.

beachtliche Irrtumsproblematik, da in dieser Konstellation der Erfolgseintritt voll und ganz dem Tatentschluss des Täters entspricht; er hat dasjenige Objekt, zu dessen Verletzung er unmittelbar angesetzt hat, auch getroffen[797]. Auch bei der *aberratio ictus* kommt es auf die beim *misslungenen Rücktritt* maßgebliche Vorhersehbarkeit des tatsächlichen Erfolgseintritts, also auf das *kognitive* Vorsatzelement, nicht an, weil die zum Erfolgseintritt führende Handlung bereits aus anderen Gründen, nämlich mangels des Vorliegens des *voluntativen* Vorsatzelements, als unvorsätzlich eingestuft wird. Der Täter wollte nämlich gerade den Erfolgseintritt beim Verletzungsobjekt nicht[798].

Die „Irrtümer über das Objekt des Erfolgseintritts" lassen sich folglich zur Lösung des misslungenen Rücktritts nicht fruchtbar heranziehen.

§ 11 Die Irrtümer über den Zeitpunkt des Erfolgseintritts

Eine weitere Fallgruppe neben den Irrtümern über das Objekt des Erfolgseintritts bilden die Irrtümer über den Zeitpunkt des Erfolgseintritts.

In dieser Konstellation geht der Tatplan des Täters von einem mehraktigen Geschehen aus, wobei der Erfolg aufgrund eines bestimmten Aktes eintreten soll. Entgegen der Erwartung des Täters wird der Erfolgseintritt zwar am vorbestimmten Tatobjekt, jedoch durch einen anderen Akt als den vorhergesehenen ausgelöst.

Man unterscheidet hierbei zwischen dem sogenannten *dolus generalis* und dem *vorzeitigen Erfolgseintritt*. Während beim *vorzeitigen Erfolgseintritt* der Erfolg bereits aufgrund einer Handlung eintritt, welche der geplanten Tathandlung vorgeschaltet war, verwirklicht der Täter im Fall des *dolus generalis* den Erfolg erst durch ein vermeintliches Nachtatverhalten.

Nichts anderes als eine Abwandlung der Problematik des *vorzeitigen Erfolgseintritts* ist der bereits oben behandelte *misslungene Rücktritt*[799]. Denn letztendlich stellt der *vorzeitige Erfolgseintritt* nichts anderes dar als die notwendige Vorstufe zum *misslungenen Rücktritt*. Die Grundkonstellation bei beiden Fallgruppen ist dieselbe. Der Täter bedingt den Erfolgseintritt zu einem Zeitpunkt, zu welchem er noch zurücktreten zu können glaubt, nämlich im Versuchsstadium. Beim *misslungenen Rücktritt* gibt der Täter den Tatvorsatz auf und versucht zurückzutreten, während tatsächlich die Bedingung für den Erfolgseintritt bereits gesetzt ist und sich letztendlich manifestiert. Beim *vorzeitigen Erfolgseintritt* da-

---

797 Siehe oben Teil 3 § 10 A IV.
798 Siehe oben Teil 3 § 10 B VI.
799 Siehe oben Teil 2.

gegen nimmt der Täter nicht von der Tat Abstand, sondern handelt mit Vorsatz weiter.

Zur Verdeutlichung könnte man den *Ausgangsfall*[800] zum *misslungenen Rücktritt* folgendermaßen abwandeln: Der Angeklagte drehte den Gashahn nicht wieder zu, sondern blieb bei seinem ursprünglichen Plan, das Gasgemisch mittels eines Streichholzes zu entzünden. Bevor ihm dieses jedoch gelang, wurde die Explosion durch Betätigen der Türklingel ausgelöst. Da die beabsichtige Zweithandlung, das Entzünden des Streichholzes, ohne Auswirkung auf den Erfolg blieb und damit als Zurechnungsgrundlage unberücksichtigt bleiben muss, besteht auch hier als Grundproblem die Erfolgsverursachung durch eine von Täter noch nicht für erfolgstauglich gehaltene Versuchshandlung.

Man könnte also sagen, es handele sich um dieselbe Konstellation wie beim *misslungenen Rücktritt;* nur ohne Rücktritt. Der einzige Unterschied liegt in der inneren Tatseite, da der Täter hier den Erfolgseintritt noch will, dort aber nicht.

Im Folgenden sollen die verschiedenen Lösungsansätze zum *dolus generalis* und dem *vorzeitigen Erfolgseintritt* dargestellt werden. Beim *vorzeitigen Erfolgseintritt* stellt sich üblicherweise noch die Problematik des Erfolgseintritts im *Vorbereitungsstadium*.

A. Der dolus generalis

Bei der Rechtsfigur des *dolus generalis* handelt es sich um die Konstellation, dass der Täter irrig davon ausgeht, den Taterfolg bereits durch eine frühere Handlung bewirkt zu haben, während dieser tatsächlich erst unmittelbar aufgrund einer späteren Handlung des Täters eintritt. Klassisches Beispiel ist der Fall des Täters, welcher einen von ihm vermeintlich getöteten (Ersthandlung) Menschen in Verdeckungsabsicht im See versenkt; tatsächlich war das Opfer aber nur bewusstlos und ertrank[801].

Hier stellt sich die Frage, inwiefern dem Täter die zweite Handlung (Versenken) noch als vorsätzlich bewirkt zuzurechnen ist. Schließlich ging er im Zeitpunkt der Zweithandlung davon aus, der Erfolg (Tod des Opfers) sei bereits eingetreten. Es ergibt sich somit die Problematik, dass die fraglos vorsätzliche Ersthandlung des Täters noch nicht zum intendierten Erfolg führte, während der Erfolgseintritt durch die Zweithandlung bedingt wurde, hinsichtlich welcher der Täter weder wissentlich noch willentlich handelt. So könnte man sagen, der Täter im oben genannten Beispiel habe durch die Ersthandlung nur den Versuch einer Tötung begangen, während er den Tod des Opfers nur fahrlässig bewirkt ha-

---

800 Siehe oben Teil 1 § 1.
801 Vgl. BGHSt 14, 193f („Jauchegrubenfall").

be; zum Zeitpunkt der Zweithandlung sei der Tötungsvorsatz nämlich „erloschen", weil der Täter ja bereits vom Tod des Opfers ausging.

Zu dieser Ansicht kommen Teile der Literatur (*Versuchslösung*)[802]. Sie wollen den Täter lediglich wegen Versuchs in Tateinheit mit fahrlässiger Begehung bestrafen. Demgegenüber will die Rechtsprechung[803], gefolgt von der herrschenden Literaturmeinung[804], unter bestimmten Umständen eine Vollendungsstrafbarkeit annehmen. Daneben haben sich einige differenzierte Lösungsansätze herausgebildet, welche die Strafbarkeit anhand objektiver oder subjektiver Kriterien festlegen wollen[805].

Der Begriff des *dolus generalis* wurde im frühen 19. Jahrhundert in der Literatur entwickelt, welche die Vollendungsstrafbarkeit auf die Annahme eines „generellen Vorsatzes", der das gesamte Tatgeschehen mit Vor- und Nachtatverhalten umfasse, stützte und später von der Rechtsprechung aufgegriffen[806]. Obwohl dieser Lösungsansatz inzwischen allgemein als überholt gilt[807], ist doch die Beibehaltung dieser Terminologie sinnvoll, da sie in der Literatur verankert ist.

I. Rechtsprechungsfälle

Mit der Problematik des *dolus generalis* hatte sich die höchstrichterliche Rechtsprechung in der Vergangenheit wiederholt zu befassen[808]. Einige Entscheidungen sollen im Folgenden zur Illustration dargestellt werden.

1. Der „Leuchtgasfall"[809]

Der Täter wollte seine Ehefrau durch eine Gasvergiftung töten. Dazu wartete er, bis diese schlief, dann drehte er die Gasleitung im Schlafzimmer auf und verließ die Wohnung. Nach einem Zeitraum, welchen er für eine Vergiftung für ausreichend erachtete, kehrte er zurück. In dem Glauben, seine Ehefrau sei bereits tot,

---

802 Vgl. nur *Kühl*, § 13 Rn. 46; *Maiwald*, ZStW 78, 30, 34; *Hettinger*, Spendel-FS, 237, 249; *Sancinetti*, Roxin-FS, 349ff; *Kuhlen*, S. 493.
803 Vgl. nur RGSt 70, 256; OGHSt 1, 175; 2, 285; BGHSt 14, 193.
804 Vgl. z. B. *Fischer*, § 16 Rn. 9; S/S-*Sternberg-Lieben*, § 15 Rn. 58; SK-*Rudolphi*, § 16 Rn. 35; NK-*Puppe*, § 16 Rn. 82; *Wessels/Beulke*, Rn. 262ff; *Stratenwerth*, § 8 Rn. 92ff; *Wolter*, ZStW 89, 649ff; *Noack*, S. 61ff, 67.
805 Z. B. *Roxin*, Würtenberger-FS, 109ff; *Prittwitz*, GA 83, 110, 127; *Hsu*, S. 210ff; *Jakobs*, 8. Abschnitt Rn. 77ff; *Kindhäuser*, § 27 Rn. 50; *Frisch*, S. 620.
806 Vgl. noch OGHSt 1, 175.
807 Vgl. nur LK-*Vogel*, § 16 Rn. 58; *Wessels/Beulke*, Rn. 263ff; *Roxin*, § 12 Rn. 174.
808 Vgl. nur RGSt 67, 258; 70, 258; OGHSt 1, 175; 2, 285; BGHSt 14, 193.
809 Vgl. OGHSt 2, 285

ließ er daraufhin erneut Gas ausströmen, in der Absicht, eine Gasexplosion auszulösen um den Tod der Ehefrau als Unfall erscheinen zu lassen. Die Ehefrau verstarb wahrscheinlich erst durch die zweite Dosis Gas.

Das Gericht war hier der Ansicht, bereits die erste Gasvergiftung sei für den Tod der Ehefrau mitursächlich gewesen, und hatte daher den Täter wegen Totschlags verurteilt.

2. Der „Jauchegrubenfall"[810]

Die Täterin hatte während einer Handgreiflichkeit dem Opfer Sand in den Mund gestopft, um dieses am Schreien zu hindern. Dabei hatte sie den Tod des Opfers zumindest billigend in Kauf genommen. Als das Opfer schließlich bewusstlos war, wurde es von der Täterin für tot gehalten und zur Verdeckung der Tat in einer Jauchegrube versenkt. Dort ertrank es.

Der BGH war hier von einer nur unwesentlichen Kausalabweichung ausgegangen. Die Täterin habe den Tod des Opfers vorsätzlich herbeigeführt.

Hier schließt sich der Kreis zum *misslungenen Rücktritt* und anderen Irrtumsproblematiken[811], welche die Rechtsprechung über die Figur der Kausalabweichung zu lösen versucht.

II. Rechtsprechung und Literaturansichten

1. Die Vollendungslösung

Wie schon die Rechtsprechung vertritt auch ein beachtlicher Teil der Literatur die Ansicht, in Fällen des *dolus generalis* habe der Täter eine vollendete Tat begangen.

Da beim *dolus generalis* der Erfolg nicht bei einem anderen als dem Motivobjekt eintritt, sei in dieser Konstellation (im Gegensatz zur *aberratio ictus*) nicht von vornherein von einer Beachtlichkeit der Kausalabweichung auszugehen[812]. Der Täter habe hier genau das erreicht, was er ursprünglich auch wollte, nur auf anderem Weg. Da der Kausalverlauf auch auf der Ersthandlung des Täters basiere und keineswegs außergewöhnlich sei, müsse die Abweichung als „nur gering und rechtlich ohne Bedeutung"[813] angesehen werden. Dahinter steht wohl die

---

810 Vgl. BGHSt 14, 193.
811 Siehe oben Teil 2 § 7 B. II. 2.; Teil 3 § 10 C. II. /D. II.
812 Vgl. z. B. *Mayer*, S. 96.
813 Vgl. BGHSt 14, 193, 194.

Überlegung, dass ein Laie fälschlicherweise den Tod eines Menschen diagnostiziert und dieser Mensch dann bei einer Verdeckungsaktion ums Leben kommt, liege nicht außerhalb jeglicher Lebenserfahrung.

Auch Teile der Literatur versuchen die Problematik über die Lehre von den Kausalabweichungen zu lösen[814].

Zumeist wird der Lösungsansatz jedoch auf andere Argumente gestützt. Das Hauptproblem der Rechtsfigur des *dolus generalis* liege nämlich gerade in der Tatsache, dass sich das Tatgeschehen in zwei Akte aufspalte, den Erstakt und den Zweitakt. Einem überzeugenden Lösungsansatz müsse es daher gelingen, eine Brücke zwischen diesen beiden Handlungen zu bauen, um so zu einer einheitlichen Beurteilungsgrundlage zu kommen. Denn betrachte man beide Akte für sich, so müsse man folgerichtig zum Ergebnis der *Versuchslösung* kommen[815]: bezüglich des *Erstaktes* wies der Täter den erforderlichen Vorsatz auf, dieser Akt führte jedoch nicht unmittelbar zum Erfolg, während der *Zweitakt* im Erfolg mündete, aber nicht mehr vom Willen der Tatverwirklichung getragen war[816]. Der Täter im Standardbeispiel[817] hat während der Gewalthandlung, die zur Bewusstlosigkeit des Opfers führt, einen Tötungsvorsatz, der allerdings im Versuchsstadium steckenbleibt. Während des Versenkens der vermeintlichen Leiche im See will er aber nur eine Ordnungswidrigkeit (Verstoß gegen Bestattungsvorschriften) begehen. Selbst wenn man dem Täter auch zu diesem Zeitpunkt noch den Willen, das Opfer zu töten, unterstellen wollte („genereller Vorsatz"), so müsste die Annahme einer vorsätzlichen Handlung doch letztendlich am *kognitiven* Vorsatzelement scheitern, da der Täter davon ausgegangen war, das Opfer sei bereits tot.

Da die Unvorsätzlichkeit des Zweitakts demnach unbestreitbar feststehe, könne als Zurechnungsgrundlage des Erfolgs nur die Ersthandlung dienen, diese ist die eigentliche Tathandlung[818]. Denn nur bei dieser Handlung habe der Täter vorsätzlich auf den Erfolg hingewirkt. Die Lösung der Problematik bestehe nun darin, die vorsätzliche Ersthandlung in Beziehung zum Erfolgseintritt zu setzen.

Tatsächlich seien die beiden Handlungsakte nämlich nicht jeweils abgeschlossen, sondern basierten aufeinander. Der Erstakt bedinge zwar nur die Bewusstlosigkeit des Opfers, dieser Umstand bilde aber gerade die Grundlage für den Irrtum des Täters und die Zweithandlung. Ohne die durch die Ersthandlung hervorgerufene Hilflosigkeit des Opfers hätte der Täter die Zweithandlung nicht voll-

---

814 Vgl. z. B. *Fischer*, § 16 Rn. 9; S/S-*Sternberg-Lieben*, § 16 Rn. 58; SK-*Rudolphi*, § 16 Rn. 35.
815 Siehe unten Teil 3 § 11 A. II. 2.
816 Vgl. z. B. *Stratenwerth*, § 8 Rn. 93; NK-*Puppe*, § 16 Rn. 84.
817 Siehe oben § 11 A.
818 Vgl. *Fischer*, § 16 Rn. 9; S/S-*Sternberg-Lieben*, § 15 Rn. 58; SK-*Rudolphi*, § 16 Rn. 35; NK-*Puppe*, § 16 Rn. 82; *Wessels/Beulke*, Rn. 265.

bringen können[819]. Durch den Erstakt bedinge der Täter mithin den Erfolgseintritt zwar nicht unmittelbar, aber doch mittelbar[820]. Der Tod des Opfers stelle das Ende einer Kausalkette dar, welche mit der Ersthandlung beginne. Eine solche mittelbare Kausalität sei aber grundsätzlich ausreichend[821].

Bezüglich der objektiven Zurechnung stehe der Annahme eines Gefahrzusammenhangs nichts entgegen. Die Gefahr des späteren Erfolgseintritts sei bereits im Erstakt enthalten[822]. Für medizinische Laien läge es im Bereich des Voraussehbaren, fälschlicherweise vom Tod einer Person auszugehen und diesen dann durch eine Verdeckungshandlung zu verursachen. Dieser Gefahrzusammenhang besteht allerdings nach Ansicht einiger Autoren regelmäßig nur dann, wenn der Zweitakt (Verdeckungshandlung) bereits von vornherein Teil des Tatplans gewesen sei[823]. Nur in diesen Fällen wäre die Gefahr des Erfolgseintritts bereits in der Ersthandlung begründet und damit vorhersehbar.

Entschließe sich der Täter hingegen erst nach dem vermeintlichen Tod des Opfers spontan zur Beseitigung der Leiche, so habe zum Zeitpunkt der Ersthandlung in der Regel noch keine voraussehbare Gefährdung für das Opfer bestanden, durch die Zweithandlung zu Tode zu kommen. Eine Vollendungsstrafbarkeit müsse dann ausgeschlossen werden[824].

Die *Vollendungslösung* sieht mithin die Lösung der Problematik des *dolus generalis* auf der Ebene des objektiven Tatbestands, der Kausalität und objektiven und subjektiven Zurechnung.

2. Die Versuchslösung

Die Gegenansicht in der Literatur[825] erachtet bezüglich des *dolus generalis* nur eine Verurteilung wegen *Versuchs* in Tateinheit mit *Fahrlässigkeit* für angebracht.

Über die Tatsache, dass die zum Erfolg führende Zweithandlung unvorsätzlich begangen werde[826], könne auch durch Erwägungen über die Kausalität nicht

---

819 Vgl. BGHSt 14, 193, 194; OGHSt 2, 285, 286f; ebenso: SK-*Rudolphi*, § 16 Rn. 35; NK-*Puppe*, § 16 Rn. 82.
820 Vgl. BGHSt 14, 193, 194; OGHSt 2, 285, 286f.
821 Vgl. explizit BGHSt 14, 193, 194; ebenso OGHSt 2, 285, 286; SK-*Rudolphi*, § 16 Rn. 35; NK-*Puppe*, § 16 Rn. 82.
822 Vgl. *Wessels/Beulke*, Rn. 262; NK-*Puppe*, § 6 Rn. 82.
823 Vgl. S/S-*Sternberg-Lieben*, § 15 Rn. 58; SK-*Rudolphi*, § 16 Rn. 35; NK-*Puppe*, § 16 Rn. 82; *Stratenwerth*, § 8 Rn. 93.
824 Vgl. *Stratenwerth*, § 8 Rn. 93; S/S-*Sternberg-Lieben*, § 15 Rn. 58; einschränkend: SK-*Rudolphi*, § 16 Rn. 35.
825 Vgl. u. a. *Kühl*, § 13 Rn. 46ff; *Maiwald*, ZStW 78, 30, 34; *Hettinger*, Spendel-FS, 237, 249; *Sancinetti*, Roxin-FS, 349ff; *Kuhlen*, S. 493.

hinweggetäuscht werden. Dieser Mangel an Vorsatz müsse jede Vollendungsstrafbarkeit ausschließen[827].

Die Kausalität des Erfolgseintritts allein sei nämlich noch nicht ausreichend, um ein vorsätzliches Delikt annehmen zu können; vielmehr müsse auch der subjektive Tatbestand vorliegen.

Diesen zu begründen versuche die herrschende Meinung aber erst gar nicht; das Problem würde durch Ausführungen über die Kausalität umgangen[828].

Letztendlich käme die Vollendungslösung auf anderem Wege zum selben Ergebnis wie die alte Lehre vom „Generalvorsatz", indem sie einen Vorsatz fingiere. Hier würde mittels eines „Etikettentauschs"[829] also nur „alter Wein in neuen Schläuchen" verkauft.

Die *Versuchslösung* sieht die Fallgruppe des *dolus generalis* folglich als bloßes Vorsatzproblem. Nach dieser Ansicht wären die Täter in den Beispielsfällen nur wegen versuchten Totschlags (oder Mordes) in Tateinheit mit fahrlässiger Tötung zu verurteilen gewesen.

3. Differenzierende Ansätze

Neben den beiden klassischen Ansätzen existieren eine Reihe von eigenständigen Lösungsvorschlägen zur Problematik des *dolus generalis*, von denen die wichtigsten hier vorgestellt werden sollen[830].

Die meisten dieser Ansätze wurden übergreifend auch für andere Irrtumsproblematiken wie *aberratio ictus* und *error in persona vel obiecto* entwickelt, so die Ansichten von *Roxin, Prittwitz* und *Hsu*.

Speziell auf die Problematik des dolus generalis zugeschnitten ist dagegen ein Lösungsvorschlag, der unter anderem von *Jakobs*[831] vertreten wird.

---

826 Dies gilt selbstverständlich nur für jene Fälle, in welchen der Täter davon ausgegangen war, der Erfolg sei bereits aufgrund der Ersthandlung eingetreten. Unproblematisch ist dagegen die Konstellation, dass der Täter mit der Möglichkeit des Ausbleibens des Erfolges gerechnet und den Zweitakt zur „Absicherung" des Erfolgseintritts nutzen will (z. B der Täter ist sich nicht sicher, ob das Opfer schon tot ist und versenkt die Leiche, um auf Nummer sicher zu gehen). Dann hätte er auch bei der Zweithandlung vorsätzlich (dolus directus 1. Grades) gehandelt.
827 Vgl.. *Kühl*, § 13 Rn. 48; *Maiwald*, ZStW 78, 30, 34; *Hettinger*, Spendel-FS, 237, 249ff; *Sancinetti*, Roxin-FS, 349, 363; *Kuhlen*, S. 493.
828 Vgl. dazu ausführlich *Hettinger*, Spendel-FS, 237, 249ff.
829 *Hettinger*, Spendel-FS, 237, 251.
830 Vgl. *Roxin*, Würtenberger-FS, 109, 120ff; *ders.* § 12 Rn. 174ff; *Prittwitz*, GA 83, 110, 127ff; *Hsu*, S. 210ff.
831 Vgl. *Jakobs*, 8. Abschnitt Rn. 77; ebenso *Kindhäuser*, § 27 Rn. 50ff; *Frisch*, S. 620ff.

a. Das Tatplankriterium *Roxins*

Roxin hatte sein bereits oben im Rahmen der Distanzdelikte vorgestelltes[832] *Tatplankriterium* ursprünglich anhand der Problematik des *dolus generalis* entwickelt[833].

Diesem subjektiven Kriterium zufolge soll sich die Strafbarkeit beim *dolus generalis* danach bestimmen, ob sich der Erfolgseintritt noch mit dem Tatplan des Täters deckte. Nur wenn sich aus Sicht des Täters der Erfolgseintritt aufgrund der Zweithandlung noch als Verwirklichung seines Planes darstelle, könne ihm das Ergebnis als vorsätzlich bewirkt zugerechnet werden[834].

Das könne aber nur dann der Fall sein, wenn der Täter von vornherein bezüglich des Erfolgseintritts absichtlich gehandelt habe. Habe der Täter hingegen den Erfolgseintritt schon bei Vornahme der Ersthandlung nur billigend in Kauf genommen, so könne eine Verwirklichung des Erfolgs durch eine spätere Handlung jedenfalls nicht mehr als seinem Tatplan entsprechend gewertet werden. Für eine Vollendungsstrafbarkeit sei daher maßgeblich, dass *dolus directus* vorliege[835].

Demnach würde *Roxin* im „Leuchtgasfall" von einer Vollendungsstrafbarkeit ausgehen, im „Jauchegrubenfall" hingegen nicht, weil die Täterin hier bezüglich des Todes des Opfers nur *dolus eventualis* aufwies.

b. Die Ansätze von *Prittwitz* und *Hsu*

Nach dem von *Prittwitz* entwickelten *Sichtbarkeitskriterium* soll der Vorsatz nur dann ausgeschlossen sein, „wenn die eingetretene Rechtsgutverletzung nicht beim vom Täter sinnlich wahrgenommenen Angriffsobjekt eintritt"[836]. Nur dann sei von einer erheblichen Abweichung vom Kausalverlauf auszugehen. Der Täter, welcher das Tatobjekt sinnlich wahrnehme, vermöge den Tatverlauf ungleich besser zu steuern als der Täter eines Distanzdeliktes im eigentlichen Sinne, welcher oft nicht einmal am Tatort anwesend sei. Diese Kontrollmöglichkeit bedeute eine geringere Gefährlichkeit der Tat. Daraus ergebe sich ein wertungsrelevanter Unterschied[837]. Da dieses in den Fällen des *dolus generalis* nicht der Fall ist, weil der Erfolg ja gerade an dem Opfer, welches vom Tatplan des Täters umfasst

---

832 Ausführlich siehe oben Teil 3 § 10 C. III. 1.
833 Vgl. *Roxin*, Würtenberger-FS, 109ff.
834 Vgl. *Roxin*, Würtenberger-FS, 109ff; ders., § 12 Rn. 177ff.
835 Vgl. *Roxin*, Würtenberger-FS, 109ff; ders., § 12 Rn. 177ff.
836 *Prittwitz*, GA 83, 110, 127f; siehe bereits oben Teil 3 § 10 C. III. 3.
837 Vgl. *Prittwitz*, GA 83, 110, 128.

war, eintritt, nimmt *Prittwitz* hier unproblematisch die Vollendungsstrafbarkeit an[838].

Nach Hsu wird auf eine abstrakte (objektive) Kenntnis der Tatbestandsverwirklichung abgestellt[839].

Wisse der Täter oder hätte er wissen müssen, dass der tatbestandliche Erfolg *regelmäßig* auch erst als Folge des Zweitakts und nicht des Erstakts auftreten könnte, so sei Vorsatz anzunehmen. Ihm würde dann „*Gleichgültigkeit als Tatwille*" bezüglich des Verletzungsobjekts unterstellt. Sei der Erfolgseintritt durch eine andere als die Ersthandlung hingegen nur *möglich*, könne nicht von Vorsatz ausgegangen werden[840]. Dies gelte auch für die Fälle des *dolus generalis*[841].

Hinsichtlich der Beispielsfälle müsste man wohl von einer regelmäßigen Gefahrsetzung ausgehen, wenn man unterstellt, dass die Täter hätten wissen müssen, dass der Tod des Opfers regelmäßig auch durch die Zweithandlung (zweite Dosis Gas, Ertränken) eintreten kann. Daher wäre Vollendungsstrafbarkeit anzunehmen.

c. Das Kriterium des *Gefahrzusammenhangs*

Jakobs, Kindhäuser und *Frisch* sehen die Problematik des *dolus generalis* auf der Ebene der objektiven Zurechnung angesiedelt. Bevor Erwägungen zur Vorsätzlichkeit der Erfolgsverwirklichung angestellt werden könnten, müsse zunächst geklärt werden, ob der durch die Zweithandlung ausgelöste Erfolgseintritt dem Täter überhaupt zuzurechnen sei.

Prämisse dieses Ansatzes ist, dass es bezüglich der objektiven Zurechenbarkeit eines Erfolgs stets eines *Risikozusammenhangs* bedarf. Ein Erfolg sei nur dann als das Werk des Täters anzusehen, wenn sich in ihm eine vom Täter gesetzte unerlaubte Gefahr realisiere[842]. In allen anderen Fällen handele es sich um abbrechende oder überholende Kausalverläufe, welche keine Zurechnungsgrundlage darstellen könnten.

Als Anknüpfungspunkt für die Zurechnungsfrage wird auch nach diesem Ansatz allein die Ersthandlung gesehen[843]. Es müsse geprüft werden, ob der Erfolgseintritt in Verbindung zur vorsätzlichen Tathandlung gebracht werden könne.

---

838 *Prittwitz*, GA 83, 110, 129.
839 Siehe bereits oben Teil 3 § 10 C. III. 5
840 Ausführlich vgl. *Hsu*, S. 220.
841 Vgl. *Hsu*, S. 208ff.
842 Vgl. *Jakobs*, 8. Abschnitt Rn. 78; *Kindhäuser*, § 27 Rn. 52; *Frisch*, S. 620f.
843 Vgl. *Jakobs*, 8. Abschnitt Rn. 78; *Kindhäuser*, § 27 Rn. 52; *Frisch*, S. 621.

Daher sei zu fragen, ob sich in Fällen des *dolus generalis* im *konkreten* Erfolgseintritt ein *durch die Ersthandlung geschaffenes Risiko* verwirkliche. Sei dieses der Fall, so könne eine Zurechnung des Erfolges zur Tathandlung (Ersthandlung) erfolgen mit dem Ergebnis der Vollendungsstrafbarkeit.

Verwirkliche sich hingegen im Erfolgseintritt ein neues selbständiges Risiko, so sei der Gefahrzusammenhang unterbrochen, eine Zurechnung zur Ersthandlung scheitere. Damit wäre der Vollendungsstrafbarkeit der Weg versperrt[844].

Dieser Ansatz baut somit auf einer ähnlichen Argumentation auf, wie sie bereits im Rahmen der objektiven Zurechnung beim *misslungenen Rücktritt* dargestellt wurde[845].

Angesprochen wurde das Erfordernis des Gefahrzusammenhangs beim *dolus generalis* zwar auch von der Rechtsprechung[846] und anderen Befürwortern der Vollendungslösung[847], in dieser Konsequenz verfolgt wurde es jedoch nicht.

Für unsere Beispielsfälle wäre nach diesem Kriterium eine Vollendungsstrafbarkeit regelmäßig ausgeschlossen. Denn in Fällen wie dem „Jauchegrubenfall"[848] besteht gerade kein unmittelbarer Risikozusammenhang zwischen der beabsichtigten Tötungsmethode (Ersticken) und der tatsächlichen Todesursache (Ertrinken). Dass die Zweithandlung durch die aus der Ersthandlung resultierende Hilflosigkeit erleichtert wurde und damit zweifelsohne kausal war, reicht für einen Risikozusammenhang nicht aus.

Hier ist vielmehr der Fall, dass sich die durch die Ersthandlung verursachte Gefahr des Erstickens nicht auswirkte und durch das Risiko eines Todes durch Ertrinken ersetzt wurde. Der Kausalverlauf hat sich selbständig weiterentwickelt.

Lediglich im „Leuchtgasfall"[849] wäre nach diesem Ansatz eine Vollendungsstrafbarkeit denkbar, da das Gericht hierbei von einer kumulativen Wirkung beider Vergiftungen ausging. Hier würde das Risiko der Zweithandlung an das der Ersthandlung anknüpfen und den Kausalverlauf fortführen.

---

844 Vgl. *Jakobs*, 8. Abschnitt Rn. 78f; *Kindhäuser*, § 27 Rn. 52.
845 Ausführlich siehe oben Teil 2 § 7 B. I. 1./§ 8 B. I. 1.
846 Vgl. OGHSt 2, 285; BGHSt 14, 193.
847 Vgl. *Fischer*, § 16 Rn. 9; S/S-*Sternberg-Lieben*, § 15 Rn. 58; SK-*Rudolphi*, § 16 Rn. 35.
848 Vgl. BGHSt 14, 193.
849 Vgl. OGHSt 2, 285.

III. Stellungnahme

1. Zur Versuchslösung

Die *Versuchslösung* erscheint auf den ersten Blick überzeugend. Man gewinnt tatsächlich den Eindruck, die *Vollendungslösung* versuche, über den Mangel des Vorsatzes hinwegzutäuschen.

Allerdings offenbart sich anhand dieses Ansatzes die Vermutungswirkung des *dolus generalis*. Prämisse dieser Rechtsfigur ist nämlich, dass der Täter bei Vornahme der Zweithandlung keinen Vorsatz mehr aufweist. Dass der Täter nachweislich vom Tod des Opfers ausgegangen war, wird in der Praxis wohl eher selten vorkommen; zumeist wird es sich um Fälle handeln, in welchen der Vorsatz bezüglich der Zweithandlung nicht nachweisbar ist.

Daher kann man demjenigen Ansatz, welcher dem Täter den Ausweg in die Versuchsstrafbarkeit offen lässt, den Vorwurf der Manipulierbarkeit machen. Hier wird einem geschickten Einlassungsverhalten in besonderem Maße Tür und Tor geöffnet.

Zudem übersieht dieser Ansatz anlässlich der strengen Differenzierung zwischen Erst- und Zweitakt die Möglichkeit eines Kausalzusammenhangs. Der Einwand, es fehle zumindest am Vorsatz, darf nicht die sorgfältige Prüfung der objektiven Zurechenbarkeit ersetzen.

2. Zur Vollendungslösung

Sofern sich die Rechtsprechung auf die Lehre von der Kausalabweichung stützt, wurde darauf bereits oben ausführlich eingegangen[850].

Der *Vollendungslösung* kann allerdings nicht entgegengehalten werden, sie propagiere lediglich einen Generalvorsatz im neuen Gewand[851]. Wenn auch das Ergebnis dasselbe sein mag wie bei dieser überholten Ansicht, so unterscheidet sich doch der Weg dahin deutlich. Die *Vollendungslösung* setzt, wie dargestellt, gerade nicht allein am Vorsatz an.

Auch dass dieser Ansatz die Ersthandlung als Anknüpfungspunkt für die Erfolgszurechnung wählt, ist nicht zu beanstanden. Denn alleine diese kann die Grundlage für ein vorsätzliches Delikt bilden.

Trotzdem überzeugt die *Vollendungslösung* nicht. Sie vermag die objektive Erfolgszurechnung nicht ausreichend zu begründen[852].

---

850 U. a. Teil 2 § 7 B. II. 2.; Teil 3 B. II.; C. II. 1
851 Vgl. *Hettinger*, Spendel-FS, 237, 251.
852 Vgl. auch *Roxin*, § 12 Rn. 180.

Dass in den Fällen des *dolus generalis* die Ersthandlung für den Erfolgseintritt mitursächlich ist, soll nicht bestritten werden. Auch ob eine solche mittelbare Kausalität als Zurechnungsgrundlage dienen kann, mag dahinstehen. Tatsache ist allerdings, dass die Feststellung der Kausalbeziehung im Sinne der Conditio-sine-qua-non-Formel alleine noch nicht für die Annahme des vollständigen objektiven Tatbestandes ausreicht.

Objektiv zurechenbar ist nach allgemeiner Definition ein Erfolg nur dann, wenn sich in ihm das durch die Tathandlung gesetzte Risiko niederschlägt[853]. Soweit die Vollendungslösung der Ansicht ist, diese Voraussetzung sei bereits dann erfüllt, wenn die durch die Ersthandlung verursachte Hilflosigkeit des Opfers die Vornahme der Zweithandlung erst ermögliche, interpretiert sie das Kriterium des Gefahrzusammenhangs falsch. Denn die Ersthandlung war zwar für den Kausalverlauf insoweit kausal, als die dadurch verursachte Hilflosigkeit des Opfers die weitere Tatausführung erleichterte. Das durch die Ersthandlung gesetzte Risiko (des Erstickens im „Jauchegrubenfall") hat sich aber gerade nicht im Tatverfolg (Tod durch Ertrinken) niedergeschlagen. Vielmehr wurde der Kausalverlauf unterbrochen und durch den Täter mit Vornahme der Zweithandlung ein neues, völlig selbständiges Risiko gesetzt, welches im Erfolgseintritt mündete. Ein überzeugender Lösungsansatz erfordert an dieser Stelle eine strenge Differenzierung zwischen der Ebene der Kausalität und der objektiven Zurechnung.

3. Zu *Roxin, Prittwitz* und *Hsu*

Zu den Ansätzen von *Prittwitz* und *Hsu* gilt das bereits im Rahmen der Distanzdelikte Gesagte[854]. Insbesondere scheint *Prittwitz'* Kriterium der sinnlichen Wahrnehmung auf die Konstellation des *dolus generalis* nicht so recht zu passen. Dieses Kriterium wurde anhand der Distanzdelikte als Abgrenzungskriterium für die *aberratio ictus* vom *error in persona* entwickelt und dann auch auf den *dolus generalis* übertragen. Dem *dolus generalis* ist aber gerade eigentümlich, dass der Täter das Opfer sinnlich wahrnimmt; dies unterscheidet diese Konstellation von den Distanzdelikten. Eine Verfehlung des sinnlich wahrgenommenen Opfers, welche nach *Prittwitz* allein zu einer wesentlichen Abweichung des Kausalverlaufs führen soll, wäre demnach beim *dolus generalis* regelmäßig ausgeschlossen. Zudem kann die Frage nach der Wesentlichkeit des Kausalverlaufes nicht über den Mangel der objektiven Zurechnung hinweghelfen.

---

853 Ausführlich siehe bereits oben Teil 2 § 7 B. I.
854 Ausführlich siehe oben Teil 3 C. IV. 5./6.

Hsu ist entgegenzuhalten, dass auch dieser versucht, einen Vorsatz des Täters zu konstruieren, ohne zu erkennen, dass die Lösung auf der Ebene der objektiven Zurechnung zu finden ist.

Auch das Tatplankriterium von *Roxin* knüpft nur am Vorsatz an und trifft daher nicht den Kern des Problems. Zudem findet seine Differenzierung anhand der Vorsatzform (Vollendungsstrafbarkeit nur bei Absicht) keine Rechtfertigung im Gesetz[855].

4. Zum Gefahrzusammenhang

Tatsächlich liegt das Kernproblem der *dolus generalis*-Fälle in der objektiven Zurechnung begründet. Bezüglich der Frage nach einer Vollendungsstrafbarkeit kommt es allein darauf an, ob sich im Erfolgseintritt noch das durch die vorsätzliche Ersthandlung geschaffene Risiko verwirklicht[856].

Das ist, wie bereits oben angedeutet, in den meisten Fällen dieser Konstellation nicht der Fall. So hat sich im „Jauchegrubenfall"[857] im Tod des Opfers durch Ertrinken nicht das Risiko zu ersticken realisiert. Die Ersthandlung lief quasi ins Leere, zum Erfolgseintritt führte erst ein neues, selbständiges Risiko. Es handelt sich hierbei um einen Fall der *unterbrochenen Kausalität*, wie er bereits im Rahmen der *Zurechnungsunterbrechungen* beim *misslungenen Rücktritt* ausführlich dargestellt wurde[858].

Da sich die Ersthandlung im Erfolgseintritt nicht unmittelbar realisiert hat, scheidet sie auch als Zurechnungsgrundlage aus[859]. Dass durch die Ersthandlung die Hilflosigkeit des Opfers verursacht wurde, sie damit immerhin mitursächlich für die Zweithandlung und den Erfolgseintritt war, spielt im Rahmen der objektiven Zurechnung keine Rolle. Schutzzweck einer jeden Norm ist es immer nur, den Erfolgseintritt aufgrund der Tathandlung zu verhindern, nicht aber die Anknüpfung einer selbständigen Kausalkette an diese Handlung[860].

Als Zurechnungsgrundlage für eine Haftung des Täters kann daher nur die Zweithandlung dienen. Da diese aber unvorsätzlich war, kommt nur eine Verur-

---

855 Vgl. S/S-*Sternberg-Lieben*, § 15 Rn. 58; SK-*Rudolphi*, § 16 Rn. 35; NK-*Puppe*, § 16 Rn. 82; *Prittwitz*, GA 83, 110, 114.
856 Vgl. dazu *Jakobs*, 8. Abschnitt Rn. 77ff; *Kindhäuser*, § 27 Rn. 52; *Frisch*, S. 620ff.
857 Vgl. BGHSt 14, 193.
858 Siehe bereits oben Teil 2 § 7 B. I. 1./§ 8 B. I. 1.
859 Etwas anderes mag unter Umständen im „Leuchtgasfall" gelten. Hier hatte das Gericht in dubio pro reo nicht ausschließen können, dass beide Tatakte kumulativ den Erfolg verursachten. Das würde aber bedeuten, dass der Zweitakt an das Risiko der Erstakts angeknüpft und damit den Kausalverlauf weitergeführt hätte. Das würde als Zurechnungsgrundlage ausreichen.
860 Siehe bereits oben Teil 2 § 8 B. I. 2. b.

teilung wegen fahrlässiger Erfolgsherbeiführung in Betracht. Es bleibt mithin beim Ergebnis einer Strafbarkeit wegen *Versuchs* in Tateinheit mit *Fahrlässigkeit*.

An dieser Rechtsfolge kann auch der Umstand nichts ändern, dass der Täter selbst die neue Kausalkette initiiert hat. Zwar erscheint es auf den ersten Blick unbillig, den Täter hier nicht wegen vorsätzlicher Begehung haften zu lassen. Tatsache ist aber nun einmal, dass die zum Erfolg führende Handlung unvorsätzlich begangen wurde. Insofern ist *Noack* zuzustimmen, wenn er ausführt, der Täter mache sich zum „Werkzeug seiner eigenen Tat[861]". Ist eine Kausalkette einmal unterbrochen, so kann sie keine Haftung über die Versuchsstrafbarkeit hinaus nach sich ziehen. Strafrechtlich verantwortlich für den Erfolgseintritt ist dann allein der Initiator der neuen Kausalkette; handelt er vorsätzlich, so trifft ihn die Vollendungsstrafbarkeit; anderenfalls ist ihm nur der Vorwurf der Fahrlässigkeit zu machen.

Für die mangelnde Zurechnung des Erfolgs zur vorsätzlichen Ersthandlung spielt es daher keine Rolle, dass der Täter selbst durch die Zweithandlung den Erfolgseintritt verursacht. Ebenso hätte ein Dritter oder das Opfer selbst handeln können[862]. Der Zurechnungszusammenhang war in jedem Fall unterbrochen.

Im Ergebnis gilt also beim *dolus generalis* dasselbe wie in den Fällen des *misslungenen Rücktritts*, in welchen der Täter durch die Revokationshandlung unbeabsichtigt den Erfolgseintritt bedingt (Gegengiftfälle)[863]. In beiden Konstellationen verdrängt der Täter durch eine fahrlässige Handlung die Ursächlichkeit seines vorsätzlichen Tatbeitrags.

IV. Ergebnis zum dolus generalis

Insofern deckt sich das Ergebnis der zutreffenden Schlussfolgerungen von *Jakobs*[864], *Kindhäuser*[865] und *Frisch*[866] mit dem der *Versuchslösung*; der Weg zu diesem Ergebnis ist allerdings ein anderer. Ansatzpunkt für die Lösung der Problematik des *dolus generalis* ist nicht der subjektive Tatbestand, sondern der objektive. Der *dolus generalis* ist mithin – im Gegensatz zum *misslungenen Rücktritt* vom unbeendeten Versuch – kein Vorsatzproblem, sondern eines der *objektiven Zurechnung*[867].

---

861 *Noack*, S. 61.
862 Ausführlich siehe bereits oben Teil 2 § 8 B. I. 1. b.; im Ansatz zustimmend *Noack*, S. 67.
863 Zu dieser Thematik siehe oben Teil 2 § 8 B. I. 1. b.
864 Vgl. *Jakobs*, 8. Abschnitt Rn. 77ff.
865 Vgl. *Kindhäuser*, § 27 Rn. 50ff.
866 Vgl. *Frisch*, S. 620ff.
867 Siehe oben Teil 3 § 11 A. III. 4.

B. Der vorzeitige Erfolgseintritt

Der *vorzeitige Erfolgseintritt* stellt in gewisser Hinsicht das Gegenstück zum *dolus generalis* dar (daher auch die Bezeichnung „umgekehrter dolus generalis"[868]). Hier löst der Täter wider Erwarten den Erfolg bereits durch eine Handlung aus, die der geplanten Tathandlung vorgeschaltet ist. Oftmals handelt es sich dabei um Konstellationen, in denen der Täter das Opfer zunächst betäuben will, um dann den Tod als Unfall oder Selbsttötung darzustellen (z. B. der Täter würgt das Opfer bis zur vermeintlichen Bewusstlosigkeit und hängt es dann auf, um einen Selbstmord zu suggerieren; tatsächlich war das Opfer aber bereits an der Gewaltanwendung gestorben).

Der Ausgangspunkt der Überlegung ist an dieser Stelle derselbe wie schon beim *dolus generalis*. Es liegen zwei Handlungen vor, von denen nur eine vorsätzlich begangen wurde. Im Unterschied zum *dolus generalis* wird hier der Taterfolg allerdings bereits durch die unvorsätzliche Ersthandlung ausgelöst, während die vorsätzliche Zweithandlung ins Leere läuft. Aufgrund dieser augenscheinlichen Ähnlichkeit wird auch die Konstellation des *vorzeitigen Erfolgseintritts* zumeist als Vorsatzproblem angesehen und oft zusammen mit dem *dolus generalis* behandelt[869]. Es bleibt zu prüfen, ob die „Verwandtschaft" dieser Fallgruppen nicht nur eine scheinbare und ob die Einordnung der Problematik auf der Ebene des subjektiven Tatbestands zutreffend ist[870].

Da es sich beim *vorzeitigen Erfolgseintritt* um einen Erfolgseintritt im *Versuchsstadium* handelt, erscheint es sinnvoll, zwischen den verschiedenen Versuchsstadien zu differenzieren[871]. So wird der Erfolgseintritt im Stadium des *beendeten* Versuchs auch in der Literatur fast durchweg anders beurteilt als der Eintritt beim *unbeendeten* Versuch[872]. Des Weiteren ist umstritten, inwieweit dem Täter ein Erfolg zuzurechnen ist, wenn die Tat nicht einmal das Stadium des unbeendeten Versuchs erreicht, der Erfolg also bereits aufgrund einer Vorbereitungshandlung eintritt (*Erfolgseintritt im Vorbereitungsstadium*)[873].

---

868 Vgl. z. B. S/S-*Sternberg-Lieben*, § 15 Rn. 58; NK-*Puppe*, § 16 Rn. 82; *Kühl*, § 13 Rn. 48a.
869 Vgl. z. B. die Darstellung von *Fischer*, § 16 Rn. 8; S/S-*Sternberg-Lieben*, § 15 Rn. 58; SK-*Rudolphi*, § 16 Rn. 34f; *Wessels/Beulke*, Rn. 261ff; *Roxin*, § 12 Rn. 174ff; *Gropp*, § 5 Rn. 71ff; *Jakobs*, 8. Abschnitt Rn. 75ff; *Stratenwerth*, § 8 Rn. 90ff.
870 Dass es sich beim *dolus generalis* nicht um ein Vorsatzproblem sondern um eins der objektiven Zurechnung handelt, wurde bereits oben herausgestellt; siehe oben Teil 3 § 11 A. IV.
871 Bezüglich der Abgrenzung der Versuchsstadien siehe bereits oben Teil 2 § 6.
872 Siehe dazu ausführlich unten Teil 3 § 11 B. II.
873 Siehe dazu unten Teil 3 § 11 B. III.

Wie bereits oben angedeutet[874] stellt der *vorzeitige Erfolgseintritt* im Versuchsstadium nichts anderes dar als die notwendige Vorstufe zum *misslungenen Rücktritt*. Die Grundkonstellation bei beiden Fallgruppen ist dieselbe. Der Täter bedingt den Erfolgseintritt zu einem Zeitpunkt, zu welchem er noch zurücktreten zu können glaubt, nämlich im Versuchsstadium. Beim *misslungenen Rücktritt* gibt der Täter den Tatvorsatz auf und versucht zurückzutreten, während tatsächlich die Bedingung für den Erfolgseintritt bereits gesetzt ist und sich letztendlich manifestiert. Beim *vorzeitigen Erfolgseintritt* im Versuchsstadium dagegen nimmt der Täter nicht von der Tat Abstand, sondern handelt mit Vorsatz weiter. Da die beabsichtige Zweithandlung ohne Auswirkung auf den Erfolg bleibt und damit als Zurechnungsgrundlage unberücksichtigt bleiben muss, besteht auch hier als Grundproblem die Erfolgsverursachung durch eine von Täter noch nicht für erfolgstauglich gehaltene Versuchshandlung. Man könnte also sagen, es handele sich um dieselbe Konstellation wie beim *misslungenen Rücktritt,* nur ohne Rücktritt. Der einzige Unterschied liegt in der inneren Tatseite, da der Täter hier den Erfolgseintritt noch will, dort aber nicht.

Da aber, wie oben bereits ausgeführt[875], die Rücktrittsebene beim *misslungenen Rücktritt* für die Erfolgszurechnung und damit für die Strafbarkeit völlig unerheblich ist, stellt sich auch der *misslungene Rücktritt* letztendlich nur als Problem des Erfolgseintritts im Versuchsstadium dar. Daher ist es völlig unerheblich, ob sich an die Erfolgsverursachung noch eine Rücktrittshandlung anschließt, oder ob der Täter unbeirrt weiterhandelt; maßgeblich ist allein die Frage, ob die Ersthandlung des Täters als Zurechnungsgrundlage dienen kann[876].

Aufgrund der Kongruenz der Problematiken von *vorzeitigem Erfolgseintritt* und *misslungenem Rücktritt* muss die Lösung für beide Fallgruppen notwendigerweise dieselbe sein. Mithin kann die Abhandlung des *vorzeitigen Erfolgseintritts* im Versuchsstadium recht straff erfolgen und in den Einzelheiten auf die Argumentation zum *misslungenen Rücktritt*[877] verwiesen werden.

I. Rechtsprechungsfälle

Im Gegensatz zur Fallgruppe des *misslungenen Rücktritts* finden sich zum *vorzeitigen Erfolgseintritt* mehrere höchstrichterliche Entscheidungen, von denen einige sogar erst in den letzten Jahren ergangen sind. Exemplarisch sollen folgende Entscheidungen vorgestellt werden:

---

874 Siehe bereits oben Teil 3 § 11.
875 Siehe ausführlich oben Teil 2 § 7 A IV./ § 8 A.
876 Siehe dazu bereits Teil 2 § 7 B. /§ 8 B.
877 Siehe Teil 2 § 7/§ 8.

1. Der „Zugsturzfall"[878]

Der Täter wollte seine Ehefrau auf einer Zugfahrt mittels eines Schlages auf den Hinterkopf betäuben und dann aus dem fahrenden Zug stoßen. Dadurch sollte der Tod der E wie ein Unfall aussehen. Tatsächlich verstarb die E bereits an den Folgen des Schlages.

2. Der „Scheinstandgerichtfall"[879]

Die Täter wollten das Opfer einem inszenierten Standgericht unterziehen. Nachdem sie mit erheblicher Gewalt den Widerstand des O gebrochen hatten, hängten sie ihn auf. Der Tod des O war aber bereits aufgrund der massiven Gewalteinwirkung eingetreten.

3. Der „Luftinjektionsfall"[880]

Die Täter wollten den O mittels einer Luftinjektion in die Vene töten. Um den Widerstand von O zu brechen, wendeten sie massive Gewalt an. Nachdem dieser bewusstlos war, injizierte einer der Täter dem O eine vermeintlich tödliche Dosis Luft. Der Tod des O trat allerdings aufgrund der vorangegangenen Gewalteinwirkung ein. Laut gerichtsmedizinischem Gutachten hätte die Injektion von Luft in solch geringen Mengen niemals zum Tode führen können.

4. Der „Kofferraumfall"[881]

Der Täter wollte seine Ehefrau töten. Dazu würgte er sie bis zur Bewusstlosigkeit und sperrte sie gefesselt und geknebelt in den Kofferraum seines PKW. Nach seinem Plan sollte die Ehefrau zunächst zu einer mehr als 100 km entfernten Waldhütte verbracht werden; vor Ort wollte der Täter ihr eine Generalvollmacht abnötigen und sie erst dann töten und die Leiche verbergen. Als der Täter

---

878 Vgl. RG DStR 39, 177.
879 Vgl. BGH GA 55, 123.
880 Vgl. BGH NStZ 02, 475.
881 Vgl. BGH NJW 02, 1057; Sachverhalt stark vereinfacht, tatsächlich war das Gericht nur von der für den Täter günstigsten von sechs (!) möglichen Sachverhaltsalternativen ausgegangen.

am Bestimmungsort den Kofferraum öffnete, war die E allerdings bereits aufgrund Sauerstoffmangels erstickt.

II. Der Erfolgseintritt im Versuchsstadium

Diese Fallgestaltung bildet die Grundkonstellation des *vorzeitigen Erfolgseintritts* (siehe Fälle 1-3). Der Erfolgseintritt wird bereits durch eine Handlung bedingt, welche nach dem Willen des Täters lediglich das unmittelbare Ansetzen zur Tatbestandsverwirklichung darstellen soll (Schlag auf den Hinterkopf, massive Gewaltanwendung, Würgen). Dabei kann unterschieden werden zwischen dem Erfolgseintritt im Stadium des *unbeendeten* Versuchs und dem Erfolgseintritt im Stadium des *beendeten* Versuchs.

Der Erfolgseintritt im *Vorbereitungsstadium* („Kofferraumfall") ist in der Rechtsprechungspraxis weniger häufig anzutreffen und weitaus umstrittener. Diese Konstellation wird unter III. gesondert dargestellt werden.

Wie schon beim *misslungenen Rücktritt* stehen sich auch beim *vorzeitigen Erfolgseintritt* im Versuchsstadium zwei Lösungsansätze gegenüber: Während die Rechtsprechung und große Teile der Literatur[882] von einer Strafbarkeit wegen vollendeten Delikts ausgehen, wollen vereinzelte Stimmen den Täter nur wegen Versuchs in Tateinheit mit fahrlässiger Begehung bestrafen[883]. Daneben existieren auch zu dieser Fallgruppe einige differenzierende Lösungsansätze[884].

1. Der vorzeitige Erfolgseintritt im Stadium des unbeendeten Versuchs

Um diese Konstellation handelt es sich bei den vorangestellten Rechtsprechungsfällen mit Ausnahme des „Kofferraumfalls". Der oder die Täter waren im Zeitpunkt des Erfolgseintritts davon ausgegangen, durch Vornahme der Ersthandlung noch nicht alles für den Erfolgseintritt Notwendige getan zu haben („Rücktrittshorizont"). Zwar kann man sich darüber streiten, ob derart massive Gewaltanwendung wie der Schlag mit einem Schraubenschlüssel auf den Hinterkopf („Zugsturzfall") oder Würgen bis zur Bewusstlosigkeit nicht bereits geeignet sind, die Kenntnis des Täters um den drohenden Erfolgseintritt zu indizieren. Je-

---

[882] Vgl. u. a. *Fischer*, § 16 Rn. 8; LK-*Vogel*, § 16 Rn. 53ff; S/S-*Sternberg-Lieben*, § 15 Rn. 58; *Stratenwerth*, § 8 Rn. 94; *Kühl*, § 13 Rn. 48a.
[883] Vgl. u. a. *Gropp*, § 5 Rn. 74; *Jakobs*, 8. Abschnitt Rn. 76; *Herzberg*, ZStW 85, 867, 882ff; *Wolter*, ZStW 89, 649, 655ff; *ders*. GA 06, 406, 409; ebenso *Noack*, S. 71ff; *Frisch*, S. 623ff.
[884] Siehe unten Teil 3 § 11 B. II. 3.

doch spricht das Weiterhandeln der Täter für den Umstand, dass diese gerade nicht von der Möglichkeit des Todes des Opfers ausgegangen waren. So hätte beispielsweise im „Scheinstandgerichtfall"[885] das Motiv der Täter (Rache) durch das Aufknüpfen einer Leiche nicht mehr verwirklicht werden können.

a. Die Vollendungslösung

Für eine Vollendungsstrafbarkeit beim *vorzeitigen Erfolgseintritt* im Stadium des *unbeendeten* Versuchs spricht sich insbesondere die höchstrichterliche Rechtsprechung aus. Daher haben das Reichsgericht und der BGH in den Beispielsfällen einheitlich eine Verurteilung wegen vollendeter Tötung als angemessen erachtet.

Zum einen stützt sich die Vollendungslösung auf das bereits bekannte Argument der Kausalabweichung[886]. Habe der Täter einmal die Versuchsschwelle überschritten, so sei ihm ein *vorzeitiger Erfolgseintritt* als unwesentliche Kausalabweichung zuzurechnen; denn der Erfolgseintritt aufgrund einer Handlung, welche der geplanten Tathandlung als erfolgsverursachend unmittelbar vorgeschaltet war, liege noch innerhalb der allgemeinen Lebenserfahrung[887].

Ein anderer Ansatz verneint schlicht, wie bereits beim *misslungenen Rücktritt* vom unbeendeten Versuch dargestellt, einen Mangel des Vorsatzes in dieser Konstellation[888]. Da der Täter bereits beim unmittelbaren Ansetzen nach § 22 StGB mit Wissen und Wollen eine erfolgsgeneigte Handlung vornehme, handle er bereits bei Versuchsbeginn, und damit auch im Stadium des unbeendeten Versuchs, mit einem ausreichenden Vorsatz. Das soll selbst dann gelten, wenn der Täter die Erfolgstauglichkeit seines Handelns subjektiv nicht wahrgenommen hat. Die Ersthandlung wäre demnach auch nicht unvorsätzlich, sondern gerade vorsätzlich bewirkt[889].

---

885 Vgl. BGH GA 55, 123.
886 Siehe nur Teil 2 § 7 B. II. 2. / § 8 B. II. 2. a./§ 10 C. II. 1./§ 11 A. II. 1.
887 So die Begründung im „Luftinjektionsfall" NStZ 02, 475, 476.
888 Ausführlich siehe bereits Teil 2 § 7 B. II. 2.
889 Vgl. z. B. *Fischer*, § 16 Rn. 8; S/S-*Sternberg-Lieben*, § 15 Rn. 58; SK-*Rudolphi*, § 16 Rn. 34; *Stratenwerth*, § 8 Rn. 94; *Kühl*, § 13 Rn. 48a.

b. Die Versuchslösung

Als gemeinsame Prämisse aller Ansichten zum *vorzeitigen Erfolgseintritt* gilt, dass nur die Ersthandlung als Zurechnungsgrundlage dienen kann, da nur diese eine Bedingung für den Erfolgseintritt setzt[890].

Die Frage nach der Vorsätzlichkeit dieser Handlung beurteilen die Anhänger der V*ersuchslösung* allerdings gänzlich anders[891]. Sie sind der Ansicht, dem Täter des unbeendeten Versuchs mangele es an der *Erfolgsvoraussicht*. Der Täter könne nur dann vorsätzlich handeln, wenn ihm bewusst sei, dass durch seine Tathandlung eine tatbestandsrelevante Erfolgsgefahr geschaffen werde. Dies sei aber erst beim *beendeten* Versuch der Fall. Solange der Täter hingegen glaube, noch nicht alles für den Erfolgseintritt Erforderliche getan zu haben, sei er sich der Erfolgsgeneigtheit seines Handelns nicht bewusst.

Dem Täter fehle mithin nicht das voluntative, aber das kognitive Element des Vorsatzes beim unbeendeten Versuch; indem er zur Tatbegehung unmittelbar ansetze, *wolle* er zwar zweifellos den Erfolgseintritt, sehe ihn aber noch nicht als konkret durch die Ersthandlung ermöglicht voraus[892].

Rechtsfolge dieser Ansicht ist eine Verurteilung wegen Versuchs in Tateinheit mit fahrlässiger Begehung.

2. Der vorzeitige Erfolgseintritt im Stadium des beendeten Versuchs

Wie auch bereits beim *misslungenen Rücktritt*[893] ist diese Konstellation ungleich weniger umstritten als die obige. Zudem fehlt zu dieser Problematik einschlägige Rechtsprechung.

In der Literatur wird zur Illustration zumeist das sogenannte „Brückenpfeilerbeispiel"[894] herangezogen: Der Täter stößt das Opfer von einer Brücke, um es zu ertränken; wider Erwarten stirbt das Opfer aber bereits beim Aufprall auf den Brückenpfeiler.

Wie bereits beim *misslungenen Rücktritt* vom *beendeten* Versuch besteht hinsichtlich dieser Konstellation in der Literatur weitestgehende Einigkeit über die Angemessenheit einer Vollendungsstrafbarkeit[895]. Der Vorsatz des Täters soll im

---

890 Vgl. explizit *Fischer*, § 16 Rn. 8, NK-*Puppe*, § 16 Rn. 86.
891 Ausführlich siehe bereits Teil 2 § 7 B. II. 1. d.
892 Vgl. z. B. *Jakobs*, 8. Abschnitt Rn. 76; *Kindhäuser*, § 27 Rn. 47ff; ähnlich *Herzberg*, ZStW 85, 867, 882ff; *Wolter*, ZStW 89, 649, 697; *Noack*, S. 72; *Frisch*, S. 623ff.
893 Siehe bereits Teil 2 § 8.
894 Vgl. z. B. bei *Wessels/Beulke*, Rn. 261; *Wolter*, ZStW 89, 649, 656; *Hsu*, S. 64.
895 Vgl. nur S/S-*Sternberg-Lieben*, § 15 Rn. 58; SK-*Rudolphi*, § 16 Rn. 34; *Stratenwerth*, § 8 Rn. 94; *Kühl*, § 13 Rn. 48a; *Wolter*, ZStW 89, 649, 655ff; *Noack*, S. 74.

Stadium des *beendeten* Versuchs sowohl in zeitlicher als auch in inhaltlicher Hinsicht den Anforderungen des subjektiven Tatbestands vollauf entsprechen. Nur in dieser Konstellation handle der Täter mit der für die subjektive Zurechnung erforderlichen Erfolgsvoraussicht, i. e. mit dem Wissen um die Erfolgsgeneigtheit der Tathandlung[896].

Sofern mitunter auf eine Kausalabweichung abgestellt wird, muss hier erst recht von einer unwesentlichen Abweichung ausgegangen werden; ein solcher Ausgang wie im „Brückenpfeilerfall" ist nicht nur möglich, sondern sogar wahrscheinlich.

3. Differenzierende Lösungsansätze

Zur Fallgruppe des *vorzeitigen Erfolgseintritts* existieren zahlreiche Einzelmeinungen, von denen die Folgenden kurz vorgestellt werden sollen. Diese Lösungsansätze leiten sich aus den Ansätzen zu anderen Fallgruppen ab, weshalb bezüglich der ausführlichen Darstellung jeweils auf die obigen Ausführungen verwiesen wird.

Diese Ansätze nehmen keine Differenzierung nach den Versuchsstadien vor[897].

Nach *Roxins* Planverwirklichungskriterium[898] kommt es für die Erfolgszurechnung darauf an, ob der konkrete Erfolgseintritt noch als Verwirklichung des Täterplans verstanden werden könne. Das sei dann der Fall, wenn der Erfolgseintritt zu einem früheren Zeitpunkt dem Täter gleichgültig sei. In den besprochenen Rechtsprechungsfällen wäre eine solche Gleichgültigkeit anzunehmen[899]. Etwas anderes könnte höchstens dann gelten, wenn der Täter einen Unfall oder Selbstmord des Opfers vortäuschen wollte, wie im „Zugsturzfall"; dann käme es dem Täter ja gerade darauf an, dass die letalen Verletzungen des Opfers zum vorgeblichen Unfallhergang passten.

Hsu will auch beim *vorzeitigen Erfolgseintritt* auf die abstrakte Kenntnis von der Wahrscheinlichkeit des Erfolgseintritts abstellen[900]. Eine solche abstrakte Kenntnis könnte aber zumindest bei massiver Gewaltanwendung immer unterstellt werden.

Gemeinsam ist diesen Lösungsansätzen also, dass sie regelmäßig von einer Vollendungsstrafbarkeit ausgehen.

---

896 Ausführlich siehe bereits oben Teil 2 § 8 B. II. 2.
897 Vgl. ausdrücklich *Roxin*, § 12 Rn. 182.
898 Ausführlich siehe bereits oben Teil 2 § 10 C. III. 1./§ 11 A. II. 3. a.
899 Vgl. *Roxin*, § 12 Rn. 182, *ders.* GA 03, 256ff; ebenso LK-*Vogel*, § 16 Rn. 53, 59, 68.
900 Vgl. *Hsu*, S. 207f; ausführlich siehe bereits oben Teil 3 § 10 C. III. 5.

4. Stellungnahme

Den Ansichten von *Roxin* und *Hsu* kann entgegengehalten werden, dass sie nicht anhand der Versuchsstadien differenzieren, also verkennen, dass der Täter im Stadium des *unbeendeten* Versuchs die Erfolgsgeneigtheit seines bisherigen Tatbeitrages (Ersthandlung) nicht erkannt hat während er im Stadium des *beendeten* Versuchs davon ausging, bereits alles Erforderliche getan zu haben. Der Versuch, ein einheitliches Abgrenzungskriterium für beide Versuchsstadien zu entwickeln, muss daher – wie bereits beim *misslungenen Rücktritt*[901] –scheitern.

An der objektiven Zurechnung ist beim *vorzeitigen Erfolgseintritt*, im Gegensatz zu den *dolus generalis*-Fällen[902], nicht zu zweifeln. Die Versuchshandlung mündet unbestreitbar im Erfolgseintritt, ohne dass es zu einer abbrechenden oder überholenden Kausalität käme.

Daher kann eine befriedigende Lösung nur auf der Ebene des subjektiven Tatbestands gefunden werden.

Tatsächlich erscheint, wie beim *misslungenen Rücktritt* dargestellt[903], die Differenzierung anhand des Versuchsstadiums nicht nur sinnvoll, sondern gerade essentiell. Das Kriterium der *Erfolgsvoraussicht* ist es, was den *unbeendeten* vom *beendeten* Versuch unterscheidet.

Wenn man diesem Ansatz folgt, kommt nur in den Fällen des Erfolgseintritts im Stadium des *beendeten* Versuchs eine Vollendungsstrafbarkeit in Betracht, ansonsten kann dem Täter nur der Versuch und die fahrlässige Erfolgsverwirklichung zur Last gelegt werden.

Daher war der Täter im „Zugsturzfall", den „Scheinstandgerichtfall" und dem „Luftinjektionsfall" nur wegen versuchten Totschlags in Tateinheit mit fahrlässiger Tötung zu bestrafen. Im „Brückenpfeilerbeispiel" hingegen ist dem Täter der Erfolgseintritt zuzurechnen. Hier hatte der Täter das Geschehen bereits aus der Hand gegeben und genau vorausgesehen, dass der Tod des Opfers Folge seines Handelns sein würde. Dass der konkrete Todeserfolg dann vom vorhergesehenen Kausalverlauf abwich, ändert nichts an diesem Ergebnis.

5. Zwischenergebnis zum vorzeitigen Erfolgseintritt im Versuchsstadium

Tritt der tatbestandsmäßige Erfolg bereits ein, während sich die Tat noch im Versuchsstadium befindet, so kommt es wie beim *misslungenen Rücktritt*[904] al-

---

901 Siehe bereits oben Teil 2 § 9.
902 Siehe oben Teil 3 § 11 A. IV.
903 Siehe oben Teil 2 § 9.
904 Siehe oben Teil 2 § 7/8.

lein darauf an, ob der Täter die Möglichkeit des Erfolgseintritts bereits vorausgesehen hat.

Das ist nur beim *beendeten* Versuch der Fall. Hier kann dem Täter der Erfolgseintritt als vorsätzlich bewirkt zugerechnet werden[905].

Tritt der Erfolg hingegen im Stadium des *unbeendeten* Versuchs ein, so haftet der Täter nur wegen fahrlässiger Erfolgsherbeiführung. Daneben wird ihm noch der Versuch der Tatbegehung zur Last gelegt[906].

Beim *vorzeitigen Erfolgseintritt* handelt es sich mithin, im Gegensatz zur Konstellation des *dolus generalis,* um ein echtes *Vorsatzproblem*. Eine stringente Trennung dieser beiden Fallgruppen ist daher unumgänglich.

III. Der vorzeitige Erfolgseintritt im Vorbereitungsstadium

In dieser umstrittenen Fallgestaltung erreicht die Tat nicht einmal das Stadium des unbeendeten Versuchs, der Erfolg tritt vielmehr bereits aufgrund einer bloßen Vorbereitungshandlung ein.

Hier ist fraglich, inwieweit Handlungen im Vorbereitungsstadium schon als Zurechnungsgrundlage für eine Vorsatzstrafbarkeit dienen können. Die Rechtsprechung[907] in Übereinstimmung mit der herrschenden Literaturmeinung[908] lehnt dieses ab. Da der Täter nicht einmal zur Tatbestandsverwirklichung unmittelbar angesetzt habe, komme eine Verurteilung wegen Versuchs nicht in Betracht. Dem Täter könne daher nur die fahrlässige Erfolgsverursachung zur Last gelegt werden. Einzelne Stimmen wollen dagegen unter bestimmten Voraussetzungen auch beim Erfolgseintritt im Vorbereitungsstadium von einer vollendeten Tat ausgehen[909]. Die Kluft zwischen den Rechtsfolgen, bloßer Fahrlässigkeitsstrafbarkeit auf der einen und Vollendungsstrafbarkeit auf der anderen Seite, ist bei dieser Problematik also besonders groß.

Nach beispielsweise *Herzberg*[910] und *Schlehofer*[911] haben sich in jüngerer Zeit insbesondere *Schliebitz*[912] und *Angerer*[913] dezidiert mit dieser Thematik auseinandergesetzt.

---

905 Siehe oben Teil 3 § 11 B. II. 4.
906 Siehe oben Teil 3 § 11 B. II. 4.
907 Vgl. BGH NStZ 02, 1057ff.
908 Vgl. nur *Fischer,* § 16 Rn. 8; LK-*Vogel,* § 16 Rn. 53; S/S-*Sternberg-Lieben,* § 15 Rn. 58; SK-*Rudolphi,* § 16 Rn. 34; NK-*Puppe,* § 16 Rn. 86; *Wessels/Beulke,* Rn. 261; *Roxin,* § 12 Rn. 182, *ders.* GA 03, 256, 259; *Stratenwerth,* § 8 Rn. 94; *Kühl,* § 13 Rn. 48a; *Wolter,* GA 06, 406, 409.
909 Siehe unten Teil 3 § 11 B. III. 3./4.
910 Vgl. *Herzberg,* JuS 85, 1ff, *ders.* Spendel-FS 203ff.
911 Vgl. *Schlehofer,* S. 22, 141.
912 Vgl. *Schliebitz,* S. 110ff; 128ff.

1. Fälle

In diese Kategorie gehört nach Ansicht der Rechtsprechung der „Kofferraumfall"[914]. Im Fesseln und Knebeln und dem Einsperren in den Kofferraum liege demnach noch kein Versuchsbeginn im Sinn eines unmittelbaren Ansetzens zur Tötung in diesem Fall. Die Grenze des Versuchsbeginns sei vielmehr erst dann überschritten, wenn das Rechtsgut aus Sicht des Täters bereits unmittelbar gefährdet sei und sich die Erfolgsverwirklichung in unmittelbarer räumlich-zeitlicher Nähe und insbesondere ohne weitere wesentliche Zwischenakte anschließe. Im „Kofferraumfall" sollten jedoch zwischen der letztlich tödlichen Handlung (Einsperren) und der geplanten Tötung der Ehefrau eine längere Autofahrt und die Abnötigung einer Unterschrift liegen. Damit fehle nicht nur der räumlich-zeitliche Zusammenhang, sondern auch ein wesentlicher Zwischenakt des mehraktigen Geschehens. Denn für die Unterschrift sei es ja gerade darauf angekommen, dass die Ehefrau noch am Leben gewesen sein sollte.

Es sei daher davon auszugehen, dass die Schwelle zum „Jetzt-gehts-los" aus Sicht des Täters noch nicht überschritten worden sei[915].

In der Literatur sind noch zahlreiche weitere Fälle zu dieser Thematik entwickelt worden. Oft zitiert wurde beispielsweise das „Gewehrschussbeispiel" (Der Täter putzt am Tag vor der geplanten Tat die Tatwaffe, dabei löst sich ein Schuss, welcher das Opfer tödlich trifft)[916]. Auch bei Distanzdelikten taucht diese Problematik mitunter auf, so das Beispiel der Ehefrau, welche ihren Ehemann mit einem vergifteten Getränk töten will, welches sie aber bis zum geplanten Tatzeitpunkt versteckt hält[917]. Wenn der Ehemann die Flasche nun findet und trinkt, stellt sich wieder die Frage nach der Erfolgszurechnung.

Die zentrale Frage in diesen Fällen muss lauten, ob der Täter im Vorbereitungsstadium bereits einen tatbestandsmäßigen Vorsatz aufweist, welcher als Zurechnungsgrundlage dienen kann. Des Weiteren könnte man anzweifeln, ob die von der herrschenden Meinung vorgenommene Grenzziehung zwischen Versuch und Vorbereitung in diesen Fällen aufrechterhalten werden kann oder ob hier nicht andere Regeln gelten müssten.

---

913 Vgl. *Angerer*, S. 40ff.
914 Vgl. BGH NStZ 02, 1057ff, siehe bereits oben Teil 3 § 11 B. I. 4.
915 Ausführlich vgl. BGH NStZ 02, 1057, 1058; zustimmend *Fischer*, § 16 Rn. 8; LK-*Vogel*, § 16 Rn. 53; *Roxin*, § 12 Rn 182, *ders.* GA 03, 256.
916 So oder ähnlich vgl. *Roxin*, § 12 Rn. 182; *ders.* GA 03, 256.
917 So oder ähnlich *Schliebitz*, S. 112; mit weiteren Beispielen.

2. Die herrschende Meinung

Überwiegend ist man der Ansicht, ein Erfolgseintritt aufgrund einer Vorbereitungshandlung stünde einer Vollendungsstrafbarkeit entgegen[918]. Der Versuchsbeginn nach § 22 StGB bilde die Untergrenze der subjektiven Zurechnung; alles, was davor liege, könne lediglich Fahrlässigkeit begründen[919]. Erst im Augenblick des unmittelbaren Ansetzens beginne der Täter mit der vorsätzlichen Tatausführung[920]. Vorher wolle er weder den Erfolgseintritt noch sehe er ihn als möglich voraus. Sowohl das voluntative als auch das kognitive Vorsatzelement seien mithin defizitär[921]. Andere lehnen eine Zurechnung bereits aus objektiven Gründen ab. Zurechnungsgrundlage des vollendeten Begehungsdelikts sei stets die *Tathandlung*; von einer solchen könne man aber erst dann sprechen, wenn der Täter bewusst mit der Tatausführung beginne, also bei einer Versuchshandlung[922].

Die klare Abgrenzung zwischen strafloser Vorbereitung und strafbarem Versuch sei überdies schon aus Gründen der Rechtssicherheit von Nöten, da sonst bereits rechtlich neutrales, erlaubtes Verhalten (z. B. der Erwerb einer Waffe, von Rattengift etc.) zur Strafbarkeit führen könne.

Mangels der Vorsätzlichkeit seines Verhaltens sei dem Täter mithin allenfalls der Vorwurf der Fahrlässigkeit zu machen.

3. Der Ansatz von *Angerer*

Auch *Angerer* geht davon aus, dass beim Erfolgseintritt im Vorbereitungsstadium eine Zurechnung grundsätzlich ausscheide[923]. Löse sich beispielsweise im „Gewehrschussfall" der Schuss vorzeitig beim Reinigen der Waffe, so fehle schon das Gefahrbewusstsein. Eben solches gelte auch im „Kofferraumfall", da der Täter das Geschehen noch nicht aus den Händen gegeben hätte.

---

918 Ausführlich vgl. *Fischer*, § 16 Rn. 7; S/S-*Sternberg-Lieben*, § 15 Rn. 58; SK-*Rudolphi*, § 16 Rn. 34; NK-*Puppe*, § 16 Rn. 86ff; *Wessels/Beulke*, Rn. 261; *Roxin*, § 12 Rn. 182, ders. GA 03, 257, 259; *Stratenwerth*, § 8 Rn. 94; *Kühl*, § 13 Rn. 48a.
919 Ausführlich vgl. *Fischer*, § 16 Rn. 7; S/S-*Sternberg-Lieben*, § 15 Rn. 58; SK-*Rudolphi*, § 16 Rn. 34; NK-*Puppe*, § 16 Rn. 86ff; *Wessels/Beulke*, Rn. 261; *Roxin*, § 12 Rn. 182; ders. GA 03, 257, 259; *Stratenwerth*, § 8 Rn. 94; *Kühl*, § 13 Rn. 48a.
920 Vgl. *Roxin*, § 12 Rn. 182.
921 Dieser Ansicht sind sowohl diejenigen Stimmen, welche bereits den Erfolgseintritt im Stadium des unbeendeten Versuchs für nicht zurechnungsfähig halten, als auch die Anhänger der Vollendungslösung beim vorzeitigen Erfolgseintritt.
922 Vgl. z. B. *Roxin*, § 12 Rn. 184; *ders.* GA 03, 257, 261.
923 Ausführlich vgl. *Angerer*, S. 40ff.

Etwas anderes könne aber gelten, wenn die Tat bereits aufgrund der Vorbereitungshandlung so weit fortgeschritten sei, dass nur noch ein gewisser Zeitablauf oder die Mitwirkung des Opfers zum Erfolgseintritt fehlten[924]. Das ist oft bei Distanzdelikten der Fall, insbesondere bei den sogenannten „Giftfallen" oder den „Bombenlegerfällen"[925]. In diesen Fällen beginne der Versuch bereits mit dem Aus-den-Händen-Geben des Geschehens durch den Täter[926].

Bei diesen Fällen sei daher danach zu differenzieren, ob der Täter die Kontrolle über den Kausalverlauf freiwillig aufgegeben und damit den Erfolgseintritt quasi dem Schicksal überlassen habe. Das sei zum Beispiel nicht der Fall, wenn das Opfer vergiftete Speisen konsumiere, bevor der Täter sie bereitstellen wollte. Dieser Täter hätte mangels konkreter Erfolgsvoraussicht zum Versuch noch nicht unmittelbar angesetzt[927].

Anders verhalte es sich bei der klassischen Giftfalle, also wenn der Täter das Gift bereitstelle, in der Hoffnung, das Opfer würde es zu sich nehmen. Dann liegt nämlich nach überwiegender Ansicht der Versuchsbeginn erst dann vor, wenn sich das Opfer tatsächlich in den Wirkungskreis des Tatmittels begibt[928].

Für diese letzte Fallgruppe schlägt *Angerer* eine abweichende Lösung vor. Sie unterscheidet nämlich wie beim Versuch auch im Vorbereitungsstadium zwischen „beendeter" und „unbeendeter" Vorbereitung[929]. Habe der Täter das Geschehen noch nicht bewusst aus den Händen gegeben, gelte das Ergebnis der herrschenden Meinung, welche nur eine Fahrlässigkeitsstrafbarkeit in Frage kommen lässt[930].

Habe der Täter hingegen bereits durch die Vornahme der Vorbereitungshandlung alles für die Vollendung Erforderliche getan und wisse er um die Gefahr des Erfolgseintritts (beendetes Vorbereitungsstadium), so spräche wie schon beim beendeten Versuch erst einmal nichts gegen die Annahme eines ausreichenden tatbestandlichen Vorsatzes[931].

Dass auch ihr Ansatz letztendlich nicht in einer Vollendungsstrafbarkeit bei Erfolgseintritt im Vorbereitungsstadium mündet, liegt lediglich an einer weiteren Erwägung *Angerers*. Denn trotz der vorherigen Ausführungen hält sie an dem Dogma „keine Vollendung ohne Versuch" fest. Zwar handle der Täter im Stadium der beendeten Vorbereitung vorsätzlich, dieser Vorsatz sei aber unerheblich,

---

924 Vgl. *Angerer*, S. 46f.
925 Siehe bereits die Beispiele in Teil 3 § 10 C.I. 2. /8.
926 Für alle vgl. *Fischer*, § 22 Rn. 10f.
927 Vgl. *Angerer*, S. 46.
928 Für alle vgl. *Fischer*, § 22 Rn. 10f.
929 Vgl. *Angerer*, S. 46ff; diese Terminologie wird von *Angerer* selbst nicht verwendet, sie soll hier aber der Verdeutlichung dienen.
930 Vgl. *Angerer*, S. 47, 117.
931 Vgl. *Angerer*, S. 47f, 94ff, 117.

sofern er nicht bis ins Versuchsstadium durchgehalten werde. Denn allein Handlungen nach Versuchsbeginn könnten nach den §§ 16, 8 S. 2 StGB in ihrer Eigenschaft als Tathandlungen Grundlage für die Zurechnung sein[932].

In den Fällen des *misslungenen Rücktritts* im Vorbereitungsstadium (auf die sich die Arbeit *Angerers* hauptsächlich bezieht) sei der Vorsatz aber aufgrund des Rücktritts des Täters noch vor dem Eintritt ins Versuchsstadium entfallen. Deshalb käme selbst in den Fällen des Erfolgseintritts im *beendeten* Vorbereitungsstadium nur eine Strafbarkeit wegen Fahrlässigkeit in Betracht[933].

Im Ergebnis unterscheidet sich der Ansatz *Angerers* demnach nicht von der herrschenden Ansicht[934], sondern nur in der Begründung.

4. Der Ansatz von *Schliebitz*

Auch *Schliebitz* unterscheidet zwischen einem beendeten und einem unbeendeten Vorbereitungsstadium[935]. Sein Ansatz ist jedoch einschneidender und führt zu anderen Ergebnissen als der von *Angerer*.

Eine Zurechnung des Erfolgseintritts im Stadium der *unbeendeten* Vorbereitung soll auch nach seiner Ansicht ausscheiden, da es am tatbestandlichen Vorsatz, insbesondere der Erfolgsvoraussicht, fehle[936].

Der Fall des *beendeten* Vorbereitungsstadiums weise dieses Defizit hingegen genauso wenig auf wie der beendete Versuch. Der Täter gebe das Geschehen bewusst aus den Händen, und der Erfolg hinge nur noch von Faktoren ab, welche außerhalb seiner Sphäre lägen[937]. Da die Tathandlung in diesem Fall sowohl objektiv als auch subjektiv erfolgsgeneigt sei, der Täter also eine konkrete Gefahr setze und um die Möglichkeit des Erfolgseintritts wisse, sei der Tatbestand in dieser Konstellation bereits vor Versuchsbeginn „perfekt"[938], es läge ein „Versuch im untechnischen Sinne"[939] vor.

Es gebe also keinen Grund, in solchen Fällen eine Vollendungsstrafbarkeit zu verneinen, abgesehen von dem Dogma „keine Vollendung ohne Versuch"[940].

---

932 Ausführlich vgl. *Angerer*, S. 68ff, 87ff, 94.
933 Ausführlich vgl. *Angerer*, S. 96ff; 117.
934 Siehe oben Teil 3 § 11 B. III. 2.
935 Ausführlich vgl. *Schliebitz,* S. 110ff.
936 Vgl. *Schliebitz*, S. 66ff, 113ff.
937 Vgl. *Schliebitz*, S. 115ff, 128ff, 135.
938 *Schliebitz*, S. 115.
939 *Schliebitz*, S. 132.
940 Vgl. *Schliebitz*, S. 110ff; 128ff.

Aufgrund dieser Vorüberlegungen kommt *Schliebitz* zu dem Ergebnis, dass gerade dieser Grundsatz im Rahmen der Distanzdelikte ausnahmsweise keine Geltung haben soll.

Bei einem solchen „Versuch im untechnischen Sinne" könne bereits eine Handlung, welche vor der Schwelle des unmittelbaren Ansetzens bewirkt werde, als Zurechnungsgrundlage dienen. Auf den § 22 StGB sei dann nicht abzustellen[941].

Demnach wäre nach *Schliebitz* in den „Giftfallen-" und „Bombenlegerfällen" eine Vollendungsstrafbarkeit beim vorzeitigen Erfolgseintritt im Vorbereitungsstadium möglich, nicht aber im „Kofferraumfall", weil der Täter dort das Geschehen noch nicht bewusst aus den Händen gegeben hatte.

5. Stellungnahme

Der Ansatz von *Schliebitz* überzeugt nicht.

Eine Vollendung ohne Versuch kann es, wie die herrschende Meinung zutreffend ausführt[942], nicht geben. Diesen Grundsatz muss man akzeptieren oder im Ganzen ablehnen; eine Modifizierung je nach Bedarf, wie sie *Schliebitz* vornimmt, entbehrt jeder systematischen Grundlage.

An *Angerers* Ansatz erscheint problematisch, dass sie ihre Argumentation maßgeblich an der Rücktrittshandlung anknüpft. Damit bietet sie zwar für den Fall des *misslungenen Rücktritts* eine Lösung, nicht aber für den Grundfall des *vorzeitigen Erfolgseintritts*. Es bleibt unklar, ob *Angerer* in dieser Konstellation von einer Vollendungsstrafbarkeit ausgehen würde.

Bezüglich der Ablehnung einer Zurechnung des Erfolgseintritts im Vorbereitungsstadium ist der herrschenden Meinung zuzustimmen, wenn auch zugegeben werden muss, dass diese zumeist auf ausführliche Begründungen verzichtet und ihr Ergebnis als selbstverständlich voraussetzt[943].

Gesetzgeberische Intention der grundsätzlichen Straflosigkeit von Vorbereitungshandlungen ist die Rechtssicherheit. Jeder Bürger muss wissen, welches Verhalten erlaubt und welches unter Strafe gestellt ist. Eine Strafbarkeit von Vorbereitungshandlung würde, sofern sie nicht explizit im Gesetzestext verankert wäre, zudem gegen das Bestimmtheitsgebot des Art. 103 Abs. 2 GG verstoßen, da Verhaltensweisen, die nicht zum gesetzlichen Tatbestand gehörten, sanktioniert würden. Des Weiteren würde eine Ausweitung der Strafbarkeit auch auf Vorbereitungshandlungen auch zu Unsicherheit beim Rechtsanwender füh-

---

941 Ausführlich vgl. *Schliebitz*, S. 128ff; 135.
942 Ausführlich siehe oben Teil 3 § 11 B. III. 2.
943 Vgl. die zutreffende Kritik von *Roxin*, GA 03, 257, 259.

ren; es müsste dann nämlich verbindlich festgelegt werden, welche Vorfeldhandlungen bereits eine Haftung nach sich zögen und welche weiterhin straflos blieben. Somit würde die Grenze zwischen rechtlich neutralem und verbotenem Verhalten verwischt.

Das Argument, ein Verhalten im Vorbereitungsstadium sei grundsätzlich weniger gefährlich, kann allerdings gegen eine Zurechnung nicht ins Feld geführt werden[944]. Denn wie der „Kofferraumfall" zeigt, ist ein Erfolgseintritt im Vorbereitungsstadium immerhin möglich; hier hat sich die Gefahr realisiert[945]. Auch wird man das Einsperren einer gefesselten und geknebelten Person in einen Kofferraum mit wenig Sauerstoff kaum als ungefährlich bezeichnen können.

Die objektive Erfolgstauglichkeit allein ist aber andererseits auch kein Indiz für eine Erfolgszurechnung im Vorbereitungsstadium[946]. Denn wenn man allein darauf abstellt, ob der Täter schon durch die Vorbereitungshandlung eine unerlaubte Gefahr geschaffen hat, welche sich im Erfolgseintritt niederschlägt, hat man damit nur die Fahrlässigkeit seiner Handlung festgestellt. Für eine Strafbarkeit wegen vorsätzlicher Begehung bedarf es aber gerade auch einer subjektiven Zurechenbarkeit.

Dass der Täter manchmal im Sinne einer beendeten Vorbereitung den Erfolgseintritt als möglich oder gar wahrscheinlich voraussehen mag, soll hier nicht bestritten werden. Aber auch das Vorliegen des kognitiven Elements kann für sich genommen noch keine subjektive Zurechnung begründen[947].

Sofern mitunter der Einwand vorgebracht wird, es leuchte nicht ein, warum ein Täter im Vorbereitungsstadium noch keinen Vorsatz aufweisen könne, obwohl er doch grundsätzlich den Erfolgseintritt wolle[948], so ist dem nicht zu widersprechen. Dass der Täter schon vor Versuchsbeginn einen Tatentschluss aufweist, wird, außer bei Spontantaten, grundsätzlich der Fall sein. Das allein kann aber wiederum zur Begründung einer subjektiven Zurechnung nicht ausreichen, denn einen Tatentschluss in diesem Sinne hat der Täter von dem Zeitpunkt an, in welchem er mit der Planung der Tat beginnt. Insofern müsste man als Täter schon bestrafen, wer die Pläne zur Ermordung seines Widersachers niederschreibt. Damit wäre man wieder bei einer uferlosen Strafbarkeit.

Die rechtsfeindliche Gesinnung allein vermag somit noch keine strafbare Haftung auszulösen; dieses geschieht erst, wenn der Täter seinen Willen in einer äu-

---

944 Vgl. zutreffend *Hsu*, S. 46f, 48.
945 Dass auch objektiv nicht erfolgstaugliches Verhalten sanktioniert werden kann, zeigt sich anhand der Strafbarkeit des untauglichen Versuchs.
946 Ein solcher Rückschluss würde sich zu Recht dem Vorwurf gegenübersehen, es handle sich um reine Erfolgshaftung, auch wenn man anhand dieses Kriteriums wenigstens strafrechtlich relevante Vorbereitungshandlungen von neutralem Verhalten abgrenzen könnte.
947 Vgl. aber im Ergebnis *Hsu*, S. 206ff, 207.
948 Vgl. im Ergebnis *Schliebitz*, S. 115ff; *Angerer*, S. 46ff.

ßerlichen Handlung manifestiert, welche gegen die Rechtsordnung verstößt. Das ist aber erst im Zeitpunkt des unmittelbaren Ansetzens nach § 22 StGB der Fall[949]. Ein Jäger, der eine Waffe kauft und besitzt, verstößt damit noch nicht gegen das Gesetz, auch wenn er das Gewehr allein zu dem Zweck gekauft hat, seinen Rivalen damit zu erschießen. Erst wenn er auf diesen anlegt, hat er ein rechtserhebliches Verhalten gezeigt. Dass erst mit dem Versuchsbeginn eine Verletzung der Rechtsnorm relevant wird, zeigt sich auch daran, dass der Täter erst nach Erreichen dieses Stadiums eine wirksame Rücktrittshandlung vornehmen muss, will er der Strafbarkeit entgehen. Im Vorbereitungsstadium dagegen reicht die bloße Abstandnahme von der Tat aus; diese muss insbesondere auch nicht freiwillig erfolgen.

Es muss somit bei den allgemeinen Regeln zum Versuchsbeginn bleiben. Löst eine Handlung, welche noch im Vorbereitungsstadium begangen wurde, den Erfolgseintritt aus, so ist dem Täter allenfalls der Vorwurf der Fahrlässigkeit zu machen.

Das Ergebnis des BGH im „Kofferraumfall"[950] ist daher nicht zu beanstanden. In den anderen Beispielsfällen ist das Ergebnis dasselbe.

6. Zwischenergebnis zum vorzeitigen Erfolgseintritt im Vorbereitungsstadium

Eine Vollendungsstrafbarkeit scheidet beim Erfolgseintritt aufgrund einer Vorbereitungshandlung aus, da der Täter noch keine vorsätzliche Tathandlung begeht. Es bleibt bei der Strafbarkeit wegen fahrlässiger Begehung[951].

IV. Ergebnis zum vorzeitigen Erfolgseintritt

Tritt der tatbestandsmäßige Erfolg wider Erwarten bereits zu einem Zeitpunkt ein, zu welchem der Täter noch nicht unmittelbar zur Tatausführung angesetzt hatte, so kann ihm nicht der Vorwurf einer Vorsatzstrafbarkeit gemacht werden. Der Versuchsbeginn nach § 22 StGB bildet insofern die Untergrenze der subjektiven Zurechnung. Der Erfolgseintritt im *Vorbereitungsstadium* kann folglich nur eine Haftung wegen fahrlässiger Erfolgsherbeiführung nach sich ziehen[952].

Hat der Täter hingegen die Schwelle des § 22 StGB überschritten, tritt also der Erfolg aufgrund einer Versuchshandlung ein, so gilt das bereits in Teil 2 zum

---

949 Vgl. ebenso ausführlich bei *Angerer*, S. 74ff, 83ff.
950 Siehe bereits oben Teil 3 § 11 B. III. 1.
951 Siehe bereits oben Teil 3 § 11 B. III. 5.
952 Siehe oben Teil 3 § 11 B. III. 6.

misslungenen Rücktritt Gesagte[953]: Es ist dahingehend zu differenzieren, ob sich die Tat noch im Stadium des unbeendeten Versuchs befand oder ob die Versuchshandlung bereits beendet war.

Im Stadium des *unbeendeten* Versuchs fehlt dem Täter die Erfolgsvoraussicht, i. e. das kognitive Vorsatzelement, so dass eine Zurechnung als Vorsatztat ausscheidet[954].

Im Stadium des *beendeten* Versuchs dagegen ist der subjektive Tatbestand vollständig, weshalb einer Vollendungsstrafbarkeit nichts entgegensteht[955].

C. Ergebnis zu den Irrtümern über den Zeitpunkt des Erfolgseintritts

Tritt der tatbestandliche Erfolg entgegen der Vorstellung des Täters erst durch eine spätere als die geplante Tathandlung ein (*dolus generalis*)[956], so scheidet eine Strafbarkeit wegen vorsätzlichen Begehungsdelikts aus, da sich die vorsätzliche Ersthandlung nicht im Erfolgseintritt realisierte, sondern dieser vielmehr auf der unvorsätzlichen Zweithandlung beruhte. Es handelt sich um einen Fall der Zurechnungsunterbrechung, welche allenfalls eine Haftung wegen fahrlässiger Erfolgsverursachung zulässt. Zudem ist der Täter wegen Versuchs zu bestrafen.

In den Fällen des *vorzeitigen Erfolgseintritts*[957] gilt das bereits zum *misslungenen Rücktritt* Gesagte, sofern die Tat bereits ins Versuchsstadium gelangt war: Nur beim vorzeitigen Erfolgseintritt im Stadium des *beendeten* Versuchs ist dem Täter die Verletzung des Tatobjekts als vorsätzlich bewirkt zuzurechnen[958]. Anderenfalls handelt der Täter nur fahrlässig, daneben wird ihm noch der Versuch der Tatbegehung zur Last gelegt[959].

---

953 Siehe oben Teil 2 § 7/8.
954 Siehe oben Teil 3 § 11 B. II. 1./4.
955 Siehe oben Teil 3 § 11 B. II. 2./4.
956 Siehe oben Teil 3 § 11 A. IV.
957 Siehe oben Teil 3 § 11 B. II. 5.
958 Siehe oben Teil 3 § 11 B. II. 5.
959 Siehe oben Teil 3 § 11 B. II. 5.

Teil 4: Vergleich der Fallgruppen

Nachdem die Fallgruppen im Einzelnen dargestellt und besprochen wurden, sollen sie jetzt – wie in Teil 2 § 9 bereits angekündigt – noch einmal in einen Kontext gestellt werden, um endgültig zu entscheiden, ob ein gemeinsamer Lösungsansatz für sämtliche Fälle der Diskonkruenz von Kausalverlauf und Vorsatz möglich und zielführend ist. Dabei werden sie dem direkten Vergleich mit der Fallgruppe des *misslungenen Rücktritts* ausgesetzt, um zu überprüfen, ob die gefundenen Lösungsansätze auch für diese Rechtsfigur und den zugehörigen *Ausgangsfall* fruchtbar herangezogen werden können.

Es soll herausgearbeitet werden, inwieweit die einzelnen Rechtsfiguren Gemeinsamkeiten und Unterschiede aufweisen und ob die Zuordnung unter den Oberbegriff „Diskongruenz von Kausalverlauf und Vorsatz" überhaupt sinnvoll ist.

§ 12 Misslungener Rücktritt und error in persona vel obiecto

Der Vergleich des *misslungenen Rücktritts* mit den Irrtümern über das Objekt des Erfolgseintritts mutet bereits im Ansatz etwas gezwungen an. Denn während es sich bei ersterem um einen Sachverhalt handelt, bei dem der Täter unstreitig sein Ziel (das Tatobjekt) getroffen hat, ist gerade diese Tatsache bei *error in persona* und *aberratio ictus* der Streitpunkt. Andererseits stellt sich die Frage nach dem Versuchsstadium, welche der Problematik des *misslungenen Rücktritts* immanent ist, in den anderen Konstellationen erst gar nicht. Man könnte bereits auf den ersten Blick sagen, diese Fallgestaltungen seien nicht vergleichbar. Doch sollte ein solcher Rückschluss nicht ohne vorherige Analyse gezogen werden.

Als Resümee ergibt sich folgendes: Beim *error in persona vel obiecto*[960] handelt es sich lediglich um einen strafrechtlich *unbeachtlichen* Motivirrtum. Dass der Täter das anvisierte Objekt auch getroffen hat, steht unstreitig fest, sein Fehler bei der Objekts*auswahl* ist dagegen unerheblich. Daher kann man auch nicht von einem *Tatbestands*irrtum sprechen, da die fehlerhafte Auswahl bereits im Vorbereitungsstadium getroffen wurde.

In dieser Konstellation entspricht der Erfolgseintritt voll und ganz dem Tatentschluss des Täters; er hat dasjenige Objekt, zu dessen Verletzung er unmittelbar angesetzt hat, auch getroffen. Der Tatverlauf war also gerade deckungs-

---
960 Siehe bereits oben Teil 3 § 10 A.

gleich mit dem subjektiven Tatbestand; eine Diskongruenz von Tatverlauf und Vorsatz liegt in dieser Fallgruppe nicht vor[961].

Da nach mittlerweile einhelliger Meinung der *error in persona vel obiecto* keine *beachtliche* Irrtumsproblematik darstellt, scheidet eine Heranziehung als Vergleichsgruppe von vorn herein aus.

§ 13 Misslungener Rücktritt und aberratio ictus

Bei der *aberratio ictus* [962] hingegen handelt es sich eindeutig um einen (beachtlichen) Tatbestandsirrtum.

Der konkrete Erfolgseintritt stimmt durch die Kausalabweichung nicht mehr mit dem Tatplan überein. Die Tathandlung hat ihr Ziel verfehlt; Angriffs- und Verletzungsobjekt divergieren. Deshalb muss der Vorsatz hinsichtlich des konkreten Erfolgseintritts in dieser Konstellation richtigerweise verneint werden, mit dem Ergebnis, dass der Täter sich nur wegen fahrlässiger Verletzung des Verletzungsobjekts in Tateinheit mit Versuch am Angriffsobjekt strafbar gemacht hat[963].

Der konkrete Erfolgseintritt beim Verletzungsobjekt wird in vielen Fällen objektiv und subjektiv voraussehbar sein, beispielsweise wenn sich Angriffs- und Verletzungsobjekt in unmittelbarer räumlicher Nähe voneinander aufhalten.

Dieses ist aber letztendlich irrelevant, da ein subjektiver Zurechnungszusammenhang im Sinne eines vorsätzlichen Delikts bezüglich des Verletzungsobjekts von vorn herein abgelehnt wird. Auf die Vorhersehbarkeit des tatsächlichen Erfolgseintritt, also auf das *kognitive* Vorsatzelement, kommt es also bei der *aberratio ictus* nicht an, weil die zum Erfolgseintritt führende Handlung bereits aus anderen Gründen, nämlich mangels des Vorliegens des *voluntativen* Vorsatzelements, als unvorsätzlich eingestuft wird. Der Täter wollte nämlich gerade den Erfolgseintritt beim Verletzungsobjekt nicht.

Die Kernproblematik des *misslungenen Rücktritts* stellt sich demnach bei dieser Fallgruppe nicht, während der maßgebliche Aspekt der *aberratio ictus*, das voluntative Vorsatzelement, beim *misslungenen Rücktritt* unproblematisch bejaht werden kann.

Obwohl es sich also in beiden Fällen um Vorsatzproblematiken handelt, sind die Konstellationen dennoch nicht vergleichbar.

---

961 Siehe oben Teil 3 § 10 A. IV.
962 Siehe oben Teil 3§ 10 B.
963 Siehe oben Teil 3 § 10 B. VI.

Der zur *aberratio ictus* entwickelte Lösungsansatz ist für die Analyse des *misslungenen Rücktritts* unbrauchbar, da sie an unterschiedlichen Problempunkten ansetzen.

§ 14 Misslungener Rücktritt und dolus generalis

Die Fallgruppe des *dolus generalis* hat mit der des *misslungenen Rücktritts* gemein, dass es in beiden Konstellationen um einen „unzeitgemäßen" Erfolgseintritt geht.

Während der Erfolg beim *misslungenen Rücktritt* bereits vorfristig aufgrund einer der geplanten Tathandlung vorgeschalteten Handlung eintritt, löst beim *dolus generalis* aus Sicht des Täters ein Nachtatverhalten den zum Erfolg führenden Kausalverlauf aus.

Dementsprechend scheinen beide Konstellationen auf den ersten Blick eine ähnliche Problematik aufzuweisen, nämlich, dass der Erfolg durch eine Handlung bewirkt wird, welche der Täter unvorsätzlich bewirkt hat. Die unvorsätzliche Handlung dagegen (beim *dolus generalis* die Zweithandlung) scheidet als Zurechnungsgrundlage aus, wenn man von der Fahrlässigkeitsstrafbarkeit absieht.

Man könnte daher meinen, es ergebe keinen Unterschied bezüglich der strafrechtlichen Beurteilung, ob nun wie beim *misslungenen Rücktritt* zuerst die unvorsätzliche Ersthandlung vorgenommen würde und es zu der vorsätzlichen Zweithandlung nicht mehr komme, oder ob die Reihenfolge umgekehrt sei, wie beim *dolus generalis*; in jedem Fall ginge es um die Frage, ob der konkrete Erfolgseintritt zur vorsätzlichen Tathandlung zuzurechnen sei.

Doch wie sich bereits herausgestellt hat, kommt diese Frage bei den Fällen des *dolus generalis* [964] gerade nicht auf. Denn in dieser Fallgruppe liegt die Problematik auf der Ebene des objektiven Tatbestands, der objektiven Zurechnung. Die vorsätzliche Ersthandlung hat keinen unmittelbaren Bezug zum Erfolgseintritt, dieser beruht vielmehr auf der fahrlässigen Zweithandlung. Im Erfolgseintritt schlägt sich nicht das durch die Ersthandlung geschaffene unerlaubte Risiko nieder. Die Zurechnung ist bereits auf der objektiven Ebene unterbrochen. Letztendlich handelt es sich bei dieser Konstellation weder um ein Vorsatzproblem noch um eine Irrtumsproblematik.

Beim *misslungenen Rücktritt* hingegen ist die objektive Zurechnung (außer in den Fällen der Zurechnungsunterbrechungen) grundsätzlich unproblematisch[965].

---

964 Siehe oben Teil 3 § 11 A. IV.
965 Siehe oben Teil 2 § 7 B. I. 3.

Da beide Fallgruppen unterschiedliche Problemschwerpunkte aufweisen, sind sie nicht vergleichbar.

§ 15 Misslungener Rücktritt und vorzeitiger Erfolgseintritt

Bei *misslungenem Rücktritt* und *vorzeitigem Erfolgseintritt* handelt es sich um dieselbe Grundkonstellation[966]: In beiden Fällen tritt der Erfolg unplanmäßig und vom Täter unbemerkt bereits aufgrund einer Versuchshandlung ein. Beim *misslungenen Rücktritt* allerdings nimmt der Täter von der Tat Abstand und versucht, seinen Tatbeitrag zu revidieren, während ein solcher Sinneswandel beim „klassischen" *vorzeitigen Erfolgseintritt* ausbleibt, der Täter vielmehr mit der planmäßigen Ausführung fortfährt.

Da jedoch die Entscheidung für oder gegen die Weiterführung der Tat bereits nach dem für die subjektive Zurechnung maßgebliche Zeitpunkt, i. e. der Tathandlung (Ersthandlung beim *vorzeitigen Erfolgseintritt*) datiert, kann sie auf der Tatbestandsebene keine Berücksichtigung finden; ein nachträglicher Wegfall des Vorsatzes ist stets unerheblich.

Wie bereits gesagt liegt bei beiden Fallgruppen der Fokus auf der subjektiven Zurechnung, genauer auf dem *kognitiven Vorsatzelement*. Es ist zu prüfen, ob der Täter die Möglichkeit, dass es aufgrund der Versuchshandlung zum Erfolgseintritt kommen könnte, vorhersehen konnte. Das ist nur beim Erfolgseintritt im Stadium des *beendeten* Versuchs der Fall.

Demnach kommt sowohl beim *vorzeitigen Erfolgseintritt* als auch beim *misslungenen Rücktritt* nur in der Konstellation des *beendeten* Versuchs eine Strafbarkeit wegen vorsätzlicher Vollendung in Betracht.

War der Versuch hingegen *unbeendet*, bleibt beim *misslungenen Rücktritt* nur eine Strafbarkeit wegen Fahrlässigkeit, falls der Rücktritt wirksam war. Beim *vorzeitigen Erfolgseintritt* bleibt es bei einer Strafbarkeit wegen Versuchs in Tateinheit mit Fahrlässigkeit.

---

966 Siehe oben Teil 3 § 11 B.

Teil 5: Fazit

In der Vergangenheit sind wiederholt Versuche unternommen worden, für sämtliche oder wenigstens einige der Fallgruppen der „Diskongruenz von Tatverlauf und Vorsatz" eine einheitliche Lösung zu finden.

Allen voran geht dabei die höchstrichterliche Rechtsprechung mit der Differenzierung anhand der Wesentlichkeit oder Unwesentlichkeit der Abweichung vom Kausalverlauf, die sie auf sämtliche von ihr entschiedene Fallgruppen anwendet. Den Anspruch der universellen Gültigkeit erheben das „Planverwirklichungskriterium" *Roxins* und die „abstrakte Kenntnis" nach *Hsu*.

Die Ansätze von *Herzberg* und *Prittwitz* sollen zumindest für einige Fallgruppen gelten[967].

Doch wie der direkte Vergleich der Fallgruppen aufzeigt[968], sind diese Lösungsversuche im Ergebnis zum Scheitern verurteilt. Die besprochenen Rechtsfiguren haben jeweils ihre eigene individuelle Problematik, ein „gemeinsamer Nenner" existiert nicht. Insbesondere verbietet sich der Rückschluss vom Lösungsweg einer Fallgruppe auf die anderen.

So stellte sich heraus, dass es sich bei zwei der Fallgruppen, dem *dolus generalis* und dem *error in persona vel obiecto*, überhaupt nicht um Vorsatzproblematiken, geschweige denn um (beachtliche) Irrtümer handelt. Auch unter den Oberbegriff „Diskongruenz von Tatverlauf und Vorsatz" lassen sich diese Rechtsfiguren nicht subsummieren, da der subjektive Tatbestand keine Probleme bereitet.

Die Untersuchung der Fallgruppen hat insbesondere deutlich gemacht, wie wichtig eine exakte Eruierung des Problemschwerpunkts einer jeden Rechtsfigur ist. Nur so ist es möglich, scheinbare Vorsatzproblematiken wie den Fall des *dolus generalis* zu entlarven. Oft wird vorschnell das Problem auf der Vorsatzebene gesucht, obwohl schon die objektive Zurechnung zweifelhaft ist[969]. Dabei hat eine Lösung auf der Ebene des objektiven Tatbestands zudem den Vorzug, dass sie nicht auf die Feststellungen zur ohnehin schwer nachweisbaren inneren Tatseite angewiesen ist, sondern objektiv festgestellt werden kann.

---

967 Vgl. *Prittwitz* und *Herzberg* für *error in persona vel obiecto, aberratio ictus* und *dolus generalis*.
968 Siehe oben Teil 4.
969 So auch bei den Zurechnungsunterbrechungen beim *misslungenen Rücktritt* siehe Teil 2 § 7 B. I. 2/§ 8 B. I. 2.

Um echte Fälle der Diskongruenz von Tatverlauf und Vorsatz, also um „Kausalitätsirrtümer", handelt es sich nur beim *misslungenen Rücktritt/vorzeitigen Erfolgseintritt* und bei der *aberratio ictus*. Warum diese Fallgruppen aber dennoch nicht vergleichbar sind, wurde bereits dargestellt[970].

Man sollte sich also vor dem Versuch hüten, sämtliche Fallgruppen auf einen gemeinsamen Nenner bringen zu wollen. Aufgrund ihrer unterschiedlichen Problemschwerpunkte verlangen sie nach einer unabhängigen Betrachtung und individuellen Lösungsansätzen. Sie unter Begriffen wie „Kausalitätsirrtum" oder „Diskongruenz von Tatverlauf und Vorsatz" zu subsummieren, verschleiert nur die tatsächliche Problematik.

Für den *misslungenen Rücktritt/vorzeitigen Erfolgseintritt* bedeutet dieses, dass es bei der in **Teil 2** § 7/8 gefundene Lösung bleiben muss. Nur wenn sich die Tat zum Zeitpunkt des Erfolgseintritts bereits im Stadium des beendeten Versuchs befunden hat, kommt eine Vollendungsstrafbarkeit in Frage, ansonsten bleibt es bei einer Strafbarkeit wegen fahrlässiger Erfolgsherbeiführung in Tateinheit mit Versuch, falls der Täter nicht wirksam zurückgetreten ist.

Die zu den anderen Fallgruppen entwickelten Lösungsansätze sind auf diese Konstellation nicht anwendbar.

Im *Ausgangsfall* war das Landgericht ergo zutreffend zu einer Verurteilung wegen fahrlässiger Herbeiführung einer Sprengstoffexplosion nach § 308 Abs. 6 StGB gelangt, weil der Angeklagte durch das Verschließen des Gashahns wirksam vom *unbeendeten* Versuch der Vorsatztat zurückgetreten war.

---

[970] Siehe oben Teil 4 § 13.

Literaturverzeichnis

Angerer, Veronika, Rücktritt im Vorbereitungsstadium, Berlin 2005

Arzt, Gunther, Zur Erfolgsabwendung beim Rücktritt vom Versuch, in: Goltdammers Archiv für Strafrecht 1964, S.1-9

Bach, Joachim, Rücktritt vom Versuch und Erfolgseintritt, Heilbronn 1977

Backmann, Leonhard, Strafbarkeit des vor Tatbeginn zurückgetretenen Tatbeteiligten wegen vollendeter Tat?, in: Juristische Schulung 1981, S. 336-343

- ders., Die Rechtsfolgen der aberratio ictus, in: JuS 1971, S. 113-120

Baumann, Jürgen/Weber, Ulrich/Mitsch, Wolfgang, Strafrecht Allgemeiner Teil, 11. Auflage, Bielefeld 2003

Bottke, Wilfried, Strafwissenschaftliche Methodik und Systematik bei der Lehre vom strafbefreienden und strafmildernden Täterverhalten, Ebelsbach 1979

Eser, Albin/Burkhardt, Björn, Studienkurs Strafrecht, Band II, 2. Auflage, 1980

Fischer, Thomas, Strafgesetzbuch und Nebengesetze, 58. Auflage, München 2011

Frank, Reinhard, Das Strafgesetzbuch für das Deutsche Reich, 17. Auflage, Tübingen 1926

Frisch, Wolfgang, Tatbestandsmäßiges Verhalten und Zurechnung zum Erfolg, Heidelberg 1988

Geppert, Klaus, Zum „error in persona" und zur „aberratio ictus", insbesondere vor dem Hintergrund der neuen „Rose-Rosahl-Entscheidung", in: Juristische Ausbildung 1992, S. 163-168

Gropp, Walter, Strafrecht Allgemeiner Teil, 3. Auflage, Berlin 2005

- ders., Der Zufall als Merkmal der aberratio ictus, in: Festschrift für Theodor Lenckner, München 1998, S. 55-68

- ders., Der verflixte Einkaufswagen, in: Jura 1988, S. 542-549

Grotendiek, Sven, Strafbarkeit des Täters in Fällen der aberratio ictus und des error in persona, Münster 2000

v. Heintschel-Heinegg, Bernd (Hrsg.), Münchener Kommentar zum Strafgesetzbuch, München 2003

Herzberg, Rolf Dietrich, Vollendeter Mord bei Tötung des falschen Opfers?, in: Neue Zeitschrift für Strafrecht 1999, S. 217-221

- ders., Mordauftrag und Mordversuch durch Schaffung einer Sprengfalle am falschen Auto, in: JuS 1999, S. 224-230

- ders., Gedanken zur actio libera in causa: Straffreie Deliktsvorbereitung als „Begehung der Tat" (§§ 16, 20, 34 StGB)?, in: Festschrift für Günther Spendel, Berlin 1992

- ders., Rücktritt vom Versuch trotz bleibender Vollendungsgefahr?, in: Juristenzeitung 1989, S. 114-121

- ders., Aberratio ictus und abweichender Tatverlauf, in: Zeitschrift für die gesamte Strafrechtswissenschaft Band 85 (1973), S. 867-892

- ders., Aberratio ictus und error in obiecto (1. Teil), in: Juristische Arbeitsblätter 1981, S. 369-374

- ders., Aberratio ictus und error in obiecto (2. Teil), in: JA 1981, S. 469-475

Hettinger, Michael, Der sog. dolus generalis: Sonderfall eines „Irrtums über den Kausalverlauf"?, in: Festschrift für Günther Spendel, Berlin 1992

- ders., Die Bewertung der „aberratio ictus" beim Alleintäter, in: GA 1990, S. 531-554

Heuchemer, Michael, Zur funktionalen Revision der Lehre vom konkreten Vorsatz: Methodische und dogmatischen Überlegungen zur aberratio ictus, in: JA 2005, S. 275-280

Hillenkamp, Thomas, Die Bedeutung von Vorsatzkonkretisierungen bei abweichendem Kausalverlauf, Göttingen 1971

Hsu, Yu-An, Doppelindividualisierung und Irrtum, Berlin 2006

Jäger, Christian, Der Rücktritt vom Versuch als zurechenbare Gefährdungsumkehr, München 1996

Jakobs, Günther, Strafrecht Allgemeiner Teil, 2. Auflage, Berlin 1991

Jescheck, Hans-Heinrich/Weigend, Thomas, Lehrbuch des Strafrechts, Allgemeiner Teil, 5. Auflage, Berlin 1996

Kindhäuser, Urs, Strafrecht Allgemeiner Teil, 3. Auflage, Baden-Baden 2008

Kindhäuser, Urs/Neumann, Ulfrid/Paeffgen, Hans-Ullrich (Hrsg.) Nomos Kommentar zur Strafgesetzbuch, 2. Auflage, Baden-Baden 2005 (zit. NK-Bearbeiter)

Klimsch, Markus, Die dogmatische Begründung des Irrtums über Entschuldigungsgründe unter Berücksichtigung der Strafausschließungs- und Strafaufhebungsgründe, Frankfurt am Main 1993

Klöterkes, Natascha, Rücktritt und Irrtum, Köln 1995

Knörzer, Sybille, Fehlvorstellungen des Täters und deren „Korrektur" beim Rücktritt vom Versuch nach § 24 Abs. 1 StGB, Berlin 2007

Koriath, Heinz, Einige Gedanken zur aberratio ictus, in: JuS 1997, S. 901-907

Krey, Volker, Deutsches Strafrecht Allgemeiner Teil, Band 2, 3. Auflage, Stuttgart 2008

Kühl, Kristian, Strafrecht Allgemeiner Teil, 6. Auflage, München 2008

- ders., Strafgesetzbuch Kommentar, 27. Auflage, München 2011 (zit. Lackner/Kühl)

Kuhlen, Lothar, Die Unterscheidung von vorsatzausschließendem und nichtvorsatzausschließendem Irrtum, Frankfurt am Main 1987

Laufhütte, Heinrich Wilhelm/Rissing-van Saan, Ruth/Tiedemann, Klaus (Hrsg.), Leipziger Kommentar zum StGB, 12. Auflage, Berlin 2008 (zit. LK-Bearbeiter)

Lenckner, Theodor, Probleme beim Rücktritt des Beteiligten, in: Festschrift für Wilhelm Gallas, Berlin 1973, S. 281-306

Loewenheim, Ulrich, Error in obiecto und aberratio ictus, in: JuS 1966, S. 310-315

Maiwald, Manfred, Der „dolus generalis"; Ein Beitrag zur Lehre von der Zurechnung, in: ZStW 78 (1966), S. 30-58

Maurach, Reinhart/Gössel, Karl Heinz/Zipf, Heinz, Strafrecht Allgemeiner Teil, Teilband 2, 8. Auflage, Heidelberg 2001

Mayer, Hans-Walter, Privilegierungswürdigkeit passiven Rücktrittsverhaltens bei modaler Tatfortsetzungsmöglichkeit, Pfaffenweiler 1986

Munoz-Conde, Francisco, Der misslungene Rücktritt: Eine Wiederkehr der Erfolgshaftung?, in: GA 1973, S. 33-40

Noack, Roland, Tatverlauf und Vorsatz, Hamburg 1966

Otto, Harro, Rücktritt und Rücktrittshorizont, in: Jura 2001, S. 340-346

- ders., Kausaldiagnose und Erfolgszurechnung im Strafrecht, in: Festschrift für Reinhart Maurach, Karlsruhe 1972, S. 91-105

Prittwitz, Cornelius, Zur Diskrepanz zwischen Tatgeschehen und Tätervorstellung, in: GA 1983, S. 110-135

Puppe, Ingeborg, Vorsatz und Zurechnung, Heidelberg 1992

- dies., Die strafrechtliche Verantwortlichkeit für Irrtümer bei der Ausübung der Notwehr, in: JZ 1989, S. 728-733

- dies., Der objektive Tatbestand der Anstiftung, in: GA 1984, S.101-122

- dies., Zur Revision der Lehre vom „konkreten" Vorsatz und der Beachtlichkeit der aberratio ictus, in: GA 1981, S. 1-20

Rath, Jürgen, Zur Unerheblichkeit des error in persona vel in obiecto, Pforzheim 1996 (zit. Rath 1996)

- ders., Zur strafrechtlichen Behandlung der aberratio ictus und des error in persona des Täters, Frankfurt am Main 1993 (zit. Rath 1993)

Rau, Ingo, Ernsthaftes Bemühen beim Rücktritt nach § 24 Abs. 1 S.1 StGB, Frankfurt am Main 2002

Römer, Hans-Jürgen, Fragen des „Ernsthaften Bemühens" bei Rücktritt und tätiger Reue, Bochum 1987

Roxin, Claus, Strafrecht Allgemeiner Teil, Band I, 4. Auflage, München 2006

- ders., Zur Erfolgszurechnung bei vorzeitig ausgelöstem Kausalverlauf, in: GA 2003, S. 257-268

- ders., Anmerkung zu BGH JZ 91, 678; in: JZ 1991, S. 680-681

- ders., Gedanken zum „dolus generalis", in: Festschrift für Thomas Würtenberger (zit. Würtenberger-FS), Berlin 1977, S. 109-128

Rudolphi, Hans-Joachim/Horn, Eckhardt/Samson, Erich u.a. (Hrsg.), Systematischer Kommentar zum Strafgesetzbuch, 110. Lieferung, Neuwied 2007 (zit. SK-Bearbeiter)

Sancinetti, Marcelo A., Subjektive Unrechtsbegründung und Rücktritt vom Versuch, Köln 1995

- ders., „Dolus generalis" und „strafrechtliches Glück", in: Festschrift für Claus Roxin (zit. Roxin-FS), Berlin 2001, S. 349-364

v. Scheurl, Guntram, Rücktritt vom Versuch und Tatbeteiligung mehrerer, Berlin 1972

Schlehofer, Horst, Vorsatz und Tatabweichung; zur Auslegung der §§ 16 Abs. 1 S. 1, 22 StGB, Köln 1996

- ders., Der error in persona des Haupttäters – eine aberratio ictus für den Teilnehmer?, in: GA 1992, S. 307-318

Schliebitz, Matthias, Die Erfolgszurechnung beim „misslungenen" Rücktritt, Berlin 2002

- ders., Error in persona, in: JA 1998, S. 833-836

Schmidhäuser, Eberhard, Strafrecht Allgemeiner Teil, 2. Auflage, Tübingen 1984

Schönke, Adolf/Schröder, Horst, Strafgesetzbuch Kommentar, 28. Auflage, München 2010 (zit. S/S-Bearbeiter)

Schreiber, Hans-Ludwig, Grundfälle zu „error in persona" und „aberratio ictus" im Strafrecht, in: JuS 1985, S. 873-880

Schroth, Ulrich, Vorsatz und Irrtum, München 1998

Schröder, Horst, Die Koordinierung der Rücktrittsvorschriften, in: Festschrift für Hellmuth Mayer (zit. Mayer-FS), Berlin 1965, S. 377-391

- ders., Grundprobleme des Rücktritts vom Versuch, in: JuS 1962, S. 81-87

Stratenwerth, Günther/Kuhlen, Lothar, Strafrecht Allgemeiner Teil I, 5. Auflage, Köln 2004 (zit. Stratenwerth)
- ders., Objektsirrtum und Tatbeteiligung, in Festschrift für Jürgen Baumann (zit. Baumann-FS), Bielefeld 1992, S. 57-69
Streng, Franz, Die Strafbarkeit des Anstifters bei error in persona des Täters (und verwandte Fälle), in: JuS 1981, S. 910-917
Toepel, Friedrich, Aspekte der „Rose-Rosahl"-Problematik: Vorüberlegungen, Beachtlichkeit der aberratio ictus beim Einzeltäter, in: JA 1996, S. 886-893
- ders., Aspekte der „Rose-Rosahl"-Problematik: Zurechnungsstrukturen und Irrtumsfolgen bei mehreren Beteiligten, in: JA 1997, S. 248-255
- ders., Aspekte der „Rose-Rosahl"-Problematik: Die Perspektive des Hintermannes, das Blutbadargument und die versuchte Anstiftung, in: JA 1997, S. 344-351
Ulsenheimer, Klaus, Grundfragen des Rücktritts vom Versuch in Theorie und Praxis, Berlin 1976
Wessels, Johannes/Beulke, Werner, Strafrecht Allgemeiner Teil, 38. Auflage, Heidelberg 2008
Weßlau, Edda, Der Exzess des Angestifteten, in: ZStW 104 (1992), S. 105-131
Walter, Michael, Der Rücktritt vom Versuch als Ausdruck des Bewährungsgedankens im zurechnenden Strafrecht, Göttingen 1980
Wolter, Jürgen, Zum umgekehrten dolus generalis: Subjektive Zurechnung eines beendeten (tauglichen) Versuchs bei objektiver Zurechnung der Vollendung, in: GA 2006, S. 406-411
- ders., Der Irrtum über den Kausalverlauf als Problem objektiver Erfolgszurechnung – zugleich ein Beitrag zur versuchten Straftat sowie zur subjektiven Erkennbarkeit beim Fahrlässigkeitsdelikt - in: ZStW 89 (1977), S. 649-705
- ders., Vorsätzliche Vollendung ohne Vollendungsvorsatz und Vollendungsschuld? Zugleich ein Beitrag zum „Strafgrund der Vollendung", in: Festschrift für Heinz Leferenz, Heidelberg 1983, S. 545-571 (zit. Leferenz-FS)